RUDOLF STEINER GESAMTAUSGABE
VORTRÄGE

VORTRÄGE VOR MITGLIEDERN
DER ANTHROPOSOPHISCHEN GESELLSCHAFT

RUDOLF STEINER

Exkurse in das Gebiet des Markus-Evangeliums

Dreizehn Vorträge,
gehalten in Berlin, München, Hannover und Koblenz
zwischen dem 17. Oktober 1910 und dem 10. Juni 1911,
und eine Fragenbeantwortung
vom 18. Dezember 1910

1995

RUDOLF STEINER VERLAG
DORNACH / SCHWEIZ

Nach einer vom Vortragenden nicht durchgesehenen Nachschrift
herausgegeben von der Rudolf Steiner-Nachlaßverwaltung

Die Herausgabe besorgten
Wolfram Groddeck und Helmut von Wartburg

1. Auflage, Zyklus 30, Berlin 1921

2. Auflage Dornach 1947

3. Auflage, erweitert um München, 12. Dez.,
Hannover, 18. Dez. 1910, und Koblenz, 2. Februar 1911
Gesamtausgabe Dornach 1963

4., neu durchgesehene Auflage

Gesamtausgabe Dornach 1995

Bibliographie-Nr. 124

Siegelzeichnung auf dem Einband von Rudolf Steiner

Printed in Germany by Greiserdruck, Rastatt

ISBN 3-7274-1240-2

Zu den Veröffentlichungen aus dem Vortragswerk von Rudolf Steiner

Die Gesamtausgabe der Werke Rudolf Steiners (1861–1925) gliedert sich in die drei großen Abteilungen: Schriften – Vorträge – Künstlerisches Werk (siehe die Übersicht am Schluß des Bandes).

Von den in den Jahren 1900 bis 1924 sowohl öffentlich wie für Mitglieder der Theosophischen, später Anthroposophischen Gesellschaft zahlreichen frei gehaltenen Vorträgen und Kursen hatte Rudolf Steiner ursprünglich nicht gewollt, daß sie schriftlich festgehalten würden, da sie von ihm als «mündliche, nicht zum Druck bestimmte Mitteilungen» gedacht waren. Nachdem aber zunehmend unvollständige und fehlerhafte Hörernachschriften angefertigt und verbreitet wurden, sah er sich veranlaßt, das Nachschreiben zu regeln. Mit dieser Aufgabe betraute er Marie Steiner-von Sivers. Ihr oblag die Bestimmung der Stenographierenden, die Verwaltung der Nachschriften und die für die Herausgabe notwendige Durchsicht der Texte. Da Rudolf Steiner aus Zeitmangel nur in ganz wenigen Fällen die Nachschriften selbst korrigieren konnte, muß gegenüber allen Vortragsveröffentlichungen sein Vorbehalt berücksichtigt werden: «Es wird eben nur hingenommen werden müssen, daß in den von mir nicht nachgesehenen Vorlagen sich Fehlerhaftes findet.»

Über das Verhältnis der Mitgliedervorträge, welche zunächst nur als interne Manuskriptdrucke zugänglich waren, zu seinen öffentlichen Schriften äußert sich Rudolf Steiner in seiner Selbstbiographie «Mein Lebensgang» (35. Kapitel). Der entsprechende Wortlaut ist am Schluß dieses Bandes wiedergegeben. Das dort Gesagte gilt gleichermaßen auch für die Kurse zu einzelnen Fachgebieten, welche sich an einen begrenzten, mit den Grundlagen der Geisteswissenschaft vertrauten Teilnehmerkreis richteten.

Nach dem Tode von Marie Steiner (1867–1948) wurde gemäß ihren Richtlinien mit der Herausgabe einer Rudolf Steiner Gesamtausgabe begonnen. Der vorliegende Band bildet einen Bestandteil dieser Gesamtausgabe. Soweit erforderlich, finden sich nähere Angaben zu den Textunterlagen am Beginn der Hinweise.

INHALT

Ausführliche Inhaltsangaben Seite 259ff.

ERSTER VORTRAG

Berlin, 17. Oktober 1910

Es geziemt sich wohl, heute, da wir unsere Tätigkeit des Berliner Zweiges wieder beginnen, ein klein wenig zurückzublicken auf das, was durch unsere Seelen gezogen ist seit dem Zeitpunkte, da wir im vorigen Jahre in der gleichen Art die Arbeit des Berliner Zweiges begonnen haben.

Sie erinnern sich gewiß daran, daß ungefähr vor einem Jahre, anläßlich der damaligen Generalversammlung unserer Deutschen Sektion, im Berliner Zweige von mir der Vortrag gehalten worden ist über die Sphäre der Bodhisattvas. Es sollte mit dem Vortrage über die Mission der Bodhisattvas in der Welt eingeleitet werden, was uns dann im Verlaufe unserer Zweigversammlungen den vorigen Winter hindurch hauptsächlich beschäftigt hat: eine Betrachtung des Christus-Problems, und zwar im wesentlichen in Anknüpfung an das Matthäus-Evangelium. Wir haben ja solche Betrachtungen über das Christus-Problem in der verschiedensten Weise gepflogen in Anknüpfung an andere Evangelien, so an das Johannes-Evangelium und an das Lukas-Evangelium. Und wir haben darauf hingewiesen, daß wir in einer zukünftigen Zeit zu einer weiteren Vertiefung dieses Christus-Problems auch herantreten werden an eine Betrachtung, die im wesentlichen anzuknüpfen haben wird an das Markus-Evangelium.

Wir haben diese Betrachtungen in bezug auf das Christus-Problem nicht so gepflogen, daß wir eine bloße Erklärung der Evangelien versuchten. Es ist oftmals, ich möchte fast sagen, in einer radikalen Weise hier ausgesprochen worden: Was Geisteswissenschaft über die Vorgänge in Palästina zu sagen hat, das müßte auch gesagt werden können, wenn es gar keine äußeren historischen Urkunden über diese Vorgänge in Palästina gäbe. Denn im tiefsten Grunde maßgebend für die Schilderung der Christus-Vorgänge ist für uns nicht das, was in irgendeinem Buche, in irgendeiner Urkunde steht, sondern was in der ewigen, inneren, geistigen Urkunde steht, in der durch das hellseherische Bewußtsein zu entziffernden Akasha-Chronik. Was wir uns darunter vorzustellen haben, ist oftmals hier erwähnt worden. Und dann stellen wir uns zu den Evangelien so, daß wir das, was wir erst erkundet haben aus den geistigen Forschungen selbst heraus, vergleichen mit dem, was uns – sagen wir also in bezug auf die Ereignisse in Palästina – gegeben ist in den Evangelien oder in den andern Urkunden des Neuen Testamentes. Allerdings haben wir dann gefunden, daß wir sozusagen diese Urkunden erst dadurch lesen lernen, daß wir ohne sie in jene Geheimnisse eindringen, welche sich auf die Ereig-nisse von Palästina beziehen, und daß gerade dadurch, daß wir erst unbefangen von diesen Urkunden die entsprechenden Ereignisse erforschen, unsere Hochschätzung, unsere Anbetung, könnten wir sagen, gegenüber diesen Urkunden in einem ganz besonderen Grade wächst.

Aber wenn wir nicht bloß auf die nächsten, und zwar zeitweilig engsten Interessen unseres Zusammenseins sehen, sondern wenn wir darauf sehen, daß unsere ganze Zeitbildung, unsere Gegenwartskultur gewissermaßen ein neues Verständnis der Urkunden des Christentums verlangt, dann müssen wir uns klar darüber sein, daß wir durch die Geisteswissenschaft dazu berufen sind, nicht nur unsere eigenen Erkenntnisbedürfnisse gegenüber den Ereignissen von Palästina zu befriedigen, sondern daß wir berufen sind, aus der Geisteswissenschaft heraus in die Sprache der gegenwärtigen Kulturbedürfnisse zu übersetzen, was wir zu sagen haben über die Bedeutung des Christus-Ereignisses für die ganze Menschheitsentwickelung. Da genügt es aber nicht, wenn wir uns etwa beschränken würden auf das, was die bisherigen Jahrhunderte herbeigetragen haben zum Verständnisse des Christus-Problems und der Christus-Gestalt. Würde das für die Bildungsbedürfnisse der Gegenwart genügen, so gäbe es heute nicht so viele Menschen, welche ihr Wahrheitsbedürfnis nicht mehr in Einklang bringen können mit dem, was überliefert ist auf christlichem Gebiet, und die in der einen oder andern Beziehung sogar leugnen, was uns über die Ereignisse von Palästina berichtet und was jahrhundertelang geglaubt worden ist. Das alles kann uns darauf hinweisen, daß für die Zeitbildung notwendig geworden ist ein neues Verständnis, ein neues Erschließen gegenüber den christlichen Wahrheiten.

Nun gibt es neben vielem anderen, was uns der Erforschung der christlichen Wahrheiten näherbringen kann, vorzugsweise ein Mittel, das insbesondere fruchtbar werden kann auf unserem Forschungsfelde. Das besteht darin, daß wir den Blick erweitern, daß wir unsere Gefühls- und Empfindungswelt erweitern über die Horizonte hinüber, die in den verflossenen Jahrhunderten die Menschheit für die geistige Welt besessen hat. Wie wir unsere Horizonte erweitern können, das mag uns durch einen sehr einfachen und naheliegenden Hinweis vor die Seele treten.

Wir kennen alle – um zu dem uns nächsten großen Geist unserer abendländischen Kulturentwickelung zurückzugreifen – in Goethe einen titanischen Geist. Und viele unserer Betrachtungen haben uns gezeigt, welche Tiefe der geistigen Anschauung in der Persönlichkeit Goethes verborgen lag. Diese Betrachtungen haben uns auch dazu geführt zu erkennen, wie wir uns selber zu geistigen Höhen hinaufranken können, indem wir eindringen in das Gefüge der Goetheschen Seele. Aber wir mögen Goethe noch so gut kennenlernen, uns noch so sehr in das vertiefen, was er uns geben kann – eines können wir bei ihm noch nicht finden, was wir heute haben müssen, wenn unser Blick in richtiger Weise erweitert und unser Horizont über die notwendigsten geistigen Bedürfnisse hinaus reichen soll. Wir finden bei Goethe nirgends einen Hinweis darauf, daß ihm aufgegangen ist, was wir heute lernen können, was uns heute fruchtbar werden kann, wenn wir jene Begriffe geistiger Entwickelung der Menschheit in uns aufnehmen, die aufzunehmen erst möglich geworden ist durch die Erschließung der geistigen Dokumente im 19. Jahrhundert: wenn wir die Errungenschaften des orientalischen Lebens aufnehmen. Da erhalten wir mancherlei Begriffe, durch die wir keineswegs entfernt werden vom Verständnis des Christus-Problems, sondern durch die wir, wenn wir sie richtig aufnehmen, geradezu hingeführt werden zu einer richtigen und vollkommenen Schätzung des Christus Jesus. Daher wurde auch von mir geglaubt, daß eine Betrachtung des Christus-Problems durch nichts anderes besser eingeleitet werden kann als durch eine Auseinandersetzung über die Mission der großen geistigen Individualitäten der Menschheit, die von Zeit zu Zeit in besonders fühlbarer Weise einzugreifen haben in die Entwickelung, und die wir mit einem von der orientalischen Philosophie hergenommenen Begriff als die Bodhisattvas bezeichnen. Solche Begriffe wie zum Beispiel den der Bodhisattvas hatte man jahrhundertelang eben nicht in der abendländischen Geistesentwickelung. Und erst wenn man sich an ihnen orientiert hat, steigt man in entsprechender Weise hinauf zur Erkenntnis dessen, was der Christus für die Menschheit gewesen ist, sein kann und fortwährend sein wird.

So sehen wir, wie ein weiter Umkreis geistiger Entwickelung der Menschheit fruchtbar gemacht werden kann, um gerade das in würdiger Weise zu begreifen, was uns zu begreifen obliegt für jene Bildung und Kultur, für jenes Geistesleben, in dem wir mitten darinnen stehen. Und noch von einem andern Gesichtspunkt aus war es wichtig, daß wir immer, wo es nur möglich war, den geistigen Blick hinausschweifen ließen über die letzten Jahrhunderte, daß wir geltend machten den Unterschied zwischen einem Menschen von der Wende des 19. und 20. Jahrhunderts und einem Menschen aus der Zeit des 18. oder 19. Jahrhunderts; und daß wir geltend machten, daß man von Buddha und Buddhismus zum Beispiel noch vor einem Jahrhundert in Europa recht wenig gewußt hat. Das letzte aber, was bei uns auf unserem Arbeitsgebiet, wenn auch nicht das Mittel unseres Strebens, so doch der eigentliche Impuls und auch der Zielpunkt unseres Strebens ist und worauf wir hinarbeiten, das ist doch zuletzt die Stimmung, das Gefühl, die Empfindung, die unsere Seele beschleicht, wenn sie berührt wird von den großen geistigen Wahrheiten. Denn nicht so sehr darauf kommt es an, was diese oder jene wissen wollen, sondern darauf, welche Wärme des Gefühls, welche Kraft der Empfindung, welcher Edelsinn des Wollens aus unserer Seele heraufsteigt, wenn die großen Wahrheiten der Menschheit an diese Seele schlagen. Und wichtiger in unsern Zweigen als das, was in den Worten inhaltlich gesagt werden kann, ist die Stimmung, die Gefühlswelle, die in einem unserer Zweige herrschen kann, wenn die Worte den Raum durchweben. Mancherlei Art sind diese Gefühle, diese Empfindungen. Und bei dem, was gerade jetzt hier vor unseren Seelen stehen soll, sollte die wichtigste, die bedeutsamste Empfindung die sein, welche sich allmählich notwendig in uns entwikkeln muß: Ehrfurcht vor der Erkenntnis der großen geistigen Wahrheiten, das Gefühl, daß diese großen geistigen Wahrheiten solcher Art sind, daß wir uns in scheuer Ehrerbietung ihnen nähern sollen, daß wir nicht glauben sollen, mit irgendeinem schnell zusammengezimmerten Begriff, mit ein paar rasch gewonnenen Vorstellungen eine große Tatsache umspannen zu können.

Oftmals ist von mir der Vergleich gebraucht worden, daß wir einen Baum, der vor uns steht, uns noch nicht vergegenwärtigen können, wenn wir ein Bild von ihm malen von einem Gesichtspunkt aus, sondern daß wir herumgehen und den Baum von verschiedenen Seiten malen müssen. Erst durch das Zusammenfassen dieser verschiedenen Bilder erreichen wir einen Gesamteindruck von dem, was der Baum ist. Dieser Vergleich soll uns aber insbesondere vor die Seele malen, wie wir uns den großen geistigen Tatsachen gegenüber zu verhalten haben. Wir sollten uns klar sein, wie wir gar nicht vorwärts schreiten können in irgendeiner wirklichen oder vermeintlichen Erkenntnis der höchsten Dinge, wenn wir immer nur von einer Seite an die Dinge herangehen. Und obzwar durchaus Wahrheit enthalten ist oder sein kann in dem Anblick einer Sache, sollen wir uns doch niemals des demütigen Gefühles entschlagen, daß alle unsere Vorstellungen nur von einem Gesichtspunkt aus aufgenommene Ansichten sind und sein können. Wenn wir uns mit diesem Gefühl durchdringen, werden wir gern und willig von überallher die Vorstellungen, die Empfindungen und Gefühle herholen wollen, welche es uns möglich machen, die großen Tatsachen des Daseins von den verschiedensten Seiten her zu beleuchten. Unsere Zeit macht das notwendig. Immer mehr und mehr wird sich das Bedürfnis in unserer Zeit entwickeln, die Dinge von den verschiedensten Seiten aus anzusehen. Daher schließen wir uns heute nicht mehr ab gegenüber irgendeiner andern Anschauung oder Meinung, gegenüber einem andern Weg zu den höchsten Dingen hin, als es unser eigener oder der unserer eigenen Kultur ist. Sogar innerhalb dessen, was die abendländische Kulturentwickelung selber geboten hat, haben wir versucht, im Laufe der letzten Jahre dieses Prinzip, das uns zur echten Erkenntnisdemut führen kann, aufrechtzuerhalten. Wir haben uns niemals vermessen – und ich darf wohl sagen: tief stand es mir in die Seele geschrieben, daß eine solche Vermessenheit an diesem Orte niemals möglich sein sollte –, ein System, einen Überblick einfach über das zu geben, was die großen Ereignisse, die wir mit dem Christus-Problem zusammenfassen, sein sollen. Sondern immer ist gesagt worden: Wir nähern uns von irgendeinem Gesichtspunkt aus; und ein anderes Mal wurde gesagt: Wir nähern uns von einem andern Gesichtspunkt aus. – Und immer ist darauf aufmerksam gemacht worden, daß wir das Problem deshalb doch nicht erschöpfen und daß wir ruhig und geduldig weiterarbeiten wollen.

Der Sinn der Anknüpfung an die verschiedenen Evangelien war der, daß wir Anlaß nahmen, von vier verschiedenen Gesichtspunkten aus das Christus-Problem zu betrachten, und daß wir dann fanden, daß in der Tat die vier Evangelien uns Anknüpfungen an die vier verschiedenen Gesichtspunkte bieten, und daß wir in den Evangelien selber vorgezeichnet fanden den Grundsatz: Du sollst nicht auf einmal, nicht auf *einer* Umschau dem gewaltigen Problem dich nähern, sondern du sollst dich wenigstens von den vier verschiedenen geistigen Himmelsrichtungen aus ihm nähern. Und du sollst hoffen: wenn du von diesen vier geistigen Himmelsrichtungen aus, die mit den Namen der vier Evangelisten, Matthäus, Markus, Lukas und Johannes, bezeichnet sind, an das Problem herankommst, dann wird es dir allmählich immer näher und näher treten. Und es wird dir so näher treten, daß du niemals von dir zu sagen brauchst, du seiest von der großen Wahrheit, ohne welche die menschliche Seele in ihrem tiefsten Innern nicht leben kann, ausgeschlossen, daß du aber auch niemals sagen wirst, irgendeine Gestalt der Wahrheit, welche du ergriffen hast, sei schon die ganze Wahrheit.

So war sozusagen dasjenige, was wir im Verlaufe des letzten Winters pflegen konnten, darauf angelegt, nach und nach in uns die Stimmung der Erkenntnisbescheidenheit hervorzurufen. Und ohne diese Stimmung der Erkenntnisbescheidenheit kommen wir in der Tat im geistigen Leben nicht weiter. Daher wurde auch gelegentlich dieser Betrachtungen immer alles getan, um die Grundbedingungen des geistigen Erkenntnisfortschrittes immer wieder und wieder zu betonen. Und wer aufmerksam von Woche zu Woche die Vorträge hier verfolgt hat, der wird nicht behaupten können, daß nicht überall auf die Grundbedingungen des geistigen Erkenntnisfortschrittes hingewiesen worden sei.

Geistiger Erkenntnisfortschritt – das ist ja einer der Impulse, die unserer ganzen geisteswissenschaftlichen Bewegung zugrundeliegen. Geistiger Erkenntnisfortschritt – was soll er unserer Seele? Er soll den tiefsten, den menschenwürdigsten Sehnsüchten und Bedürfnissen unserer Seele entgegenkommen, soll uns das geben, ohne das ein Mensch, der seine Menschenwürde voll empfindet, nicht leben kann. Und er soll es uns innerhalb unseres geisteswissenschaftlichen Feldes so geben, daß es den Erkenntnisbedürfnissen unserer Gegenwart entspricht. Was man mit den gewöhnlichen Sinnen nicht erforschen kann, dem der Mensch angehört nicht als Sinneswesen, sondern als geistiges Wesen, darüber soll uns jener Erkenntnisfortschritt Aufklärung bringen, der uns durch die Geisteswissenschaft geboten wird. Die großen Fragen über die Stellung des Menschen in der Sinneswelt, über das, was jenseits der Offenbarungen dieser Sinneswelt liegt, die Wahrheiten über das, was jenseits von Leben und Tod liegt – diesen Fragen entspricht doch ein tiefes, ja das menschlichste Bedürfnis der Seele. Wenn auch der Mensch durch allerlei Umstände die Fragen, welche sich auf solche Dinge beziehen, zurückdrängt, wenn er sich auch eine Weile dadurch zu betäuben vermag, daß er sich sagt: Das kann die Wissenschaft doch nicht erforschen, dazu fehlen dem Menschen die Fähigkeiten – auf die Dauer und für die wahre Gestalt der menschlichen Empfindungen schwindet doch nie das Bedürfnis nach Antworten auf diese Fragen. Woher das kommt, was wir sich heranbilden sehen im Verlaufe von Kindheit und Jugendentwickelung, wohin das geht, was wir in unserer Seele bergen, wenn die Leiblichkeit beginnt hinzuschwinden und abzusterben, kurz, wie der Mensch mit einer geistigen Welt zusammenhängt, das ist die große Frage, die einem menschlichsten Bedürfnis entspringt und ohne deren Beantwortung der Mensch nur dann sein kann, wenn er sich über seine menschlichsten Bedürfnisse betäubt.

Aber weil diese Frage einem so tiefen Bedürfnis entspringt, weil die Seele nicht in Ruhe und Befriedigung leben kann, wenn sie nicht eine Antwort auf diese Fragen erhält, ist es nur natürlich, daß der Mensch sozusagen auf leichte Art, auf eine bequeme Art sich Antworten auf diese Fragen verschaffen möchte. Und wie vielerlei Wege werden heute, trotzdem diese Fragen, wie manche leugnen möchten, besonders brennend geworden sind auf allen Menschheitsgebieten, wie vielerlei Wege werden heute gewiesen! Man darf wohl ohne Übertreibung sagen, daß von all den Wegen, die dem Menschen heute dargeboten werden, wenn diese großen Rätselfragen an ihn herantreten, der geisteswissenschaftliche Weg der schwierigste ist. Ja, man darf auch noch etwas anderes sagen. Es werden viele unter Ihnen sein, welche die eine oder die andere Wissenschaft, von denen in der Welt viel geredet wird, für schwierig halten, sich vielleicht auch nicht hineinwagen, weil es sie zurückschreckt, was da alles zu überwinden ist, um in eine solche Wissenschaft einzudringen. Es mag auch sein, daß der Weg, den wir den geisteswissenschaftlichen genannt haben, leichter erscheint als der Weg in die Mathematik, in die Botanik oder in einen andern Zweig der Naturwissenschaft. Dennoch ist, absolut genommen, dieser Weg selbst schwieriger als der Weg in irgendeine andere Wissenschaft hinein. Das kann ohne Übertreibung ausgesprochen werden. Warum wird er Ihnen nur leichter? Nur aus dem Grunde, weil er mit einer ungeheuren Wucht die seelischen Interessen aufregt und dem entspricht, was einer jeden Seele am allernächsten liegt. Wenn er der schwierigste ist von all den Wegen, die heute dem Menschen hinauf in die geistige Welt dargeboten werden, so sollen wir dabei doch ein anderes nicht vergessen: daß uns dieser Weg zu dem Höchsten in unserem Seelenleben führen soll. Ist es denn nicht natürlich, daß der Weg zum Höchsten auch der schwierigste sein muß? Dennoch sollen wir uns nie abschrecken lassen durch die Schwierigkeit des Weges, niemals die Seele verschließen vor der Notwendigkeit der Schwierigkeit des geisteswissenschaftlichen Weges.

Unter den mancherlei Notwendigkeiten des geisteswissenschaftlichen Weges wurde ja hier immer wieder die eine angeführt: daß der, welcher sich auf den geisteswissenschaftlichen Pfad begibt, zunächst in sorgfältiger Weise aufnehmen soll, was die Geistesforschung schon darzubieten vermag über die geistigen Geheimnisse, über die Tatsachen der geistigen Welt. Wir berühren damit ein ganz besonders notwendiges Kapitel unseres geisteswissenschaftlichen Lebens. Wie mancher möchte leichten Herzens sagen: Da redet man uns von einer unübersehbaren Geisteswissenschaft, von geistigen Tatsachen, die dieser oder jener Geistesforscher, dieser oder jener Erleuchtete, dieser oder jener Eingeweihte geschaut, erforscht hat. Wäre es nicht viel richtiger, wenn man uns einfach den Weg zeigte, wie man rasch selbst in die Regionen hinaufkommt, von denen aus man hineinblickt in die geistige Welt? Warum redet ihr immer wieder davon: So sieht es aus, so hat es dieser oder jener gesehen! Warum zeigt ihr nicht einen Weg, wie wir selber rasch hinaufsteigen?

Aus guten Gründen wird zuerst in einer breiten Weise das mitgeteilt, was aus der geistigen Welt an Tatsachen erforscht ist, bevor auf das eingegangen wird, was man nennen kann die Methoden der Seelenschulung, welche die Seele selbst hinaufführen können in die geistigen Regionen. Denn es wird etwas ganz Bestimmtes dadurch erreicht, daß wir zuerst im hingebungsvollen Studium dem obliegen, was die Geistesforscher aus den geistigen Welten geoffenbart haben. Wir haben betont, daß zwar die Tatsachen der geistigen Welt erforscht werden müssen, aufgefunden werden können nur durch das hellseherische Bewußtsein; aber wir haben ebensooft betont: wenn die Tatsachen einmal gefunden sind, wenn irgendein geschultes Hellseherbewußtsein diese Tatsachen in der geistigen Welt beobachtet hat und sie dann mitteilt, dann muß die Mitteilung so sein, daß auch jeder, der keine hellseherische Entwickelung durchgemacht hat, mit dem gesunden Wahrheitssinn, der in jeder Seele liegt, mit der wirklich unbefangenen Logik die Tatsachen nachprüfen, die Wahrheiten erkennen kann. Es wird kein wahrhafter Geistesforscher, kein mit hellseherischem Bewußtsein im rechten Sinne des Wortes begabter Mensch irgendeine Tatsache der geistigen Welt anders mitteilen als so, daß der, welcher wirklich will, diese Tatsache auch ohne Hellsehen prüfen könnte. Aber er wird sie auch so mitteilen, daß sie den vollen Wert, die volle Bedeutung für eine Menschenseele haben kann.

Welchen Wert haben die Mitteilungen geistiger Tatsachen, die Vorstellungen geistiger Tatsachen für eine Menschenseele? Sie haben den Wert, daß ein Mensch, der weiß: so sieht es aus in der geistigen Welt – sich im Leben, in seinen Gedanken, Gefühlen und Empfindungen danach richten kann, sich orientieren kann, wie der Mensch im Verhältnis steht zur geistigen Welt. In diesem Sinne wertvoll ist eine jede Mitteilung geistiger Tatsachen auch dann, wenn der Betreffende, der sie erhält, sie nicht selber durch ein hellseherisches Bewußtsein erforschen kann. Ja, selbst für den Hellseher erlangt einen Menschenwert diese Tatsache erst dann, wenn er sie heruntergebracht hat in eine solche Sphäre, daß er sie in eine allen Menschen zugängliche Form prägen kann. Mag ein Hellseher noch so viel erforschen und sehen im Spirituellen, das ist ganz wertlos für ihn und für irgendeinen andern Menschen, solange er das Gesehene nicht heruntergebracht hat in die Sphäre der gewöhnlichen Erkenntnis und es in solche Begriffe und Vorstellungen prägt, daß der natürliche Wahrheitssinn und die gesunde Logik die Sache begreifen können. Ja, der Hellseher selbst muß erst die Sache begreifen, wenn sie für ihn einen Wert haben soll. Erst da beginnt der Wert, wo die logische Prüfung beginnt.

Wir könnten mit einem radikalen Ausdruck eine Art Kreuzprobe machen auf das, was jetzt gesagt worden ist. Unter manchem andern Wertvollen in bezug auf die geistigen Wahrheiten und die geistigen Mitteilungen wird Ihnen ohne Zweifel das wichtig erscheinen, was der Mensch mitnehmen kann durch die Pforte des Todes von dem, was er auf dem physischen Plan zwischen Geburt und Tod an solchen geistigen Wahrheiten aufgenommen hat. Oder gestalten wir die Frage so: Wieviel bleibt dem Menschen, der hier durch die Pflege spirituellen Lebens Mitteilungen empfangen hat über die geistige Welt, wieviel bleibt ihm von dem, was er so eingesehen hat, was er so sich zu eigen gemacht hat? Genau so viel bleibt ihm, als er verstanden hat, als er begriffen hat, als er in die Sprache des gewöhnlichen Menschheitsbewußtseins umgesetzt hat.

Stellen Sie sich einmal einen hellsichtigen Menschen vor, der vielleicht ganz besondere Entdeckungen in der geistigen Welt durch rein hellseherische Beobachtungen gemacht hat, der es aber versäumt hätte, diese Beobachtungen aus der geistigen Welt in eine Sprache zu kleiden, die für irgendein Zeitalter eine Sprache des gewöhnlichen menschlichen Wahrheitssinnes ist. Wissen Sie, was ihm oder was für ihn geschieht? Ausgelöscht sind alle diese Entdeckungen nach dem Tode. Just so viel bleibt nach dem Tode wertvoll und bedeutungsvoll, als umgesetzt, umformuliert ist in eine Sprache, die in irgendeinem Zeitalter einer Sprache des gesunden Wahrheitssinnes entspricht.

Gewiß ist es von größter Bedeutung, daß es hellseherische Menschen gibt, die Mitteilungen herausbringen können aus der geistigen Welt, die andere Menschen damit befruchten können. Das bringt Segen in unserer Zeit, weil unsere Zeit solche Weistümer braucht und sich nicht wird fortentwickeln können, wenn sie nicht solche Weistümer annimmt. Notwendig ist es, daß solche Mitteilungen an unsere Zeitkultur gemacht werden. Und wenn man das heute noch nicht einsieht, in einem halben oder einem ganzen Jahrhundert wird es doch allgemeine Menschheitsüberzeugung sein: Die Kultur kann nicht fortgehen ohne die Überzeugung vom Vorhandensein spiritueller Weistümer, und die Menschheit müßte kulturell zugrundegehen ohne die Aufnahme spiritueller Weistümer. Es gibt etwas, was der Menschheit in der Zukunft notwendig ist, wenn sie sich fortentwickeln will, notwendiger als alle äußerlich sichtbaren Kulturmittel: das ist die Aufnahme spiritueller Weisheit. Und wenn alle Lüfte erobert würden für den Verkehr, der Menschheit müßte doch der Kulturtod in Aussicht gestellt werden, wenn sie keine geistigen Weistümer aufnehmen würde. So liegt die Sache ganz zweifellos. Es muß die Möglichkeit da sein, hineinzublicken in die geistige Welt.

Von anderem Wert aber als die Menschheitsfortschritte auf der Erde ist das, was die spirituellen Weistümer für die einzelnen Individualitäten nach dem Tode zu bedeuten haben. Da müssen wir, um uns eine rechte Vorstellung zu machen, einmal die Frage so stellen: Was hat denn der hellseherische Mensch von dem, was er hellsichtig erforscht hat und in eine Formel des gesunden Wahrheitssinnes, der gesunden menschlichen Logik gebracht hat, was hat er dadurch, daß er hineinsehen kann in die geistige Welt, nach dem Tode mehr an

Früchten als derjenige, der durch sein Karma nicht die Möglichkeit hatte, schon in der entsprechenden Inkarnation selber hineinzusehen in die geistige Welt, und daher darauf angewiesen war, nur von andern zu hören über die Ergebnisse der Geistesforschung? Wie unterscheiden sich die geistigen Wahrheiten bei einem Eingeweihten und bei einem Menschen, der sie nur gehört hat und nicht hineinschauen kann in die geistige Welt? Ist der Eingeweihte besser daran als der, welcher diese Dinge nur empfangen konnte?

Für die allgemeine Menschheit hat das Hineinschauen in geistige Welten einen höheren Wert als das Nicht-Hineinschauen. Denn wer hineinschaut, tritt in Verkehr mit der geistigen Welt; er kann da nicht nur Menschen, sondern auch andere, geistige Wesen lehren und in ihrem Fortschritt fördern. So hat dieses hellsichtige Bewußtsein einen ganz besonderen Wert. Aber für das Individuelle hat nur das Wissen einen Wert, und in bezug auf den individuellen Wert unterscheidet sich der hellsichtigste Mensch nicht von dem, der nur die Mitteilungen empfangen hat und in einer entsprechenden Inkarnation nicht hineinschauen konnte in die geistige Welt. Fruchtbar nach dem Tode ist das, was wir als geistige Weisheit aufgenommen haben, gleichgültig, ob wir selbst sie geschaut haben oder nicht.

Damit haben wir eines der großen, so verehrungswürdigen ethisch-moralischen Gesetze der spirituellen Welt vor unsere Seele hingestellt. Allerdings ist vielleicht unsere heutige Zeitmoral nicht fein genug, um gerade dieses Ethos voll zu verstehen. Individuell, also im höheren Sinne den Egoismus befriedigend, erlangt keiner einen Vorsprung dadurch, daß ihm die Möglichkeit geboten ist durch sein Karma, hineinzuschauen in die geistige Welt. Alles, was wir für unser individuelles Leben erwerben wollen, müssen wir uns auf dem physischen Plan erwerben und auch in solche Formen bringen, die dem physischen Plan genügen. Und wenn ein Buddha oder ein Bodhisattva höher steht als andere menschliche Individualitäten in den Hierarchien der geistigen Welt, so ist es eben dadurch, daß sie durch soundsoviele Inkarnationen auf dem physischen Plan sich dieses Höhere angeeignet haben. Was ich meinte mit der höheren Ethik, der höheren Sittenlehre, die sich aus dem spirituellen Leben ergibt, das ist dies: Niemand sollte sich vorstellen, daß er durch eine hellseherische Entwickelung einen Vorsprung erlangt über seine Mitmenschen. Das ist gar nicht der Fall. Er erlangt keinen im egoistischen Sinne zu rechtfertigenden Fortschritt. Nur insofern erlangt er ihn, daß er den anderen mehr sein kann. Es ist das Unsittliche, dem Egoismus zu dienen, auf spirituellem Felde vollständig ausgeschlossen. Für sich kann der Mensch nichts erlangen durch eine spirituelle Erleuchtung. Was er erlangt, kann er nur erlangen als Diener der Welt im allgemeinen, und für sich nur, indem er es für andere mit erlangt.

So steht also ein Geistesforscher unter seinen Mitmenschen. Wollen sie hören, was er erforscht hat, und es aufnehmen, so erlangen sie dadurch einen gleichen Vorsprung mit ihm selber, kommen für ihr Individuelles genau so weit wie er. Das heißt, verwertbar ist das Spirituelle nur im allgemein menschlichen Geiste, nicht im egoistischen Geiste. Es gibt ein Gebiet, auf dem man nicht bloß deshalb moralisch ist, weil man es sich vornimmt, sondern weil einem das Unmoralischsein, das Egoistischsein nichts helfen würde. Dann aber ist es auch leicht, ein anderes einzusehen: daß es gefährlich ist, in die geistige Welt, in das spirituelle Gebiet unvorbereitet hineinzutreten. Niemals wird für das Leben nach dem Tode irgend etwas Egoistisches erreicht werden können durch das spirituelle Leben. Wohl aber kann der Mensch Egoistisches für dieses Leben, für das Leben auf dem physischen Plan wollen durch die spirituelle Entwickelung. Wenn man sozusagen für die geistige Welt auch nichts Egoistisches erringen kann, man kann für diese Welt irgend etwas erreichen wollen, was im Sinne des Egoismus liegt.

Die meisten Menschen, die eine gewisse höhere Entwickelung anstreben, werden nun gewiß sagen: Das ist ja ganz selbstverständlich, daß ich mich bemühe, unegoistisch zu sein, ehe ich den Eintritt in die höhere Welt erhalten will. – Aber glauben Sie es: Es gibt wohl kein Gebiet menschlicher Täuschung, auf dem eine Täuschung so groß sein kann als da, wo man sagt: Ich strebe unegoistisch! – Sagen kann man das leicht. Ob man es auch tun kann, es selbst wirklich vollziehen kann, das ist eine ganz andere Frage. Es ist vor allen Dingen deshalb eine andere Frage, weil, wenn man beginnt, in der Seele

Verrichtungen zu pflegen, die in die geistige Welt hineinführen können, man sich dann erst selbst in seiner wahren Gestalt entgegentritt. Der Mensch lebt in der äußeren Welt in bezug auf sehr vieles nicht in seiner wahren Gestalt. Er lebt eingewoben in ein Netz von Vorstellungen, von Willensimpulsen und moralischen Empfindungen, in Handlungsusancen, die von der Umwelt gegeben sind, und selten wirft der Mensch die Frage auf: Wie würde ich handeln, wie würde ich denken über eine Sache, wenn ich mich nicht durch das, was mir anerzogen ist, veranlaßt fühlte, so oder so zu denken oder zu handeln? – Wenn der Mensch diese Frage sich beantworten würde, dann würde er sehen, daß er gewöhnlich viel, viel schlechter ist, als er annimmt.

Nun haben Verrichtungen, die darauf angelegt sind, daß der Mensch in die geistige Welt hinaufzusteigen lernt, zur Folge, daß man hinauswächst über alles, in was man einverwoben ist durch Gewohnheiten, durch Erziehung, durch alles, was um uns herum ist. Recht bald wächst man darüber hinaus. Man wird geistig-seelisch, empfindungsgemäß, immer nackter. Die Hüllen, die wir uns selber angelegt haben und an die wir uns halten bei unsern gewöhnlichen Empfindungen und Handlungen, sie fallen. Daher jene ganz gewöhnliche Erscheinung, die auch schon oft besprochen worden ist: Der Mensch, bevor er anfängt mit einer geistigen Entwickelung, ist vielleicht ein leidlich anständiger, vielleicht auch ein vernünftiger Mensch, der keine großen Dummheiten im Leben macht. Nun fängt er an mit einer geistigen Entwickelung. Während er vorher ganz bescheiden war und sich vielleicht auch gesagt hat: Ich bin doch ein ganz bescheidener Mensch! –, fängt er jetzt an, unter dem Einfluß der geistigen Entwickelung ein ganz hochmütiges Wesen zu zeigen, fängt an, allerlei Torheiten und Dummheiten zu begehen. Er verliert, wenn er in eine geistige Entwickelung hineinkommt, sozusagen Halt und Richtung. Warum das so ist, kann am besten derjenige sehen, der in einer geistigen Welt zu Hause ist. Denn zweierlei Dinge sind notwendig, um sich zurechtzufinden gegenüber dem, was aus der geistigen Welt an die Menschenseele herantritt, um das Gleichgewicht zu behalten: Man muß in der Lage sein, nicht schwindlig zu werden gegenüber dem, was aus der geistigen

Welt an uns herantritt. Im physischen Leben schützt uns unsere Organisation vor dem Schwindligwerden durch das, was wir in den Anthroposophie-Vorträgen den Gleichgewichtssinn, den statischen Sinn genannt haben. Wie es für den leiblichen Menschen etwas gibt, wodurch er sich aufrechterhält – denn wenn die Organisation nicht ordentlich funktioniert, wird der Mensch schwindlig und fällt um –, so gibt es auch im geistigen Leben etwas, durch das sich der Mensch über seine eigene Lage zur Welt orientieren kann. Das muß er können. Das geistige Umfallen besteht eben darin, daß das nicht mehr vorhanden ist, was uns vorher stützt, was anerzogene Empfindungen sind, was das Gewebe der äußeren Welt bewirkt, so daß wir dann auf uns selber angewiesen werden. Die Stützen fallen weg, und dann ist die Gefahr nahe, daß wir schwindlig werden. Wir können dann leicht hochmütig werden, wenn die äußeren Stützen für uns wegfallen. Der Hochmut sitzt natürlich in uns, nur kam er vorher nicht zum Vorschein.

Wodurch erlangt man nun das geistige Gleichgewicht, so daß man nicht schwindlig wird? Dadurch, daß man entsagungsvoll, fleißig und emsig das aufnimmt, was die Geistesforschung erforscht hat und was in logische, dem gewöhnlichen Wahrheitssinn entsprechende Formeln umgeprägt worden ist. Nicht aus einer Willkür heraus wird immer wieder und wieder hier betont, daß es notwendig ist, das, was wir Geisteswissenschaft nennen, wirklich zunächst zu studieren. Es wird nicht etwa deshalb betont, damit ich hier recht oft reden kann, sondern aus dem Grunde, weil es durch kein anderes Mittel möglich ist, die festen Stützpunkte für eine geistige Entwickelung zu bekommen. Das hingebungsvolle, emsige Aufnehmen der geisteswissenschaftlichen Resultate ist das Gegenmittel gegen den geistigen Schwindel, gegen die geistige Unsicherheit. Und mancher Mensch, der durch eine unrichtig getriebene Entwickelung in geistige Unsicherheit hineinkommt – wenn es ihm auch erscheint, als ob er recht fleißig gewesen sei –, der sollte wissen, daß er es versäumt hat, das aufzunehmen, was aus dem Born der Geisteswissenschaft zunächst fließen kann. Das ist es, was wir brauchen, dieses Studium der geisteswissenschaftlichen Tatsachen von allen Seiten. Und deshalb war es, daß wir auch während des letzten Winters in unserem Zweige, als wir uns letzten Endes begreiflich machen wollten die Bedeutung des Christus-Ereignisses für die Menschheit, doch immer wieder darauf zurückkamen, die Grundbedingungen des geistigen Fortschrittes zu betonen.

Ein orientiertes Seelenleben braucht der Mensch zum Fortschreiten, aber außerdem noch etwas anderes. Während durch das Studium der Geisteswissenschaft Sicherheit für die menschliche Seele erlangt wird, wird durch ein zweites das gebracht, was wir ebenfalls nötig haben. Das ist eine gewisse geistige Stärke, ein gewisser Mut des geistigen Lebens. Solchen Mut, wie wir zum geistigen Fortschritt brauchen, brauchen wir im gewöhnlichen Leben nicht, deshalb nicht, weil unser innerstes Wesen, unser geistig-seelisches Menschenwesen ja eingebettet ist im gewöhnlichen wachen Tagesleben vom Aufwachen bis zum Einschlafen in den physischen Leib und Ätherleib; und in der Nacht tun wir ja nichts und können nichts verderben. Wenn der Mensch auch schlafend handeln könnte, würde er als unentwickelter Mensch schlimme Dinge hervorbringen. Im physischen Leib und Ätherleib sind aber nicht bloß die Kräfte, die in uns wirksam sind, insofern wir bewußte oder auch nur denkende und fühlende Menschen sind, sondern auch jene Kräfte, an denen göttlich-geistige Wesenheiten gearbeitet haben durch die Saturn-, Sonnen- und Mondenzeit hindurch bis in unsere Erdenzeit hinein. Da sind immerfort die Kräfte aus höheren Regionen tätig. Auf die stützen wir uns. Und wenn wir aufwachen und in den physischen Leib und Ätherleib einziehen, überliefern wir uns zugleich den göttlich-geistigen Kräften, die in unserem physischen Leib und Ätherleib zu unserm Heil und Segen darinnen sitzen und uns vom Morgen bis zum Abend durch das Tagesleben führen. So ist es: In uns wirkt die ganze göttlich-geistige Welt, und wir können an ihr im Grunde genommen vieles schlechter machen, aber nicht viel verbessern.

Aber nun denken Sie, daß alle geistige Entwickelung davon abhängt, daß wir frei bekommen unsern inneren Menschen, unsern Astralleib und unser Ich, daß wir sozusagen sehen, hellsichtig wahrnehmen lernen in dem, was unbewußt vom Einschlafen bis zum Aufwachen lebt, und weil es unbewußt lebt, auch kein Unheil anrichten kann. Das muß bewußt in uns werden, was unbewußt ist in jenen Gliedern, in denen göttlich-geistige Kräfte darinnen sind. All die Stärke, die Kraft, die uns gegeben worden ist, indem wir beim Aufwachen gerade in die Hände genommen werden von dem, was in unserem physischen Leib und Ätherleib verankert ist, die fällt weg, wenn wir unabhängig werden vom physischen Leib und Ätherleib und anfangen, hellseherisch wahrzunehmen. Die ganze Kraft und Gewalt der Welt bleibt draußen. Wir haben uns herausgezogen aus denjenigen Kräften, die uns stark machen und ein Widerlager geben gegen die Welt, die von außen auf uns einwirkt. Wir haben uns aus den uns unterstützenden Kräften herausgezogen. Die Welt ist aber geblieben, wie sie ist, und der ganzen Gewalt, dem ganzen Anprall der Welt stehen wir deshalb doch gegenüber. Alle die Kraft, die uns sonst aus dem physischen Leib und Ätherleib kommt, müssen wir dann in uns selber haben, um den Anprall der Welt auszuhalten und Widerstand zu leisten. Alles das müssen wir in unserem Ich und Astralleib entwickeln. Das entwickeln wir durch diejenigen Regeln, die uns gegeben werden und die Sie finden in meiner Schrift «Wie erlangt man Erkenntnisse der höheren Welten?». Das ist alles darauf berechnet, unserem eigenen Innern jene Stärke zu geben, die uns vorher von höheren Wesen verliehen wurde und die wegfällt, wenn die äußeren Stützen wegfallen, jene Stärke, die uns widerstandsfähig machen kann gegenüber dem Anprall der Welt, auch wenn wir selbst die Unterstützungen beiseite geschoben haben, die uns unser physischer Leib und Ätherleib bieten.

Menschen, die sich nicht so innerlich stark machen, um die Kräfte, die sie abstreifen mit dem physischen Leib und Ätherleib, zu ersetzen durch wirklich hingebungsvolle Exerzitien der Seele, vor allen Dingen durch die Läuterung der Eigenschaft, die wir in der äußeren Welt als Unmoral bezeichnen, diese Menschen können zwar bis zu einem gewissen Grade Fähigkeiten erwerben, in die geistige Welt hineinzusehen. Aber was geschieht? Sie werden das, was man hypersensitiv nennen kann, sie werden überempfindlich. Sie werden, wie wenn sie von allen Seiten geistig gestochen würden, sie können nicht standhalten dem, was heranprallt von allen Seiten. Das ist eine derjenigen bedeutsamen Tatsachen, die man kennen muß, wenn man einen geistigen Erkenntnisfortschritt anstrebt: sich innerlich stark zu machen, indem man die edelsten, besten Eigenschaften der Seele wirklich ausbildet.

Welche Eigenschaften werden das sein nach dem, was wir eben gerade heute gesagt haben? – Wenn es sogar unmöglich ist, in der geistigen Welt im Zeichen des Egoismus zu leben, wenn uns da der Egoismus nichts hilft, so wird es nur natürlich sein, daß die Austreibung des Egoismus, alles dessen, was der willkürlichen Begehrung des Geistigen unterstellt ist, die Vorbereitung für das geistige Leben sein wird. Je würdiger und ernster man gerade diesen Grundsatz nimmt, desto besser ist es für einen geistigen Fortschritt. Man kann ihn nicht ernst und würdig genug nehmen. Wer mit diesen Dingen zu tun hat, kann es oft hören, daß irgend jemand ihm sagt: Dies habe ich nicht aus Egoismus getan! – Aber wenn dieses Wort über die Lippen will, dann sollte der Mensch Einhalt tun, sollte es nicht über die Lippen lassen, sondern er sollte sich sagen: Eigentlich bist du doch nicht so, daß du sagen kannst, du tust irgend etwas ohne eine Spur von Egoismus! – Das ist viel gescheiter, weil es viel wahrer ist. Und auf das Wahre namentlich in bezug auf die Selbsterkenntnis kommt es an. Auf keinem Gebiete rächt sich Unwahrheit so stark, wie auf dem Gebiet des spirituellen Lebens. Da sollte der Mensch die Forderung an sich stellen, lieber wahr zu sein, als sich in den Nebel hineinzureden: Du bist unegoistisch. – Lieber wahr sein und sich sagen: Gestehe ich meinen Egoismus, so habe ich wenigstens einen Impuls, ihn abzulegen.

Was mit diesem spirituellen Wahrheitsbegriff zusammenhängt, möchte ich am liebsten mit dem Folgenden sagen. Man kann recht leicht so urteilen: Da gibt es Leute, die behaupten, allerlei in den höheren Welten erfahren und gesehen zu haben; das wird dann verbreitet und tritt vor die Menschen hin. Wenn man einsieht, daß das nicht wahr ist, sollte man nicht alle Kräfte und Mittel einsetzen, um das zu bekämpfen? – Gewiß, es kann Gesichtspunkte geben, unter denen ein solcher Kampf notwendig ist. Für den aber, dem es als spiritueller Mensch um die Wahrheit zu tun ist, gibt es immer noch einen andern Gedanken, nämlich den, daß doch nur alles das, was Wahrheit ist, aus der spirituellen Welt heraus gedeiht und fruchtbar ist für die Welt, und daß dasjenige, was unwahr ist, ganz gewiß keine Fruchtbarkeit hat. Das heißt trivial ausgedrückt: Man mag noch so viel zusammenlügen in bezug auf spirituelle Dinge, diese Dinge haben recht kurze Beine. Von diesen Lügen sollte sich der, welcher sie aufbringt, sagen, daß er damit wirklich Fruchtbares nicht wirken kann. Fruchtbar auf spirituellem Gebiet ist allein die Wahrheit. Das beginnt bereits da, wo wir mit unserer eigenen spirituellen Entwickelung beginnen, wo wir anfangen sollten, uns wahr einzugestehen, wie wir eigentlich sind. Das ist etwas, was zugleich als Impuls in allen spirituellen, in allen okkulten Bewegungen leben muß: daß nur das Wahre ein Fruchtbares, ein Wirksames sein kann. Wahrheit ist durchaus etwas in der Welt, was sich durch seine Fruchtbarkeit, durch seinen Segen für die Menschheit selber rechtfertigt. Und die Lüge, die Unwahrheit ist etwas, was unfruchtbar und unwirksam ist. Das hat nur eine einzige Wirkung, die ich heute nicht weiter ausführen kann und darum nur andeuten will: Es fällt mit dem stärksten Anprall auf den Verbreiter der Unwahrheit selbst zurück. Das wird uns ein anderes Mal beschäftigen, was mit diesem bedeutungsvollen Satz gemeint ist.

So wollte ich Ihnen heute eine Art Rückblick geben auf das, was wir im letzten Jahre in unsern Zweigversammlungen getrieben haben, und noch einmal anklingen lassen, was als Stimmung, als Gefühlsgehalt die Seele durchziehen und den Raum erfüllen konnte.

Wenn wir nun auf die Arbeit, die außerhalb unseres Zweiges im letzten Jahr geleistet worden ist, nur in einer Beziehung blicken, so darf ich dabei vielleicht auf meinen Anteil selbst hinweisen, der sich zusammenschließt in dem von uns in München aufgeführten Rosenkreuzermysterium «Die Pforte der Einweihung». Mit diesem Mysterium hat etwas angestrebt werden sollen, worüber wir in den nächsten Zweigversammlungen sprechen werden. Jetzt soll nur so viel gesagt werden, daß es möglich war, gerade in dieser, man möchte sagen, mehr künstlerischen Form in einem individuellen Ausdruck das vorzuführen, was man sonst nur mehr im allgemeinen sagen kann.

Wenn wir hier oder sonstwo sprechen von den Bedingungen des geistigen Lebens, so sprechen wir so, wie es für jede Seele richtig ist. Aber es ist notwendig, dabei immer im Auge zu behalten, daß jeder Mensch ein eigenes Wesen ist, ein individuelles Wesen, und daß individualisiert werden muß in bezug auf jede Seele. Deshalb war einmal das Bedürfnis vorhanden, sozusagen eine Seele an der Pforte der Einweihung zu zeigen. Betrachten Sie daher das Rosenkreuzermysterium nicht als eine Lehrschrift, sondern als künstlerische Darstellung der Vorbereitung zur Einweihung eines einzelnen Menschen. Es handelt sich nicht darum, wie dieser oder jener Mensch vorschreitet, sondern gerade der, welcher in dem Mysterium als Johannes Thomasius geschildert ist, also um die ganz individuelle Gestalt, welche die Vorbereitung zur Einweihung bei einem einzelnen Menschen annimmt.

So hätten wir gleichsam zwei große Standpunkte dadurch gewonnen, daß wir uns der Wahrheit nähern: einmal indem wir die großen Gesichtspunkte des Fortschrittes schildern, und dann indem wir in den Mittelpunkt einer einzelnen Seele hineingestiegen sind. Immer wird uns das beseelen, daß wir uns der Wahrheit von vielen Seiten nähern und geduldig abwarten müssen, bis sich uns die verschiedenen Ansichten über die Wahrheit zu einer Gesamtempfindung zusammenschließen. Diese Erkenntnisbescheidenheit wollen wir uns ganz besonders angelegen sein lassen. Sprechen wir nie davon, daß der Mensch die Wahrheit nicht erleben kann. Er kann sie erleben! Nur kann er nicht auf einmal die ganze Erkenntnis der Wahrheit haben, sondern nur immer eine Seite. Dadurch wird der Mensch bescheiden. Wahre Bescheidenheit wird auch ein Gefühl sein müssen, das sich erzeugt in unsern Zweigen, das von dort hinausgetragen werden soll in die übrige Zeitkultur der Gegenwart, um draußen zu wirken. Denn unsere Zeit braucht nach ihrer ganzen Beschaffenheit viel von dieser Erkenntnisbescheidenheit.

Im Sinne dieser Anregungen werden wir weiter arbeiten, das christliche Problem darzustellen, um auch daran zu erleben, wie man zu dieser Erkenntnisbescheidenheit gelangen und dadurch wieder im Erleben der Wahrheit immer weiter und weiter kommen kann.

ZWEITER VORTRAG

Berlin, 24. Oktober 1910

Wir haben das letzte Mal versucht, einen Rückblick zu geben nicht nur auf den Inhalt unserer Betrachtungen des vorigen Jahres, sondern auch auf den Sinn, auf den Geist dieser Betrachtungen. Wir haben dabei aufmerksam gemacht, daß dieser Geist, der uns beseelt hat bei der Betrachtung zum Beispiel des Christus-Problems von allen möglichen Seiten her, daß es dieser Geist überhaupt sein soll, welcher durch die ganze geisteswissenschaftliche Bewegung, durch alles geisteswissenschaftliche Streben gehen muß. Denn es hat sich uns ergeben, daß wir deshalb von so verschiedenen Seiten her einen einzigen Gegenstand anfassen, weil der Mensch in seinem Erkenntnisstreben von vornherein dasjenige bergen soll, was man die wahre Erkenntnisbescheidenheit nennt. Wir wollen uns einmal über diese Erkenntnisbescheidenheit ein wenig genauer aussprechen.

Den Vergleich habe ich oft angeführt, daß wir irgendeinen Gegenstand abbilden können durch Malen, Photographieren von irgendeiner Seite her, daß wir dann aber von diesem Bilde, das von einer Seite aufgenommen ist, niemals behaupten dürfen, es ergebe die ganze Gestalt des Gegenstandes. Eine ungefähre Vorstellung kann man sich von einem Gegenstand machen, wenn man ihn von verschiedenen Seiten her abbildet, dann diese verschiedenen Bilder zusammenhält und sich dadurch ein Bild von dem Gegenstande zu machen versucht. Auch bei einem gewöhnlichen Anschauen muß man im Grunde genommen herumgehen um den Gegenstand, um sich eine allseitige Vorstellung von ihm zu bilden. Wenn jemand nun sagen wollte, daß es in der geistigen Welt doch möglich sein müßte, sozusagen mit einem einzigen Anblick, mit einer einzigen Ansicht einen Gegenstand zu umfassen, so würde er sich sehr irren. Und viele menschliche Irrtümer entspringen aus dem Nichtanerkennen des eben Gesagten. In den Berichten über das Ereignis von Palästina ist, man möchte sagen, schon vorgesorgt, daß dieser Standpunkt von den Tiefergehenden nicht angelegt werde. Denn von diesem Ereignis von Palästina sind vier

Berichte gegeben, die Berichte der vier Evangelisten. Und für denjenigen, der nicht weiß, daß man im geistigen Leben einen Gegenstand, eine Wesenheit, ein Ereignis von verschiedenen Seiten betrachten muß, für den wird ja – leichtfertig, wie er dann mit der Wahrheit zu Werke gehen muß – sich aus dieser Tatsache nichts anderes ergeben, als daß scheinbare Widersprüche zwischen den einzelnen Evangelisten vorhanden sind. Aber wir haben wiederholt darauf aufmerksam gemacht, daß man sich die vier Evangelienberichte so vorzustellen hat, daß sie von vier verschiedenen Gesichtspunkten aus das große Christus-Ereignis darstellen, und daß sie zusammengehalten werden müssen wie die vier Bilder, die von vier verschiedenen Seiten von irgendeinem Gegenstand oder Wesen aufgenommen werden. Wenn man dann in einer genauen Weise vorgeht, wie wir es schon versucht haben mit Bezug auf das Matthäus-, Johannes- und Lukas-Evangelium und wie wir es später versuchen werden mit Bezug auf das Markus-Evangelium, dann ergibt es sich schon, daß die vier Darstellungen des Ereignisses in Palästina in der schönsten Weise zusammenstimmen. So ist schon in der Tatsache, daß vier Evangelien vorhanden sind, die große Lehre von der Vielseitigkeit menschlicher Ansichten von der Wahrheit gegeben.

Nun habe ich im vorigen Jahre schon darauf aufmerksam gemacht, daß es möglich ist, verschiedene Ansichten von der Wahrheit irgendeines Wesens zu suchen. Sie erinnern sich, daß ich im vorigen Jahr bei unserer Generalversammlung zu ergänzen versuchte, was man gewöhnlich die Theosophie nennt, durch eine andere Betrachtung, die damals die Betrachtung der Anthroposophie genannt worden ist, und ich habe gesagt, wie sich die Anthroposophie verhalten soll zu der Theosophie. Ich machte darauf aufmerksam, daß es eine gewöhnliche Wissenschaft gibt, die sich stützt auf die sinnlichen Ereignisse und auf die verstandesmäßige Zusammenfassung der sich durch die Sinnesbeobachtung ergebenden Tatsachen – und wenn sie sich mit dem Menschen beschäftigt, nennt man diese Wissenschaft Anthropologie. Die Anthropologie enthält alles, was man mit den Sinnen erforschen und mit den verstandesmäßigen Beobachtungen über den Menschen erfahren kann. Sie betrachtet also die menschliche sinnliche Organisation so, wie sie sich darbietet, wenn man sie mit den verschiedenen Instrumenten, mit den Werkzeugen der Naturwissenschaft untersucht. Sie betrachtet zum Beispiel die Überreste der Menschen der Vorzeit, die Kulturgeräte und Werkzeuge von solchen Menschen in den Schichten der Erde und sucht sich eine Vorstellung zu machen, wie sich das Menschengeschlecht im Laufe der Zeit entwickelt hat. Sie versucht ferner diejenigen Bildungsstufen zu studieren, die man bei den wilden oder unzivilisierten Völkern findet, denn sie geht von der Voraussetzung aus, daß sich bei solchen Völkerschaften die Kulturstufen erhalten haben, wie sie auch die zivilisierteren Völker in früheren Zeiten durchlaufen haben. So baut sich die Anthropologie daraus eine Vorstellung auf über das, was der Mensch durchgemacht hat, bis er zum gegenwärtigen Standpunkt gekommen ist.

Vieles könnte noch angeführt werden, was beitragen würde zu einer Aufklärung über das Wesen der Anthropologie. Ich habe im vorigen Jahr die Anthropologie verglichen mit einem Menschen, der sich dadurch Kenntnisse erwirbt, daß er in der Ebene herumgeht, sich die Marktflecken, die Städte, Wälder und Felder besieht und alles beschreibt, was er so, in der Ebene herumgehend, gesehen hat. Nun kann man den Menschen auch betrachten von einem andern Gesichtspunkte aus. Das ist der der Theosophie. Denn alle Theosophie will uns zuletzt aufklären über das Wesen, über die Bestimmung des Menschen. Wenn Sie meine «Geheimwissenschaft» durchstudieren, werden Sie sehen, daß zuletzt alles gipfelt in der Aufklärung über das menschliche Dasein selber. Wenn Sie die Anthropologie vergleichen mit einem Menschen, der in der Ebene herumgeht und dort die einzelnen Tatsachen sammelt und notiert, um sie mit dem Verstande zu begreifen, so können wir die Theosophie vergleichen mit einem solchen Beobachter, der auf einen Berg bis zum Gipfel hinaufsteigt und sich von dort die Umgebung ansieht, die Marktflecken, Städte, Wälder und so weiter. Er wird das in der Ebene sich Ausbreitende wie verschwimmend und manches nur in einzelnen Punkten sehen. So ist es im Grunde genommen mit der geistigen Betrachtung des Menschen, mit der Theosophie. Der Standpunkt in geistiger Beziehung, der da eingenommen wird, ist ein hoher. Der macht es notwendig, daß tatsächlich mancherlei von diesem Standpunkt aus gewonnen wird, was sozusagen das gewöhnliche Menschentreiben, die unmittelbaren Eigenschaften und Eigenheiten des Menschen, die uns im Alltagsleben entgegentreten, wie verschwommen erscheinen läßt, so wie die Dörfer und Städte sich, vom Berggipfel aus gesehen, ausnehmen.

Was ich jetzt eben gesagt habe, wird dem Anfänger in der Theosophie vielleicht nicht ganz einleuchtend sein. Denn was dieser Anfänger zunächst aufnimmt über das Wesen des Menschen, über die Gliederung in physischen Leib, Ätherleib, Astralleib und so weiter, das wird er zu verstehen suchen, er wird sich gewisse Vorstellungen darüber bilden, aber er wird zunächst ferne sein von den großen Schwierigkeiten, die gerade dann vorliegen, wenn man in der Erfassung der geisteswissenschaftlichen Wahrheiten weiterrückt. Man darf sagen: Je weiter man kommt, desto mehr erkennt man, wie unendlich schwierig es ist, einen Zusammenhang zu finden zwischen dem, was da oben auf dem geistigen Bergesgipfel der Theosophie gewonnen wird, und dem, was wirklich im alltäglichen Menschenleben als charakteristische menschliche Empfindungen, Gefühle und so weiter zutage tritt. Nun könnte man die Frage aufwerfen: Warum erscheinen denn vielen die spirituellen Wahrheiten einleuchtend, richtig, trotzdem sie gar nicht in Betracht ziehen, wie wenig sie in der Lage sind, dasjenige, was von dem geistigen Gipfel aus gesagt wird, an dem zu prüfen, was sie selber im alltäglichen Leben sehen? – Das kommt davon her, daß die menschliche Seele tatsächlich nicht auf Unwahrheit, sondern auf Wahrheit angelegt ist, so angelegt ist, daß sie es gleichsam instinktiv empfindet, wenn irgendeine Wahrheit ausgesprochen wird. Ein Gefühl ist vorhanden für die Wahrheit. Man soll nicht verkennen, daß dieses Gefühl für die Wahrheit, dieser unbefangene Wahrheitssinn der Seele einen unendlichen Wert hat. Insbesondere in unserem gegenwärtigen Zeitalter hat er einen unendlichen Wert, und zwar aus dem Grunde, weil, man möchte sagen, der geistige Gipfel, von dem aus auch nur die notwendigsten Wahrheiten von dem Menschen wirklich erschaut werden können, so unendlich hoch ist. Müßten die Menschen erst auf diesen Gipfel hinaufsteigen, so hätten sie einen weiten geistig-seelischen Weg zu machen, und es könnten alle die, welche diesen geistig-seelischen Weg nicht machen, nichts empfinden von dem Wert dieser Wahrheiten für das menschliche Leben. Nun ist aber jede Seele dafür veranlagt, wenn die geistigen Wahrheiten mitgeteilt werden, sie auch in ihrer Wahrheit zu empfinden und in ihrer Wahrheit aufzunehmen.

Wie verhält sich nun eine solche Seele, die diese Wahrheiten aufnimmt, zu einer Seele, die sie selber findet? Man kann dafür einen ganz trivialen Vergleich wählen. Aber so trivial er ist, es ist doch mehr mit ihm gemeint, als es aussieht. Einen Stiefel kann jeder von uns anziehen, aber nicht jeder kann einen Stiefel machen; dazu muß man es als Schuhmacher gelernt haben. Was man aber vom Stiefel hat, was einem der Stiefel sein kann, das hängt nicht davon ab, daß man ihn auch machen kann, sondern daß man ihn in der rechten Weise gebrauchen kann. So verhält es sich tatsächlich mit den geistigen Wahrheiten, die uns durch die Theosophie gegeben werden. Wir sind zunächst, auch wenn wir sie nicht selber schauend erzeugen können, dazu berufen, sie für unser Leben zu gebrauchen. Und wenn wir sie durch unsere natürliche Wahrheitsempfindung aufnehmen zum Gebrauch, so dienen sie uns so, daß wir uns durch sie orientieren können im Leben; daß wir wissen können, daß wir nicht in dem Dasein zwischen Geburt und Tod eingeschlossen sind, daß wir einen geistigen Menschen in uns tragen, wiederholte Erdenleben durchmachen und so weiter. Diese Wahrheiten kann man, wie gesagt, gebrauchen. Man nimmt sie auf. Und wie die Stiefel uns vor der Kälte schützen, so schützen uns diese Wahrheiten vor der geistigen Kälte, vor der geistigen Verarmung. Denn das muß man sich vor Augen halten, daß wir geistig erkalten, geistig verarmen, wenn wir bloß darauf angewiesen sind, das zu denken, zu fühlen und zu empfinden, was die äußere Sinneswelt uns darbietet. So also müssen wir sagen: Zum Gebrauch sind die spirituellen Wahrheiten, die von einem hohen Gesichtspunkt aus hergeholt werden, für alle Menschen da. Finden können sie vielleicht nur wenige, diejenigen eben, die den geistigen Weg, der auch in der letzten Stunde beschrieben worden ist, durchmachen.

Nun aber kann ein jeder Blick in die gewöhnliche Welt, die uns für die Sinne umgibt – die also auch, wenn es sich um den Menschen handelt, der Gegenstand der Anthropologie ist –, uns zeigen, wie diese Welt selber der Offenbarer wird für eine Welt, die hinter ihr liegt, die dann von dem geistigen Höhenstandpunkte der Theosophie aus erschaut wird. Die Sinneswelt also selber kann zum Offenbarer einer andern Welt werden, wenn man dazu übergeht, diese Sinneswelt zu deuten, wenn man nicht bloß mit dem Verstande ihre Tatsachen hinnimmt, sondern beginnt, diese Tatsachen zu deuten; wenn man sozusagen über das Feld der Sinneswahrnehmung nicht gleich so weit hinausgeht wie die Theosophie selber, sondern gleichsam auf dem Abhang des Berges stehenbleibt, wo noch nicht die Einzelheiten ganz verschwimmen, wo aber auch schon ein Überblick möglich ist. Diesen Standpunkt in geistiger Beziehung haben wir im vorigen Jahr charakterisiert als den der Anthroposophie, und wir haben damit gezeigt, daß drei Ansichten über den Menschen möglich sind: die anthropologische, die anthroposophische und die theosophische.

Nun werden wir in diesem Jahr – im Anschluß an die Generalversammlung – in den Vorträgen über Psychosophie, die noch in ganz anderem Sinne wichtig sind als die Vorträge über Anthroposophie, zu zeigen haben, wie die menschliche Seele selber aus ihren unmittelbaren Eindrücken und Erlebnissen heraus so gedeutet werden kann, daß sie in ähnlicher Weise wie bei der Anthroposophie ins geistige Leben hineinspielt. Und eine in der Zukunft folgende Vortragsreihe über Pneumatosophie soll dann diese Vorträge so abschließen, daß die Betrachtungen über Anthroposophie und über Psychosophie wieder einmünden sollen in die Theosophie. Das alles wird getan, um ein Gefühl dafür hervorzurufen, wie mannigfaltig die Wahrheit ist. Denn das ist eine Erfahrung gerade des ernsten Wahrheitssuchers: Je weiter er schreitet, desto bescheidener wird er – und auch um so vorsichtiger, die auf höheren Standpunkten gewonnenen Wahrheiten gleich in die Sprache des gewöhnlichen Lebens herein zu übersetzen. Denn obwohl wir das letzte Mal gesagt haben, daß eigentlich diese Wahrheiten erst dann einen Wert haben, wenn sie übersetzt sind in die

Sprache des gewöhnlichen Lebens, so muß man sich doch klar sein, daß dieses Rückübersetzen gerade zu den schwierigsten Aufgaben der geisteswissenschaftlichen Arbeit gehört. Was erschaut wird auf geistigen Höhen, so verständlich zu machen, daß der gesunde Wahrheitssinn und auch die gesunde Logik ja dazu sagen können und es einsehen können, das bietet große Schwierigkeiten.

Immer und immer wieder muß es betont werden, daß es sich auch um die Erzeugung solcher Gefühle und Empfindungen gegenüber der Wahrheit handelt, wenn wir in unsern Zweigen Geisteswissenschaft treiben. Nicht bloß sollen wir mit dem Verstande auffassen, was gesagt wird an Mitteilungen aus der geistigen Welt heraus, sondern es kommt vielmehr darauf an, daß wir es miterleben in der Empfindung, im Gefühl und uns so Eigenschaften aneignen, die eben jeder wirklich spirituell Strebende haben sollte.

Wenn wir die Welt, wie sie um uns herum sich ausbreitet, in Betracht ziehen, so können wir sagen: Überall, in allen ihren Punkten bietet sie uns einen äußeren Ausdruck, eine äußere Offenbarung einer inneren, geistigen Welt dar. Das ist ja für uns heute schon ein ganz abgebrauchter Satz. So wie die Menschenphysiognomie ein Ausdruck dessen ist, was in der menschlichen Seele vorgeht, so sind alle Erscheinungen der äußeren Sinneswelt gleichsam ein physiognomischer Ausdruck einer dahinter webenden und wesenden geistigen Welt, und wir verstehen die Sinneserlebnisse erst dann, wenn wir in ihnen einen physiognomischen Ausdruck sehen können für die geistige Welt. Wenn der Mensch nun noch nicht in der Lage ist, durch seinen eigenen Erkenntnisweg hinaufzugehen in diejenigen Höhen, auf denen geistig geschaut werden kann, so hat er zunächst allerdings nur die Sinneswelt vorliegend, und er könnte sich dann die Frage stellen: Gibt es nun nichts für mich, was mir durch die Betrachtung der Sinneswelt selber Beleg, Bewahrheitung dessen ist, was mir mitgeteilt wird aus dem geistigen Schauen heraus?

Dieses Aufsuchen von Belegen ist immer möglich, aber man wird nicht leichtfertig, sondern genau vorgehen müssen. Wenn Sie, um nur ein Beispiel anzuführen, die verschiedenen geisteswissenschaftlichen Vorträge verfolgen, die ich gehalten habe, und sich ansehen, was in meiner «Geheimwissenschaft» steht, so wird Ihnen zum Beispiel auffallen können, daß es einmal im Laufe der Erdenentwickelung eine Zeit gegeben hat, wo die Erde selber mit der Sonne vereinigt war, wo Erde und Sonne ein einziger Körper waren. Später erst hat sich die Erde von der Sonne getrennt. Wenn Sie alles zusammenhalten, was Sie aus der «Geheimwissenschaft» oder aus meinen Vorträgen kennen, so werden Sie sich sagen müssen, daß die Tierformen und die Pflanzenformen, die wir heute auf der Erde finden, die Weiterentwikkelung dessen sind, was sich auch damals schon gefunden hat, als die Erde mit der Sonne vereinigt war. Aber wie die heutigen Tierformen den heutigen Erdverhältnissen angepaßt sind, so mußten die damaligen Tierformen, als Sonne und Erde noch vereinigt waren, ebenso angepaßt sein jenem Körper, der Erde und Sonne zugleich war. Daraus folgt nun, daß diejenigen Tierformen, welche aus jener Zeit übriggeblieben sind, nicht nur übriggeblieben sind, sondern die Fortsetzung sind von Wesen, die schon damals vorhanden waren, die aber zum Beispiel noch keine Augen haben konnten; denn Augen haben nur einen Sinn, wenn Licht da ist, wie es von der Sonne auf die Erde von außen hereinstrahlt. Wir müßten also unter den verschiedenartigen Wesen des Tierreichs solche finden, die gleichsam die Augen ausgebildet haben, nachdem sich die Sonne schon abgetrennt hatte von der Erde; und außerdem müßten wir Tierformen finden, die Überreste sind aus der Zeit, da die Sonne noch mit der Erde vereinigt war – die also augenlose Tiere sein müßten. Diese letzte Tierart müßte zu den niederen Tieren gehören. Und die gibt es wirklich. In populären Büchern können Sie finden, wie der Besitz des Auges von einer gewissen Stufe an aufhört. Das bietet einen Beleg für das, was aus der geistigen Wissenschaft heraus gesagt ist.

Nun können wir uns also diese ausgebreitete Welt, die um uns herum ist und in der wir selber sind, als den physiognomischen Ausdruck des dahinter wesenden und webenden geistigen Lebens vorstellen. Wenn nun der Mensch dieser Sinneswelt nur gegenüberstünde und sie ihm in keinem Punkte offenbarte oder verriete, daß sie auf eine geistige Welt hinweist, dann würde der Mensch nie veranlaßt sein können, den Drang, die Sehnsucht in sich zu entwickeln nach einer geistigen Welt. Irgendwo muß uns in der Welt selber, die als Sinneswelt um uns ausgebreitet ist, die Sehnsucht erwachsen können nach einem Geistigen, irgendwo muß das Geistige gleichsam wie durch ein Tor oder ein Fenster hereinstrahlen aus den geistigen Reichen in die Welt, in der wir im Alltag stehen. Wo ist das der Fall? Wo leuchtet uns unmittelbar ein Geistiges entgegen? – Das ist da der Fall – und das haben Sie aus den verschiedenen, von mir und andern gehaltenen Vorträgen gehört –, wo wir in die Lage kommen, unser Ich selber zu erleben. In dem Augenblick, wo wir unser Ich erleben, erleben wir wirklich etwas, was in einem unmittelbaren Verhältnis zur geistigen Welt steht. Aber es ist dieses Erleben des Ich zugleich etwas unendlich Armes. Es ist sozusagen ein einziger Punkt mitten unter den Welterscheinungen. Der einzige Punkt, den wir mit dem kleinen Wörtchen Ich aussprechen, bezeichnet zwar ein ursprünglich echtes Geistiges, aber es ist dieses Geistige sozusagen in dem Ich-Punkt zusammengeschrumpft auf einen Punkt. Was aber kann uns dennoch dieses Geistige lehren, das da auf einen Punkt zusammengeschrumpft ist? Mehr können wir durch das Erlebnis unseres eigenen Ich über die geistige Welt ja nicht wissen als das, was sozusagen in dem Ich-Punkt selbst enthalten ist, wenn wir nicht zum Deuten vorschreiten. Aber in diesem Punkt liegt doch schon sehr Wichtiges, nämlich daß uns durch ihn gesagt wird, wie wir erkennen müssen, wenn wir die geistige Welt erkennen wollen.

Was ist denn das Unterscheidende des Ich-Erlebnisses von allem andern Erleben? Daß wir im Ich-Erleben selber drinnen stehen. In allem andern Erleben stehen wir nicht selber drinnen, sondern das tritt von außen an uns heran. Es könnte vielleicht jemand sagen: Aber mein Denken, mein Wollen, mein Begehren, mein Empfinden, ist das nicht auch etwas, in dem ich selber drinnen lebe? – In bezug auf das Wollen kann sich der Mensch durch eine sehr leichte, sozusagen seelische Selbstbesinnung überzeugen, wie wenig er in diesem Wollen drinnen zu stehen braucht. Man bedenke nur einmal, daß das Wollen etwas ist, was sich so ausnimmt, als ob es uns treibt und als ob der Mensch oft gar nicht darinnen steht, sondern nur so wirkt, als wenn irgendein anderes oder irgendein Ereignis ihn stößt. Und so ist es auch mit dem Empfinden und mit dem größten Teile dessen, was im alltäglichen Leben gedacht wird. Man steht nicht darinnen. Wie wenig man zum Beispiel im gewöhnlichen Leben in seinen Gedanken darinnen steht, davon könnte man sich überzeugen, wenn man sorgfältig prüfen wollte, wie das gewöhnliche Denken abhängig ist von Erziehung und von dem, was man aufgenommen hat zu irgendeiner Zeit, was einem die Verhältnisse eben gebracht haben. Daher ist das menschliche Denken, Fühlen und Wollen als gewöhnlicher Inhalt nach Nationen und Zeiten so verschieden. Nur eines muß gleich sein. Wenn es überhaupt beim Menschen vorhanden ist, muß eines sich gleich finden bei allen Nationen, in allen Regionen und allen einzelnen Menschengemeinschaften: das ist das Erlebnis dieses einzelnen Ich-Punktes.

Nun aber fragen wir uns einmal: Wie steht es denn mit dem Erleben dieses Ich-Punktes? – So einfach liegt die Sache doch nicht. Man könnte zum Beispiel leicht glauben, daß man das Ich selbst erlebt. Das ist aber gar nicht der Fall. Das Ich selbst erlebt man eigentlich nicht. Was erlebt man? Man erlebt im Grunde genommen eine Vorstellung des Ich, eine Wahrnehmung des Ich. Würde nämlich das Ich-Erlebnis genau gefaßt werden, so wäre es eigentlich enthalten in einem nach der Unendlichkeit Ausstrahlenden, nach der Allseitigkeit Ausstrahlenden. Wenn das Ich sich nicht selbst würde gegenüberstehen können wie einem Bild im Spiegel von sich selber – wenn dieses Bild auch nur ein punktuelles Erlebnis ist –, so könnte der Mensch das Ich nicht erleben, könnte sich das Ich keine Vorstellung von sich selber machen. Und diese Vorstellung erlebt der Mensch zunächst von dem Ich. Aber diese Vorstellung genügt auch für ihn. Denn gerade diese Vorstellung unterscheidet sich von allen andern Vorstellungen, hat wirklich einen großen Unterschied von allen andern Vorstellungen, nämlich den, daß sie ihrem Original gleich sein muß, nicht anders sein kann als ihr Original. Denn das Ich hat es, wenn es sich vorstellt, nur mit sich selbst zu tun, und die Vorstellung ist nur das Zurücklaufen des Ich-Erlebens in sich selber; es ist gleichsam eine Stauung, wie wenn wir es aufhalten würden, um in sich selber zurückzukehren, und es in dieser Rückkehrung sich selber als ein Spiegelbild gegenüberträte, das gleich ist dem Original. So ist das Ich-Erlebnis.

Wir dürfen also sagen: Erkennen können wir das Ich-Erlebnis in der Ich-Vorstellung. Aber diese Ich-Vorstellung unterscheidet sich von allen andern Vorstellungen, von allen andern Erlebnissen, die wir haben können, wieder um ein Beträchtliches. Radikal unterscheidet sie sich von allen übrigen Vorstellungen. Zu allen andern Vorstellungen und allen übrigen Erlebnissen brauchen wir so etwas wie ein Organ. Bei einer äußeren Sinnesvorstellung kann es Ihnen von vornherein klar sein, daß wir ein Organ brauchen. Um die Vorstellung einer Farbe zu haben, brauchen wir ein Auge und so weiter. Das tritt klar zutage, daß wir bei einer gewöhnlichen Sinnesvorstellung ein Organ brauchen. Man könnte nun glauben, daß man kein Organ braucht zu dem, was intimer zu unserem eigenen Innern steht. Aber auch da können Sie sich auf einfache Weise davon überzeugen, daß wir Organe brauchen – und Genaueres darüber können Sie noch finden in meinen Vorträgen über Anthroposophie. Hier soll Ihnen nun die Möglichkeit geboten werden, auch noch in einer theosophischen Weise entgegenzunehmen, was dort mehr für die Allgemeinheit geltend gesagt ist.

Denken Sie, in irgendeiner Periode Ihres Lebens erfassen Sie einen Gedanken, eine Idee, einen Begriff. Sie verstehen etwas, was Ihnen als Begriff entgegentritt. Wodurch können Sie das nur verstehen? Nur durch diejenigen Begriffe, die Sie schon vorher aufgenommen haben. Das sehen Sie daraus, daß der eine Mensch einen neuen Begriff, der an ihn herantritt, in der einen Weise auffaßt, der andere in der andern Weise. Und das kommt daher, daß der eine mehr, der andere weniger in sich trägt an Summen von Begriffen, die er schon aufgenommen hat. Das alte Begriffsmaterial sitzt in uns und stellt sich dem Neuen gegenüber, wie sich das Auge dem Licht gegenüberstellt. Aus unsern eigenen alten Begriffen ist uns eine Art von Begriffsorgan gewoben, und was wir davon nicht in der jetzigen Verkörperung aus Begriffen zusammengewoben haben, das müssen wir suchen in früheren Verkörperungen. Da hat es sich zusammengewoben, und wir bringen entgegen den Begriffen, die neu an uns herantreten, ein Begriffsorgan. Für alle Erlebnisse, die von der Außenwelt kommen, auch wenn sie geistigster Natur sind, müssen wir ein Organ haben. Niemals stehen wir sozusagen geistig nackt den Dingen der Außenwelt, die an uns herantreten, gegenüber, sondern immer sind wir von dem abhängig, was wir geworden sind. Nur in einem einzigen Falle stehen wir unmittelbar der Außenwelt gegenüber, nämlich wenn wir unsere Ich-Wahrnehmung gewinnen. Diese Ich-Wahrnehmung muß daher auch – und das ist ein besonderer Beleg für das, was gesagt worden ist – immer wieder und wieder gemacht werden, muß immer neu gemacht werden. Jeden Morgen, wenn wir aufstehen, machen wir unsere Ich-Wahrnehmung im Grunde genommen neu. Das Ich ist da, ist auch da, wenn wir schlafen. Aber die Ich-Wahrnehmung muß jeden Morgen wieder neu gemacht werden, kann hier immer wieder gemacht werden. Und wenn wir in der Nacht eine Reise nach dem Mars machen würden, wo sich unsere Umgebung recht sehr anders ausnehmen würde als auf der Erde – alles würde dort anders sein: just die Ich-Wahrnehmung wäre dieselbe. Denn die läßt sich unter allen Verhältnissen in der gleichen Weise machen, weil wir kein äußeres Organ, nicht einmal ein Begriffsorgan dazu brauchen. Was uns da entgegentritt, ist eine unmittelbare Vorstellung des Ich, zwar als Vorstellung, als Wahrnehmung, aber eben in seiner wahren Gestalt. Alles andere liegt uns gleichsam so vor wie ein durch einen Spiegel und durch die Form des Spiegels bedingtes Bild. Die Ich-Wahrnehmung liegt uns vor in ihrer ganzen treuen Gestalt.

Wenn wir dies bedenken, können wir wirklich in einer gewissen Beziehung sagen: In dem Ich, wenn wir es vorstellen, stecken wir selber drinnen; das ist etwas, was gar nicht außer uns ist. Nun fragen wir uns einmal: Wie unterscheidet sich die einzige Ich-Vorstellung, die Ich-Wahrnehmung von allen übrigen Wahrnehmungen und allem andern, was das Ich sonst erlebt. Sie unterscheidet sich so, daß wir in der Ich-Wahrnehmung, in der Ich-Vorstellung diesen unmittelbaren Abdruck, diesen Siegelabdruck des Ich haben, und in allen andern Vorstellungen und Wahrnehmungen einen solchen unmittelbaren Abdruck der Dinge eben nicht haben. Aber Bilder, die sozusagen in gewisser Beziehung sich doch wieder vergleichen lassen mit der Ich-Wahrnehmung, gewinnen wir aus allem, was um uns herum ist: Alles verwandeln wir durch unser Ich in ein inneres Erlebnis. Denn die Außenwelt muß unsere Vorstellung werden, wenn sie überhaupt für uns eine Bedeutung, einen Wert haben soll. Wir bilden uns also wirklich Bilder von der Außenwelt, die dann im Ich weiterleben, ganz gleichgültig, durch welches Organ wir ein Sinneserlebnis aufnehmen. Wir riechen irgendeinen Stoff; wenn wir vorbeigekommen sind an dem Stoff und nicht mehr eine unmittelbare Berührung mit ihm haben, dann tragen wir doch das Bild dessen in uns weiter, was wir gerochen haben. Ebenso tragen wir das Bild einer Farbe, die wir gesehen haben, weiter in uns. Die Bilder, die aus solchen Erlebnissen stammen, bleiben in unserem Ich. Die bewahrt sich das Ich sozusagen auf. Aber wenn wir diese Bilder mit ihren charakteristischen Merkmalen bezeichnen wollen, so müssen wir sagen: Das gehört zu ihnen, daß sie von außen an uns herangetreten sind. Alle Bilder, die wir mit unserem Ich vereinigen können, sind, solange wir als Menschen innerhalb der Sinneswelt stehen, das im Ich gebliebene Restliche aus Eindrücken der Sinneswelt selber. Nur eines kann uns die Sinneswelt nicht geben: die Ich-Wahrnehmung. Die steigt in uns selber auf. In der Ich-Wahrnehmung haben wir also ein Bild, wenn es auch noch so punktuell, zu einem Punkt zusammengeschrumpft ist, ein Bild, das in uns selber aufsteigt.

Denken Sie sich nun zu diesem Bild andere dazu: Bilder, die nicht entstanden sind, indem sie durch äußere Sinne angeregt worden sind, sondern die ebenso frei aufsteigen im Ich wie die Ich-Vorstellung selber, die also nach der Art der Ich-Vorstellung selber gebildet werden: dann haben Sie die Art der Bilder, die auftreten in dem, was wir nennen die astralische Welt. Bild-Vorstellungen also, welche auftreten im Ich, ohne daß irgendein Eindruck von außen, von der Sinneswelt auf uns gemacht wird.

Was unterscheidet denn die Bilder, die wir aus der Sinneswelt haben, von unseren übrigen inneren Erlebnissen? Die Sinnesbilder können wir als Bilder von Erlebnissen erst mit uns herumtragen, wenn wir in Berührung getreten sind mit der Außenwelt; dann sind sie Innenerlebnisse geworden, aber angeregt durch die Außenwelt. Was gibt es für Erlebnisse des Ich, die nicht unmittelbar angeregt sind von der Außenwelt? Als solche haben wir unsere Gefühle, unsere Begierden, Triebe, Instinkte und so weiter. Die sind nicht angeregt von der Außenwelt. Wenn wir auch in dem Sinne nicht in unsern Gefühlen, Trieben und so weiter drinnen stehen, wie es vorhin auseinandergesetzt worden ist, so müssen wir doch sagen: Es drängt sich in den Gefühlen, Trieben, Begierden in unser Inneres ein Element herein. Wodurch unterscheiden sich die Triebe, Begierden und so weiter von den Sinnesbildern, die wir mit uns herumtragen nach den Sinneswahrnehmungen? Sie können herausfühlen, wodurch sie sich unterscheiden. Das Sinnesbild ist etwas, was ruhig in uns bleibt, was wir möglichst treu versuchen mit uns herumzutragen, wenn wir uns mit der Außenwelt auseinandergesetzt haben. Unsere Triebe, Begierden, Instinkte sind etwas, was in uns arbeitet, was also eine Kraft darstellt.

Wenn nun die Außenwelt nicht beteiligt ist an dem Aufsteigen der astralischen Bilder, so müssen doch Kräfte an diesem Aufsteigen der astralischen Bilder beteiligt sein. Denn was nicht getrieben wird, ist nicht da, kann nicht entstehen. Beim Sinnesbild ist die treibende Kraft der Eindruck der Außenwelt. Beim astralischen Bild ist die treibende Kraft zunächst das, was den Begierden, Trieben, Gefühlen und so weiter zugrundeliegt. Nur ist im gewöhnlichen Menschenleben, wie es heute ist, der Mensch davor geschützt, daß die Begierden und Triebe eine solche Kraft entwickeln, daß durch sie Bilder entstehen, Bilder, welche ebenso erlebt werden wie das Bild des Ich selber. Das ist, man möchte sagen, das bedeutsame Kennzeichen der gegenwärtigen Menschenseele, daß die Triebe und Begierden nicht stark genug wirken, um zum Bildersein dasjenige anzuregen, was ihnen das Ich entgegenstellt. Wenn das Ich sich entgegenstellt den starken Kräften der Außenwelt, wird es angeregt zu Bildern. Lebt es in sich, so hat es beim normalen Menschen nur die eine einzige Gelegenheit, ein aufsteigendes Bild zu empfangen, wenn dieses Bild das Bild des Ich selber ist.

Also es wirken die Triebe, Begierden und so weiter nicht stark genug, um ebenso zu Bildern zu werden wie das einzige Ich-Erlebnis. Wirken sie stark genug, dann müssen sie aber auch eine Eigenschaft annehmen, welche alle äußeren Sinneserlebnisse an sich tragen. Diese Eigenschaft ist von außerordentlicher Wichtigkeit. Alle Sinneserlebnisse tun uns nicht den Gefallen, sich nach uns zu richten. Wenn irgend jemand zum Beispiel gerade in einem Zimmer wohnt, wo man irgendein unangenehmes Geräusch hört, so kann er es nicht durch seine Triebe und Begierden wegschaffen. Es kann nicht jemand, sagen wir, eine gelbe Blume, die er lieber rot hätte, rot machen durch den bloßen Trieb oder die bloße Begierde. Das ist das Charakteristische der Sinneswelt, daß sie ganz unabhängig von uns selber auftritt. Das tun unsere Triebe, Begierden und unsere Leidenschaften ganz gewiß nicht. Die richten sich ganz nach unserem persönlichen Leben. Was muß also für sie eintreten bei jener Steigerung, die sie erfahren sollen zum Bilddasein? Sie müssen so werden, wie die äußere Welt ist, die uns nicht einen Gefallen tut in bezug auf ihren Aufbau und die Ausgestaltung der Sinnesbilder, sondern die uns zwingt, das Sinnesbild, das wir uns machen, so zu gestalten, wie es durch den Eindruck der äußeren Welt ist. So unabhängig wie der Mensch ist bei der Herstellung seiner Sinnesbilder von der äußeren Welt, so unabhängig muß er von sich selber sein, von seinen eigenen persönlichen Sympathien und Antipathien, wenn sich die Bilder der astralischen Welt richtig gestalten sollen. Es muß sozusagen für ihn ganz ohne Ausschlag sein, was er wünscht, begehrt und so weiter. Das letzte Mal habe ich Ihnen gesagt, die Forderung, die hiermit gestellt ist, ließe sich so formulieren: Man muß unegoistisch sein. Man darf sie aber nicht leichter Hand hinnehmen. Es ist nicht so leicht, unegoistisch zu sein.

Nun muß man aber folgendes bedenken: Wie verschieden ist unser Interesse für das, was uns von außen entgegenscheint, gegenüber dem, was uns von innen entgegentritt? Ungeheuer viel größer ist das Interesse, das der Mensch seinem Innenleben entgegenbringt, als der Welt draußen. Zwar wissen Sie, daß sich für viele Menschen auch die Außenwelt, wenn sie sie ins Bild verwandelt haben, zuweilen nach ihren subjektiven Gefühlen richtet. Denn Sie wissen, daß die Leute oft das Blaue vom Himmel herunter erzählen, selbst wenn sie nicht lügen und das glauben, was sie da erzählen. Da spielen immer Sympathie und Antipathie mit, die täuschen hinweg über das, was wirklich von außen gegeben ist, und lassen es im nachherigen Bilde verändert erscheinen. Aber das sind die Ausnahmefälle, darf man sagen, denn der Mensch käme nicht weit, wenn er sich im alltäglichen Leben selbst etwas vortäuschen würde. Es würde überall etwas nicht stimmen mit dem äußeren Leben; aber es würde ihm nichts helfen, er muß sich die Wahrheit gestehen gegenüber der Außenwelt, die Wirklichkeit korrigiert ihn. So ist es mit den gewöhnlichen Sinneserlebnissen, da ist die äußere Wirklichkeit eben ein guter Regulator. Der fällt aber in dieser Form weg, wenn wir anfangen innere Erlebnisse zu haben. Da kann der Mensch sozusagen die äußere Wirklichkeit nicht so leicht auf sich den korrigierenden Eindruck machen lassen. Da läßt er deshalb sein Interesse walten, läßt seine Sympathie und Antipathie geltend sein.

So müssen wir uns denn sagen: Das ist die Hauptsache, worauf es ankommt, wenn wir daran denken, ein wenig in die geistige Welt hineinzukommen: daß wir vor allen Dingen lernen, uns selber so gleichgültig gegenüberzustehen, wie wir der Außenwelt gegenüberstehen. In der alten Pythagoräerschule wurde diese Wahrheit in einer strengen Weise formuliert, und zwar gleich für einen wichtigen Fall menschlicher Erkenntnis: für die Unsterblichkeitsfrage. Sehen Sie sich einmal um, wie viele Menschen es gibt, die an der Unsterblichkeitsfrage interessiert sind! Es ist das Gewöhnliche im Leben, daß der Mensch sich sehnt nach Unsterblichkeit, nach einem Leben außerhalb von Geburt und Tod. Das ist aber eine persönliche Interessiertheit, eine persönliche Sehnsucht. Es wird Sie verhältnismäßig wenig interessieren, wenn Sie ein Wasserglas zerbrechen, aber wenn die Menschen ein persönliches Interesse hätten an dem Fortbestehen eines Wasserglases, auch wenn es zerbrochen würde, so wie sie Interesse haben an der Unsterblichkeit der Menschenseele, dann können Sie sicher sein, würden die meisten Menschen auch glauben an die Unsterblichkeit eines Wasserglases.

Deshalb formulierte man die angegebene Forderung in der Pythagoräerschule in der folgenden Weise: Reif, um die Wahrheit von der

Unsterblichkeit zu erkennen, ist nur der, welcher es auch ertragen könnte, wenn das Gegenteil wahr wäre, der es auch ertragen könnte, wenn die Frage nach der Unsterblichkeit mit Nein beantwortet würde. Wenn man selber in der geistigen Welt etwas ausmachen will über die Unsterblichkeit, so sagten die Lehrer der alten Pythagoräerschulen, dann darf man sich nicht sehnen nach der Unsterblichkeit, denn solange man sich sehnt, ist das, was man sagt, nicht objektiv. Und alle maßgebenden Urteile über das Leben jenseits von Geburt und Tod können nur von denen kommen, die sich ruhig ins Grab legen könnten, wenn es auch keine Unsterblichkeit gäbe. Das wurde den Schülern der alten Pythagoräerschulen deshalb gesagt, weil ihnen klargemacht werden sollte, wie schwierig es ist, sich für irgendeine Wahrheit reif zu machen.

Für eine Wahrheit reif sein, um sie von sich selbst aus zu behaupten, dazu gehört eine ganz bestimmte Vorbereitung, die darinnen bestehen muß, ganz uninteressiert für die betreffende Wahrheit zu sein. Nun kann man gerade in bezug auf die Unsterblichkeit sagen: Das ist ganz und gar unmöglich, daß es viele Menschen gibt, die uninteressiert wären an der Unsterblichkeit; viele Menschen können es gar nicht sein! – Die nicht uninteressiert sind, das sind dann die, zu denen gesprochen wird über die Wiederverkörperung und das Ewige des Menschendaseins – trotzdem sie nicht uninteressiert sind. Die Wahrheit aufnehmen und sie gebrauchen, um etwas zu haben für ihr Leben, das können alle, auch jene, welche sie nicht selber zu behaupten haben. Das ist kein Grund, die Wahrheit nicht aufzunehmen, weil man sich nicht reif fühlt. Im Gegenteil, vollkommen genügend ist es für das, was man zum Leben braucht, wenn man die Wahrheit empfängt und das Leben in ihren Dienst stellt.

Was aber ist das notwendige Gegenbild des Aufnehmens von Wahrheiten? Man kann sie ruhig aufnehmen, auch wenn man nicht reif ist. Das notwendige Gegenbild aber dazu besteht darin: in demselben Maße, in dem man lechzt nach Wahrheit, um die Ruhe und Befriedigung, um die Sicherheit im Leben zu haben, in demselben Maße sich reif zu machen für die Wahrheit, und daß man zu gleicher Zeit sorgfältig ist in dem eigenen Feststellen höherer Wahrheiten, solcher Wahrheiten, die nur in der geistigen Welt ausgemacht werden können.

Daraus ergibt sich aber ein wichtiger Grundsatz für unser spirituelles Leben. Man nehme empfänglich alles hin, was man braucht, wende es im Leben an; aber man sei so mißtrauisch wie möglich gegenüber dem eigenen Feststellen von Wahrheiten, zunächst für die eigenen astralischen Erlebnisse. Das begründet, daß man sich vor allen Dingen vor einem hüte: diese astralischen Erlebnisse da irgendwie anzuwenden, wo man auf einem Punkt steht, an dem man gar nicht uninteressiert sein kann, nämlich wo man an dem Punkt steht, wo das eigene Leben in Betracht kommt. Nehmen wir einmal an, es sei jemand durch seine astralische Entwickelung dazu reif, irgend etwas auszumachen, was morgen sein Schicksal ist, was er morgen erlebt. Das ist ein persönliches Erlebnis. Da hüte er sich davor, in dem Buche seines persönlichen Lebens nachzuforschen; denn da kann er gar nicht uninteressiert sein. Es könnten zum Beispiel die Menschen leicht sagen: Warum eigentlich erforschen die Hellseher nicht den Zeitpunkt ihres eigenen Todes ganz genau? – Aus dem Grunde tun sie es nicht, weil sie daran nie ganz uninteressiert sein können und alles fernhalten müssen, was sich auf die eigene Person bezieht. Alles, was sich nicht auf die eigene Person bezieht, und nur das, von dem man sicher sein kann, daß es sich nicht auf die eigene Person bezieht, ist so in den geistigen Welten zu erforschen, daß in den Ergebnissen objektive Gültigkeit liegt. Es geht gar nicht, objektiv Gültiges auszusprechen, wo man persönlich interessiert ist. Wer sich daher darauf beschränken will, das objektiv Gültige hinzustellen, das, was gilt ohne sein eigenes Interesse, der kann gar nicht aus Forschungen, aus Eindrükken einer höheren Welt über irgend etwas sprechen, was ihn selbst betrifft. Er müßte, wenn es solche Dinge gibt, die ihn selbst betreffen, ganz sicher sein, daß er diese Dinge nicht durch seine Interessen herbeigeführt hat. Das aber zu erforschen, ob man irgend etwas, was einen selbst betrifft, durch die eigenen Interessen etwa herbeigeführt habe, das ist bei solchen Dingen außerordentlich schwer.

So sehen Sie, daß es für den Anfang alles Strebens in die geistige Welt hinein einen Grundsatz geben muß: Man versuche nichts für maßgebend zu halten, was sich auf die eigene Persönlichkeit bezieht. Man schließe die eigene Persönlichkeit ganz aus. Und dann brauche ich nur noch hinzuzufügen, daß dieses Ausschließen der eigenen Persönlichkeit eben außerordentlich schwierig ist und daß man oft glaubt, diese eigene Persönlichkeit ausgeschlossen zu haben – und es durchaus noch nicht getan hat! Deshalb sind auch die meisten der astralischen Bilder, die für diesen oder jenen Menschen herbeigeführt sind, nichts weiter als eine Art von Widerspiegelung ihrer eigenen Wünsche und eigenen Leidenschaften. Solange man stark genug ist im Geistigen selber, um sich zu sagen: Du mußt mißtrauisch sein gegen deine eigenen geistigen Erlebnisse! – so lange schaden diese geistigen Erlebnisse absolut nichts. Von dem Augenblicke erst, wo man diese Stärke nicht besitzt, wo man seine Erlebnisse für maßgeblich erklärt für sein Leben, fängt man an, unorientiert zu sein. Das ist dann gerade so, wie wenn man in einem Zimmer glauben wollte dort hinauszukommen, wo keine Tür ist, und mit dem Kopf gegen die Wand rennen wollte. Daher muß man sich immer den Grundsatz vorhalten: Mit der Prüfung dessen, was man selbst übersinnlich erlebt, im höchsten Grade vorsichtig zu sein. Und es herrscht diese Vorsicht dann eigentlich vollauf, wenn man solchen eigenen Erlebnissen keinen anderen Wert beimißt als einen Erkenntniswert, als einen Aufklärungswert, wenn man sich nicht in seinem persönlichen Leben nach ihnen richtet, sondern sich von ihnen nur aufklären läßt. Wenn man schon mit diesem Gefühl herangeht: Du willst nur aufgeklärt sein! – dann ist es gut, denn dann steht man so, daß man in dem Augenblick, wo eine entgegengesetzte Vorstellung eintreten kann, sie auch korrigiert.

Alles, was ich heute gesagt habe, wird ja nur einen Teil bilden von mancherlei Betrachtungen, die wir in diesem Winter anstellen werden. Aber ich wollte damit etwas sagen, was Sie vorbereiten kann, um in eine Betrachtung des menschlichen Seelenlebens einzutreten, die uns in der Woche nach der Generalversammlung beschäftigen wird: die Betrachtungen über Psychosophie.

DRITTER VORTRAG

Berlin, 7. November 1910

Wir haben öfter in verschiedener Beziehung jene Entwickelung der Menschheit betrachtet, welche in dem sogenannten nachatlantischen Zeitraum, also eben in unserer Zeit, seit der atlantischen Katastrophe geschehen ist. Wir haben ja verschiedene Epochen, verschiedene Perioden dieser nachatlantischen Entwickelung angegeben. Wir haben hingewiesen auf die alte indische Zeit, auf die urpersische Zeit, auf die ägyptisch-chaldäische Zeit, auf die griechisch-lateinische Zeit und dann auf unsere eigene Epoche, die eben der fünfte Zeitabschnitt der nachatlantischen Entwickelung ist. Wir haben dann darauf aufmerksam gemacht, daß bis zum Hereinbrechen einer weiteren großen Katastrophe zwei weitere Zeiträume verfließen werden, so daß dann sieben solcher Zeitabschnitte der Erdenmenschheit zu zählen sein werden.

Es ist begreiflich, daß wir in verschiedenen Hinsichten diese Epochen der Erdenmenschheit schilderten. Denn wir können, indem wir uns als Menschen der Gegenwart gewissermaßen über unsere eigenen Aufgaben orientieren wollen, nur dann eine Empfindung dafür haben, welcher Zukunft wir entgegengehen, wenn wir wissen, wie wir hineingestellt sind in diese verschiedenen Zeitalter.

Nun wird ja in der verschiedensten Weise immer wieder betont, daß man unterscheiden kann zwischen dem einzelnen Menschen als einer kleinen Welt, einem Mikrokosmos, und zwischen der großen Welt, dem Makrokosmos. Und es wird mit Recht betont, daß der kleine Kosmos, der Mensch, nach jeder Richtung hin ein Abbild ist der großen Welt, des Makrokosmos. Obwohl dies eine Wahrheit ist, ist es doch zunächst eine recht abstrakte Wahrheit, und wie sie gewöhnlich vertreten wird, ist auch mit ihr nicht viel anzufangen. Sie wird erst dann bedeutsam, wenn wir im einzelnen darauf eingehen können, inwiefern dies oder jenes, was uns am Menschen entgegentritt, wirklich als eine kleine Welt aufzufassen ist und in Beziehung zu setzen ist mit einer anderen, großen Welt.

Nun gehört der Mensch der Gegenwart im Grunde genommen allen sieben Zeitaltern der nachatlantischen Epoche an, denn er war und wird in allen diesen Zeiträumen inkarniert. Wir sind durchgegangen durch die vergangenen Zeiten in unsern früheren Inkarnationen, und wir werden durchgehen in folgenden Inkarnationen durch die späteren Zeiträume. In jeder Inkarnation nehmen wir auf, was uns der betreffende Zeitraum geben kann. Und indem wir dies aufnehmen, tragen wir in einer gewissen Beziehung in uns selber die Ergebnisse, die Früchte der vorangegangenen Entwickelungen, so daß im Grunde genommen das Intimste, was wir in uns tragen, das sein wird, was wir uns durch die Zeiträume, die genannt worden sind, angeeignet haben. Denn man muß sagen: Was sich jeder einzelne Mensch in diesen Zeiträumen angeeignet hat, fällt schon mehr oder weniger in das gegenwärtige menschliche Bewußtsein herein, während in der Tat das, was wir während unserer Inkarnationen in der atlantischen Zeit im allgemeinen uns als Menschen angeeignet haben, doch ganz andere Bewußtseinszustände hatte, so daß es schon mehr oder weniger ins Unterbewußte hinuntergedrängt worden ist und nicht mehr so rumort wie das, was wir später, in der nachatlantischen Zeit, uns angeeignet haben. In gewisser Beziehung ist der Mensch in der atlantischen Zeit viel mehr davor geschützt gewesen, selber dies oder jenes zu verderben an seiner Entwickelung, weil das Bewußtsein noch nicht so erwacht war wie in der nachatlantischen Zeit. Was wir daher in uns tragen als Früchte der atlantischen Entwickelung, das ist viel korrekter, ist viel mehr der Weltordnung angemessen als das, was den Zeiten entstammt, wo wir selber schon etwas an uns in Unordnung bringen konnten. Gewiß, es haben auch schon in der atlantischen Zeit die ahrimanischen und luziferischen Wesenheiten Einfluß gehabt. Aber auch diese wirkten damals in ganz anderer Art auf den Menschen. Der Mensch war damals nicht imstande, sich gegen sie zu wehren.

Daß dieses immer mehr und mehr ins Bewußtsein hereintritt, ist das Wesentliche der nachatlantischen Kultur. In dieser Beziehung ist die Entwickelung der Menschheit von der atlantischen Katastrophe bis zur nächsten großen Katastrophe gewissermaßen auch ein Makrokosmisches. Wie ein großer Mensch entwickelt sich die ganze Menschheit durch die sieben nachatlantischen Zeiträume hindurch. Und das Wichtigste, was im menschlichen Bewußtsein entstehen soll durch diese sieben Kulturepochen hindurch, das durchlebt im Grunde genommen auch wieder ähnliche Perioden, wie der einzelne Mensch selbst sie durchlebt.

Wir haben die Lebensalter des Menschen dahin unterschieden – und in der «Geheimwissenschaft» ist wieder darauf hingewiesen –, daß wir die ersten sieben Lebensjahre von der Geburt bis zum Zahnwechsel als die erste Periode rechnen. Wir haben gesagt, daß in dieser Zeit der physische Leib des Menschen endgültig seine Formen erlangt und daß mit den zweiten Zähnen im wesentlichen diese Formen festgestellt sind. Dann wächst der Mensch zwar noch innerhalb dieser Formen, aber im wesentlichen haben die Formen ihre Richtungen. Es ist der Ausbau der Form, was sich in den ersten sieben Jahren vollzieht. Solche Rhythmen müssen wir richtig nach allen Seiten hin verstehen. Wir müssen daher auch gesetzmäßig unterscheiden die ersten Zähne, die der Mensch in den ersten Lebensjahren bekommt und die dann ausfallen und ersetzt werden durch die zweiten Zähne. Diese zweierlei Arten sind in bezug auf die Gesetzmäßigkeit des Leibes etwas ganz Verschiedenes: Die ersten Zähne sind vererbt, die stammen sozusagen als Früchte aus den früheren Organismen der Vorfahren, und erst die zweiten Zähne sind aus der eigenen physischen Gesetzmäßigkeit heraus. Das müssen wir festhalten. Nur wenn wir auf solche Einzelheiten eingehen, können wir uns klarwerden, daß hier wirklich ein Unterschied besteht. Die ersten Zähne bekommen wir, weil unsere Vorfahren sie uns vererben mit der Organisation; die zweiten Zähne erhalten wir, weil unser eigener physischer Organismus so beschaffen ist, daß wir sie durch ihn bekommen können. Das erstemal sind die Zähne direkt vererbt; das zweitemal ist der physische Organismus vererbt, und der erzeugt seinerseits die zweiten Zähne.

Darnach haben wir einen zweiten Lebensabschnitt zu unterscheiden, der vom Zahnwechsel bis zur Geschlechtsreife geht, bis zum vierzehnten, fünfzehnten Jahr also. Er bedeutet die Ausbildung des Ätherleibes. Der dritte Zeitraum, der bis zum einundzwanzigsten, zweiundzwanzigsten Jahr geht, stellt dar die Ausbildung des Astralleibes. Dann folgt die Ausbildung des Ich, fortschreitend von der Ausbildung der Empfindungsseele zur Ausbildung der Verstandesseele und der Bewußtseinsseele. So unterscheiden wir die Lebensalter beim Menschen. Innerhalb dieser Lebensalter ist ja, wie Sie wohl wissen, regelmäßig eigentlich nur das, was sich auf die ersten Lebensabschnitte bezieht. Das muß so sein und ist auch für den gegenwärtigen Menschen so richtig.

Eine solche Regelmäßigkeit in der Unterscheidung wie für die ersten drei Lebensabschnitte findet für die folgenden dann nicht statt; sie sind auch in ihrer Länge durchaus nicht so genau anzugeben. Und wenn wir uns nach dem Grunde fragen, müssen wir uns klar sein, daß überhaupt immer in der Weltentwickelung nach den drei ersten Abschnitten von sieben Abschnitten gewissermaßen eine Mitte liegt. Wir sind jetzt hineingestellt in den nachatlantischen Zeitraum, haben die Früchte der vier ersten Zeiträume, also gewissermaßen die Früchte der ersten drei Zeiträume und des vierten, schon in uns, leben gegenwärtig im fünften und leben dem sechsten entgegen.

Nun können wir sehr wohl in ganz berechtigter Weise eine Art Ähnlichkeit finden zwischen der Entwickelung der nachatlantischen Zeiträume und der Entwickelung des einzelnen Menschen, so daß wir auch da wieder das Makrokosmische von dem Mikrokosmischen recht gut unterscheiden können. Nehmen wir einmal das, was uns insbesondere die erste nachatlantische Epoche charakterisiert, die wir als die alt-indische bezeichnen, weil sich beim indischen Volke der Charakter der nachatlantischen Entwickelung ganz besonders ausprägte. In dieser ersten Epoche – das werden Sie belegt finden durch verschiedenes, was ich schon gesagt habe – gab es vor allen Dingen ein hohes, umfassendes, weitverzweigtes uraltes Wissen, eine uralte Weisheit. Was die sieben heiligen Rishis in Indien lehrten, war im Prinzip dasjenige, was die natürlichen Seher und auch ein großer Teil des Volkes wirklich damals in der geistigen Welt sahen. Dieses alte Wissen war in der indischen Zeit als eine Erbschaft von früher vorhanden. Während der atlantischen Zeiten war es hellseherisch erfahren worden. Jetzt war es mehr eine uralte, vererbte Weisheit geworden, die aufbewahrt war und von denjenigen, die sich durch die Initiation wieder zu den geistigen Welten hinaufrangen, von den Rishis verkündet wurde. Im wesentlichen war das, was in das menschliche Bewußtsein hereindrang, durchaus ein vererbtes Gut. Daher hatte es auch gar nicht irgendwie den Charakter unseres heutigen Wissens. Man macht sich eine ganz falsche Vorstellung, wenn man die wichtigsten Sachen, die in der ersten nachatlantischen Kulturperiode von den heiligen Rishis verkündet worden sind, in solchen Formen auszudrücken versucht, wie wir unser Wissen in der heutigen Wissenschaft ausdrükken. Das geht kaum. Denn die wissenschaftlichen Formen, die wir heute haben, sind erst in der nachatlantischen Kultur selber entstanden. Das Wissen der alten Rishis war ganz anderer Art. Es war ein solches, daß der, welcher es mitteilte, fortwährend fühlte, wie es in ihm arbeitete, in ihm gärte, wie es im Augenblick entstand. Und ein Charakteristikon müssen wir vor allen Dingen festhalten, wenn wir verstehen wollen, wie damals das Wissen war. Dieses Wissen war nämlich gar nicht auf Gedächtnis gebaut. Gedächtnis spielte dabei noch gar keine Rolle. Das bitte ich Sie ganz besonders ins Auge zu fassen. Heute spielt das Gedächtnis die größte Rolle in der Mitteilung von Wissen. Wenn ein Universitätsprofessor den Katheder oder ein öffentlicher Redner die Rednertribüne besteigt, so muß er dafür gesorgt haben, daß er das, was er sagen will, vorher gewußt hat und nachher aus dem Gedächtnis wiederholt. Es gibt zwar Leute, die heute sagen, sie tun es nicht, sie folgten ihrem Genius, aber mit dem ist es nicht weit her. Heute ist Mitteilung des Wissens wirklich zum allergrößten Teil auf Gedächtnis gebaut.

Wie in der alt-indischen Zeit das Wissen mitgeteilt wurde, davon macht man sich eine richtige Vorstellung, wenn man sich sagt: Das Wissen entstand erst in dem Kopfe dessen, der es mitteilte, während er es mitteilte. Früher bereitete man das Wissen nicht auf dieselbe Weise vor, wie es heute vorbereitet wird. Der alte Rishi bereitete es nicht so vor, daß er in sein Gedächtnis aufnahm, was er zu sagen hatte. Er bereitete sich dadurch vor, daß er sich selber in eine heilige Stimmung versetzte, sich sozusagen in eine fromme Stimmung versetzte; daß er das, was er mitteilte, so auffaßte: Ich muß meine Seele erst fromm machen, mit heiligen Stimmungen durchziehen! Die Stimmung bereitete er vor, die Gefühle, aber nicht das, was er zu sagen hatte. Und dann war es wie ein Ablesen in dem Momente des Mitteilens aus einem Unsichtbaren heraus. Zuhörer, die etwa mitschreiben würden, wären undenkbar gewesen in der damaligen Zeit. Das war etwas absolut Ausgeschlossenes, denn man würde es so aufgefaßt haben, daß das, was man auf diese Weise mitbringt, nicht den allergeringsten Wert hat. Nur das hatte einen Wert im Sinne der damaligen Zeit, was man in seiner Seele mittrug, und was einen anregte, nachher in ähnlicher Weise die Sache zu reproduzieren, wie es der, welcher es vorgebracht hatte, selber reproduziert hatte. Es wäre eine Entheiligung des Mitgeteilten gewesen, wenn man etwas aufgeschrieben hätte. Warum? Weil man im Sinne der damaligen Zeit ganz mit Recht der Ansicht war: Was auf dem Papier steht, ist nicht dasselbe wie das Mitgeteilte, kann es gar nicht sein!

Diese Tradition hat sich lange Zeit hindurch erhalten, denn solche Dinge erhalten sich ja in den Gefühlen viel länger als in dem Verständnis. Und als im Mittelalter die Buchdruckerkunst noch zur Schreibkunst hinzukam, da wurde sie vom Volke zunächst als schwarze Zauberei empfunden, weil in den Volksgemütern noch alte Empfindungen rumorten; weil man ein Gefühl davon hatte, daß das, was von Seele zu Seele leben soll, nicht in einer so grotesk profanen Art aufbewahrt werden sollte, wie es geschieht, wenn man es mit Drukkerschwärze aufmalt auf weiße Blätter, so daß man es gewissermaßen erst in ein Totes verwandelt, um es dann, vielleicht in einer recht wenig erbaulichen Weise, wieder zu beleben. Also diese unmittelbare Strömung von Seele zu Seele müssen wir als ein Charakteristikon der damaligen Zeit auffassen. Das war ganz und gar eine Tendenz der ersten nachatlantischen Zeit, und die muß man in der rechten Weise auffassen, wenn man zum Beispiel verstehen will, wie die alten Rhapsoden in der griechischen und auch noch in der altgermanischen Zeit herumzogen und ihre langen, langen Dichtungen vortrugen. Hätten sie ihr Gedächtnis dazu gebraucht, so hätten sie es nicht immer wieder und wieder so vortragen können. Denn es war die Seeleneigenschaft, die Seelenkraft, die ihnen zugrundelag, eine viel lebendigere. Wenn heute jemand ein Gedicht vorträgt, hat er es vorher gelernt. Diese Leute aber erlebten, was sie vortrugen, und es war wirklich eine Art Nachschaffen in diesem Momente vorhanden. Das wurde auch dadurch unterstützt, daß in ganz anderem Umfange, als es heute der Fall ist, die mehr seelischen Elemente noch mit in den Vordergrund traten. Heute wird – mit einem gewissen Recht für unsere Zeit – alles Seelische unterdrückt. Wird heute etwas vorgetragen, so handelt es sich um den Sinn; es wird der Wortsinn herausgearbeitet. So war es noch nicht einmal, als der mittelalterliche Sänger das Nibelungenlied vorgetragen hat. Der hatte noch ein gewisses Gefühl für den inneren Rhythmus; er stampfte sogar mit dem Fuße, indem er den Takt der Hebungen und Senkungen, auf- und abgehend, markierte.

Das sind aber nur Nachklänge dessen, was in der alten Zeit vorhanden war. Dennoch würden Sie sich eine falsche Vorstellung von den alten indischen Rishis und ihren Schülern machen, wenn Sie glauben wollten, sie hätten das alte atlantische Wissen nicht treu vermittelt. Die Schüler in unsern Hochschulen, wenn sie auch das ganze Kollegheft vollgeschrieben haben, geben das Gesagte nicht so treu wieder, wie das alte Wissen damals von den indischen Rishis wiedergegeben wurde.

Die nächsten Zeiträume sind dann dadurch charakteristisch, daß im wesentlichen das alte atlantische Wissen aufhörte zu wirken. Bis zum Untergang der uralt-indischen Kulturperiode war es wirklich so, daß das Wissen, welches die Menschheit wie eine Erbschaft erhalten hatte, immer weiter und weiter wuchs. Es war noch ein Wachsen des Wissens vorhanden. Das war aber im wesentlichen mit dem ersten nachatlantischen Zeitraum abgeschlossen, und man konnte nach der indischen Zeit kaum irgend etwas Neues herausbringen aus der menschlichen Natur, was nicht schon dagewesen wäre. Also eine Vermehrung des Wissens war nur in dem ersten Zeitraum möglich; dann hörte das auf. Und in dem urpersischen Zeitraum begann bei denen, die beeinflußt waren vom Zarathustrismus, mit Bezug auf die äußere Wissenschaft dasjenige, was sich nun vergleichen läßt mit dem zweiten menschlichen Lebensabschnitt und was man so auch am besten verstehen wird. Denn die alt-indische Kulturperiode läßt sich wirklich vergleichen mit dem ersten Lebensabschnitt des Menschen, mit der Zeit von der Geburt bis zum siebenten Jahre, wo sich alles an Formen herausbildet, während alles Spätere nur ein Wachstum innerhalb der festgestellten Formen ist. So war es mit dem Geistigen in dem ersten nachatlantischen Zeitraum. Und was jetzt in der urpersischen Epoche folgte, das läßt sich nunmehr vergleichen mit einer Art von Lernen. Wie der Mensch in seinem zweiten Lebensabschnitt sein schulmäßiges Lernen betreibt, so läßt sich die urpersische Zeit auch mit einer Art von Lernen vergleichen. Nur müssen wir uns klarwerden, wer die Schüler und wer die Lehrer waren. Da möchte ich eines sagen.

Ist es Ihnen denn nicht schon merkwürdig aufgefallen, wie ganz anders Zarathustra, der eigentliche Führer der zweiten nachatlantischen Kulturepoche, vor uns steht als die indischen Rishis? Während uns die Rishis erscheinen wie von uralt heiligem Altertum geweihte Persönlichkeiten, in die sich hineinergießt das alte atlantische Wissen, erscheint Zarathustra als die erste Persönlichkeit, die initiiert ist mit dem nachatlantischen Wissen. Es tritt also ein Neues ein. Zarathustra ist tatsächlich die erste nachatlantische Persönlichkeit – als historische Persönlichkeit –, die in jene Form des Mysterien-Wissens, das eigentlich nachatlantisch ist, eingeweiht war, in welcher das Wissen so präpariert wird, daß es im Grunde genommen erst verständlich wird für Vernunft und Verstand der nachatlantischen Menschheit. Es war allerdings in den Zarathustra-Schulen in der ersten Epoche so, daß man ein eminent übersinnliches Wissen erlangte. Aber es trat in diesen Zarathustra-Schulen zum ersten Male so auf, daß es anfing, in menschliche Begriffe sich zu formen. Während das alte Rishi-Wissen nicht wiedergegeben werden kann in den Formen unserer heutigen Wissenschaft, ist dies schon eher möglich bei dem Zarathustra-Wissen. Das ist zwar ein ganz übersinnliches Wissen, handelt auch von dem Wissen der übersinnlichen Welt, aber kleidet sich in Begriffe, die ähnlich sind den Begriffen und Ideen der nachatlantischen Zeit überhaupt. Und bei seinen Anhängern entsteht jetzt hauptsächlich das, was man nennen kann: es wird systematisch ausgebildet das Begriffs-System der Menschheit. Das heißt, es wird der uralt heilige Weisheitsschatz genommen, der sich bis zum Ende der indischen Epoche entwickelt und sich von Generation zu Generation fortgesetzt hat. Neues kommt nicht mehr hinzu, aber jetzt wird das Alte ausgearbeitet. Und die Aufgabe der Mysterien des zweiten nachatlantischen Kulturzeitraumes können wir uns vorstellen durch einen Vergleich, wie wenn heute zum Beispiel irgendein okkultes Buch erscheint. Es könnte natürlich jedes okkulte Buch, das wirklich auf den Forschungen in den höheren Welten beruht, ganz in logische Auseinandersetzungen gekleidet werden, könnte heruntergebracht werden auf den physischen Plan ganz in logische Auseinandersetzungen hinein. Das könnte geschehen. Dann hätte aber zum Beispiel meine «Geheimwissenschaft» ein Werk von fünfzig Bänden werden müssen und jeder Band so groß wie der eine Band selbst. Auf diese Weise würde man jedes Gebiet ganz genau auseinanderhalten und in logische Formen kleiden können. Das ist alles drinnen und kann gemacht werden. Aber man kann auch in einer andern Weise denken: daß man nämlich dem Leser gleichsam etwas übrigläßt und daß er versucht, darüber nachzudenken. Denn das muß schon heute versucht werden; sonst würde man überhaupt nicht im Betriebe des Okkultismus weiterkommen. Heute im fünften nachatlantischen Zeitraum hat der Mensch schon die Möglichkeit, mit den Vernunftbegriffen, die die Menschheit entwickelt hat, an ein solches okkultes Wissen heranzugehen und es zu verarbeiten. Aber während der Zarathustra-Epoche mußte man erst die Begriffe finden für diese Tatsachen. Da wurden sie nach und nach herausgearbeitet. Solche Wissenschaften, wie es sie heute gibt, gab es damals nicht. Es gab etwas wie einen Überrest aus der Zeit des alten Rishi-Wissens, und es trat etwas ein, was kleidbar war in menschliche Begriffe. Aber die menschlichen Begriffe selbst mußten erst gefunden werden; darin wurde das Übersinnliche erst hineingegossen. Diese Nuance, Übersinnliches in menschliche Begriffe zu fassen, kam erst auf. Daher kann man sagen: Die Rishis sprachen durchaus noch in der Art, wie man überhaupt nur übersinnliches Wissen aussprechen kann. Sie sprachen in einer variablen Bildersprache, in einer imaginativen Sprache. Sie gossen gleichsam ihr Wissen von Seele zu Seele, indem sie vollsaftige Bilder sprachen, die immer wieder und wieder entstanden, wo sie ihr Wissen mitteilten. Von Ursache und Wirkung, von andern Begriffen, wie wir sie heute haben, von irgendeiner Logik war gar nicht die Rede. Das kam alles erst später auf. Und mit Bezug auf das übersinnliche Wissen begann man damit in der zweiten nachatlantischen Kulturepoche. Da fühlte man sozusagen erst den Widerstand des materiellen Daseins, da fühlte man die Notwendigkeit, das Übersinnliche so auszudrücken, daß es Formen annimmt, die der Mensch denkt auf dem physischen Plan. Das ist auch im wesentlichen die Aufgabe der urpersischen Kulturepoche gewesen.

Dann kam der dritte nachatlantische Zeitraum, die ägyptisch-chaldäische Kultur. Jetzt hatte man übersinnliche Begriffe. Das ist nun für den heutigen Menschen schon wieder schwer. Man soll sich vorstellen: keine physische Wissenschaft noch, sondern Begriffe vom Übersinnlichen, die man auch auf übersinnliche Weise gewonnen hatte. Man wußte, was in den übersinnlichen Welten vorging, und man konnte es sagen in den Denkformen des physischen Planes. Jetzt im dritten Kulturzeitraum fing man an, das, was man aus der übersinnlichen Welt gewonnen hatte, anzuwenden auf den physischen Plan selber. Das läßt sich wieder mit dem dritten Lebensabschnitt des Menschen vergleichen. Während der Mensch im zweiten Lebensabschnitt lernt, ohne daran zu gehen, das Gelernte anzuwenden, ist es im dritten Lebensabschnitt so, daß die meisten Menschen es schon wieder auf den physischen Plan anwenden müssen. Schüler des himmlischen Wissens waren die Zarathustra-Schüler der zweiten Kulturepoche. Jetzt fingen die Menschen an, das, was sie gewonnen hatten, auf den physischen Plan anzuwenden. Sagen wir, um es uns zu vergegenwärtigen: Nun hatten die Menschen gelernt aus den Schauungen des Übersinnlichen, wie man alles Übersinnliche dadurch fassen kann, daß man es ausdrückt in einem Dreieck – das Dreieck als Bild für das Übersinnliche; daß man die übersinnliche Menschennatur, die in die Physis hineingegossen wird, als eine Dreiheit auffassen kann. Und so hatte man andere Begriffe noch gelernt, so daß man physische Dinge auf Übersinnliches anwandte. Geometrie zum Beispiel ist zuerst so gelernt worden, daß man sie als symbolische Begriffe hatte. Nun waren sie da, und man wandte sie an: die Ägypter in der Feldmeßkunde auf ihr Feldbauen, die Chaldäer auf den Gang der Gestirne, indem sie die Astrologie, die Astronomie begründeten. Was früher nur für etwas Übersinnliches gegolten hatte, das wandte man nun an auf das, was man physisch-sinnlich sah. Man fing an, was man herausgeboren hatte aus dem übersinnlichen Wissen, auf dem physischen Plan herauszuarbeiten, so daß im dritten Kulturzeitraum, wenn wir so sagen wollen, die Anwendung des übersinnlich gewonnenen Wissens auf die Sinneswelt begann. Das ist erst im dritten Zeitraum der Fall gewesen.

Im vierten Zeitraum, dem griechisch-lateinischen, ist nun insbesondere wichtig, daß der Mensch darauf kommt, daß die Sache so *ist.* Vorher *tat* er es, aber er war gar nicht darauf gekommen, daß die Sache so ist. Die alten Rishis brauchten nicht darauf zu kommen, denn sie hatten unmittelbar das Wissen aus der geistigen Welt einfließend. In der Zarathustra-Zeit verarbeitete man nur das geistige Wissen und wußte ganz genau, wie sich das übersinnliche Wissen selber formt. In der ägyptisch-chaldäischen Periode umkleidete man die Begriffe aus dem Übersinnlichen mit dem, was man aus dem Physischen gewonnen hatte. Und im vierten Zeitraum sagte man: Hat man ein Recht, das, was aus der geistigen Welt gebildet worden ist, auf die physische Welt anzuwenden? Paßt das, was im Geistigen gewonnen ist, auch wirklich auf die physischen Dinge? – Diese Frage konnte sich der Mensch erst im vierten Kulturzeitraum vorlegen, nachdem er eine Zeitlang in Unschuld das übersinnliche Wissen angewendet hatte auf die physischen Erfahrungen und physischen Beobachtungen. Da war er gegen sich selber einmal gewissenhaft und fragte sich: Was gibt es für ein Recht, anzuwenden übersinnliche Begriffe auf physisches Geschehen, auf physische Tatsachen?

Nun ist eigentlich immer eine Persönlichkeit in einem Zeitraum vorhanden, die irgendeine wichtige Aufgabe dieses Zeitraumes ganz besonders ausführt und der es ganz besonders auffällt, daß so etwas da ist. An einer solchen Persönlichkeit, der es auffällt: Hat man ein

Recht, übersinnliche Begriffe auf physische Tatsachen anzuwenden? – kann man dann so recht sehen, wie sich das, was ich jetzt angedeutet habe, entwickelt. So können Sie zum Beispiel sehen, wie Plato noch einen ganz lebendigen Bezug hat auf die alte Welt und noch in der alten Form die Begriffe anwendet auf die physische Welt. Sein Schüler Aristoteles ist dann der, welcher fragt: Darf man denn das auch? – Daher ist er der Begründer der Logik.

Die, welche sich gar nicht mit Geisteswissenschaft befassen, sollten sich einmal die Frage vorlegen: Warum ist denn Logik erst im vierten Zeitraum entstanden? Hat denn die Menschheit, wenn sie sich seit unbestimmten Zeiten entwickelte, gar keine Gründe gehabt, sich in einem bestimmten Zeitpunkt die Frage nach der Logik zu stellen? – Man kann überall, wenn man die Dinge real betrachtet, wichtige Knotenpunkte in der Entwickelung gerade in einem bestimmten Zeitpunkt angeben. So ist ein wichtiger Zeitpunkt in der Entwickelung zum Beispiel zwischen Plato und Aristoteles. Man möchte also sagen: Wirklich, in dem geschilderten Zeitraum haben wir etwas vor uns, was noch in einer gewissen Weise in Beziehung steht zu dem alten Zusammenhang mit der geistigen Welt, wie er noch in der atlantischen Zeit vorhanden war. Das lebendige Wissen erstarb zwar mit dem indischen Zeitraum. Aber damit hatte man ein Neues heruntergebracht. Jetzt aber war man in einer gewissen Weise kritisch geworden: Wie darf man das Übersinnliche anwenden auf physisch-sinnliche Dinge? Das heißt, der Mensch war sich erst jetzt bewußt geworden, daß er selber etwas vollbringt, wenn er äußerlich die Welt beobachtet; daß er da etwas herunterträgt in die Welt. Das war ein wichtiger Zeitraum.

Von den Begriffen und Ideen kann man noch spüren, daß sie ein Übersinnliches sind, wenn man in dem Charakter der Begriffe und Ideen anfängt, eine Garantie zu sehen für die übersinnliche Welt. Aber die wenigsten spüren es. Es ist ein recht Dünnes, Fadenscheiniges für die meisten Menschen, was in den Begriffen und Ideen liegt. Und obwohl darin etwas lebt, wodurch ein voller Beweis für die Unsterblichkeit des Menschen erbracht werden kann, würde er doch nicht zur Überzeugung gebracht werden können, weil Begriffe und Ideen gegenüber der derben Realität, die der Mensch verlangt, wirklich ein recht dünnes Spinnengewebe sind. Es ist das Dünnste, was der Mensch nach und nach herausgesponnen hat aus der geistigen Welt, nachdem er heruntergeschritten ist in die physische Welt. Das Dünnste, der letzte Faden aus der übersinnlichen Welt, sind noch Begriffe und Ideen. Und in dieser Zeit, als der Mensch zu dem letzten, für ihn gar nicht mehr glaubhaften Gewebe heruntergeschritten ist, wo er sich ganz herausgesponnen hat aus der geistigen Welt, da haben wir nun zu verzeichnen den gewaltigsten Einschlag aus der übersinnlichen Welt: den Christus-Impuls. So geht herein in unsere nachatlantische Zeit die stärkste spirituelle Realität und tritt in einem Zeitraum auf, wo der Mensch selber in sich die geringste spirituelle Begabung hat, weil er nur noch die spirituelle Begabung hat für Begriffe und Ideen.

Für den Betrachter der Menschheitsentwickelung im großen gibt es eine recht interessante Zusammenstellung, die, abgesehen davon, daß sie, ich möchte sagen, gewittersturmähnlich auf die Seele wirken kann, auch wirklich wissenschaftlich außerordentlich interessant sein kann: wenn Sie nämlich die unendliche Spiritualität jenes Wesens, das in die Menschheit einschlägt mit dem Christus-Prinzip, dem zur Seite stellen, daß sich der Mensch kurz vorher gefragt hat, wie sein letztes spirituelles Spinnengewebe zusammenhängt mit der Spiritualität – das heißt, wenn Sie die aristotelische Logik daneben stellen, dieses Gewebe der allerabstraktesten Begriffe und Ideen, zu denen der Mensch zuletzt heruntergeschritten ist. Man kann sich keinen größeren Abstand denken als zwischen der Spiritualität, die sich heruntersenkte auf den physischen Plan in der Wesenheit des Christus, und dem, was sich der Mensch selber gerettet hat an Spiritualität. Daher werden Sie es begreiflich finden, daß es zunächst in den ersten Jahrhunderten des Christentums gar nicht möglich war, mit diesem Spinnengewebe von Begriffen, wie es in dem Aristotelismus vorhanden war, die Spiritualität des Christus zu begreifen. Und nach und nach entstand dann die Bemühung, die Tatsachen des Welt- und Menschheitsgeschehens so zu begreifen, daß die aristotelische Logik anwendbar wurde auf die Weltenvorgänge. Das war dann die Aufgabe der mittelalterlichen Philosophie.

Wichtig aber ist es nun, daß der vierte nachatlantische Kulturzeitraum sich vergleichen läßt in den menschlichen Lebensabschnitten mit der menschlichen Ich-Entwickelung; daß das Ich der ganzen Menschheit selber hereinschlägt in die Menschheitsentwickelung und daß der Mensch als solcher eigentlich am weitesten weggerückt ist von der spirituellen Welt. Das ist auch der Grund, warum der Mensch zunächst gar nicht anders fähig war, den Christus aufzunehmen, als durch den Glauben. Daher mußte das Christentum zunächst eine Glaubenssache sein und fängt erst nach und nach an, zu einer Wissenssache zu werden. Es wird eine Wissenssache werden. Aber wir haben erst jetzt angefangen, die Evangelien mit dem Wissen zu durchdringen. Das Christentum war eine Glaubenssache durch Jahrhunderte und Jahrtausende, mußte es sein, weil der Mensch am weitesten heruntergekommen war von den spirituellen Welten.

Wenn es nun auch im vierten nachatlantischen Zeitraum so war, so ist es doch notwendig, daß nach diesem weitesten Herunterkommen der Mensch jetzt wieder beginnt hinaufzusteigen. Der vierte Zeitraum hat den Menschen in einer gewissen Beziehung am weitesten heruntergebracht, hat ihm aber dafür gegeben den größten spirituellen Einschlag – den er natürlich nicht verstehen konnte, sondern der erst in den nachfolgenden Perioden wird verstanden werden können. Aber wir erkennen jetzt daran unsere Aufgabe: unsere Begriffe wieder von innen heraus mit Spiritualität zu durchdringen.

Die Weltentwickelung ist nicht ganz einfach. Wenn nämlich eine Kugel ins Rollen gekommen ist nach einer gewissen Richtung hin, so hat sie die Trägheit weiterzurollen. Und soll sie nach einer andern Richtung weiterrollen, so muß ein anderer Impuls kommen, der sie in die andere Richtung stößt. So hatte die vorchristliche Kultur die Tendenz, das Heruntersausen in die physische Welt beizubehalten und hineinzutragen in unsere Zeit. Und die aufstrebende Tendenz ist einmal erst im Anfange, und außerdem braucht sie fortwährend Antriebe nach aufwärts. Besonders zum Beispiel im menschlichen Nachdenken können wir sehen, wie sich die Trägheit im Heruntersausen fortsetzt. Und ein großer Teil dessen, was man heute Philosophie nennt, ist nichts weiter als ein Fortrollen der Kugel nach unten. Aristoteles hatte wirklich noch eine Ahnung davon, daß tatsächlich mit dem Spinnengewebe der menschlichen Begriffe eine spirituelle Realität ergriffen wird. Ein paar Jahrhunderte nach ihm aber waren schon die Menschen überhaupt nicht mehr imstande zu wissen, wie das, was im menschlichen Kopfe beobachtet wird, zusammenhängt mit der Wirklichkeit. Und das Allerdürrste, das Trockenste in der Entwickelung des Alten ist der Kantianismus und alles, was damit zusammenhängt. Denn der Kantianismus stellt die Hauptfrage so, daß er sich überhaupt jeden Zusammenhang abschneidet zwischen dem, was der Mensch entwickelt als Begriff, zwischen der Vorstellung als Innenleben und dem, was die wirklichen Begriffe sind. Das ist alles Absterbendes, Altes, und ist daher gar nicht dafür veranlagt, das Belebende für die Zukunft zu geben. Jetzt werden Sie sich nicht mehr wundern, daß der Schluß meiner psychosophischen Vorträge einen theosophischen Hintergrund hatte. Ich habe Sie darauf aufmerksam gemacht, daß wir bei allem, was wir treiben, insbesondere für das Seelen-Wissen, die Aufgabe haben, das Wissen, welches vordem von den Göttern den Menschen geschenkt worden ist und heruntergetragen wurde so, daß wir uns davon haben anregen lassen –, daß dieses Wissen wieder hinzuopfern ist vor den Altären der Götter. Nur müssen wir uns solche Begriffe wieder aneignen, die aus der Spiritualität heraus kommen.

Es ist nicht unbescheiden gesprochen, sondern aus der Gesetzmäßigkeit der Zeit heraus, wenn ich sage: Es ist notwendig, gerade die Seelenlehre so zu betreiben, auch als Wissenschaft, daß sie herauskommt aus dem todesstarren Zustand, in den sie gekommen ist. Gewiß, es hat viele Psychologen gegeben und gibt es auch noch heute, aber sie arbeiten alle mit den von der Spiritualität nicht belebten Begriffen. Daher ist es ein charakteristisches Zeichen, daß ein Mensch wie Franz Brentano 1874 nur den ersten Band seiner «Psychologie» hat erscheinen lassen, dessen Inhalt, wenn auch manches darin schief ist, im allgemeinen richtig angelegt ist. Er hatte dann auch den zweiten Band bereits angekündigt, der noch in demselben Jahr herauskommen sollte; aber er ist damit nicht fertig geworden, er ist stecken geblieben. Schematisieren konnte er noch. Will man aber weiterkommen, so braucht man dazu den spirituellen Einschlag.

Solche Psychologien, wie sie heute da sind zum Beispiel von Wundt und Lipps, sind eigentlich keine Psychologien, weil sie nur mit vorgefaßten Begriffen arbeiten; sie sind von Anfang an nicht darauf angelegt, daß aus ihnen etwas werden sollte. Die Psychologie Franz Brentanos dagegen war dazu angelegt, daß aus ihr etwas hätte werden können, aber sie mußte steckenbleiben. Und das ist das Schicksal aller absterbenden Wissenschaft. Bei den Naturwissenschaften wird es nicht so schnell gehen. Da kann man mit strohernen Begriffen arbeiten, weil man die Tatsachen sammelt und sie sprechen lassen kann. Bei der Seelenwissenschaft ist das aber viel weniger zu erreichen. Man verliert sogleich das ganze Substrat, wenn man mit den gewöhnlichen strohernen Begriffen arbeiten will. Den Herzmuskel verliert man nicht sogleich, wenn man ihn auch analysiert wie ein mineralisches Produkt, ohne sein wahres Wesen zu kennen. In gleicher Weise aber kann man nicht die Seele analysieren.

So ersterben gleichsam die Wissenschaften von oben herunter. Und nach und nach werden die Menschen darauf kommen, daß sie zwar imstande sind, die Naturgesetze zu verwerten, daß das aber ganz unabhängig ist von der Wissenschaft. Konstruktionen von Maschinen und Werkzeugen, Telephonen und so weiter, das ist etwas ganz anderes, als die Wissenschaften richtig verstehen oder gar weiterführen. Es braucht jemand keinen Einblick zu haben in Elektrizität, und er kann doch elektrische Apparate konstruieren. Wirkliche Wissenschaft aber stirbt immer mehr und mehr ab. Und so stehen wir jetzt an dem Punkt, wo die äußere Wissenschaft tatsächlich durch die Geisteswissenschaft belebt werden muß. Gerade unser fünfter Kulturabschnitt hat auf der einen Seite die träg herabrollende Wissenschaft. Wenn die Kugel nicht weiter kann, bleibt sie eben stecken – wie bei Brentano. Daneben muß aber das Aufwärtssteigen der Menschheit immer mehr und mehr belebt werden. Und das wird es auch. Das kann nur dadurch geschehen, daß solche Bestrebungen fortgesetzt werden, die darin bestehen, das auch äußerlich gewonnene Wissen mit dem zu befruchten, was die spirituelle, die okkulte Forschung bietet.

Es wird ja unser Zeitraum, als der fünfte nachatlantische, immer mehr einen solchen Charakter annehmen, daß, wie ich schon einmal betont habe, der alte ägyptisch-chaldäische Zeitraum wie eine Art Wiederholung innerhalb unseres eigenen Zeitraumes erscheinen wird. Da möchte ich Sie auf eines aufmerksam machen. In dieser Wiederholung sind wir auch heute noch nicht besonders weit, sondern recht sehr erst im Anfange. Wie wenig weit wir darin sind, das konnte Ihnen auch hervortreten, wenn Sie denkend betrachtet haben, was sich immerhin zugetragen hat auf verschiedenen Gebieten während unserer Generalversammlung. Da haben Sie zum Beispiel den Vortrag von Herrn Seiler über Astrologie gehört und konnten sich dabei die Empfindung doch immerhin bilden, wie Sie als Geisteswissenschafter in der Lage sind, mit den astrologischen Begriffen gewisse Vorstellungen zu verbinden, während dies aber unmöglich ist mit den Begriffen der heutigen physischen Astronomie, ohne daß alles, was die Astrologie sagt, für Unsinn angesehen werden muß. Das ist nicht eine Folge der astronomischen Wissenschaft als solcher. Die astronomische Wissenschaft ist ja diejenige, welche am ehesten Gelegenheit hat, wieder zurückgeführt zu werden in die Spiritualität. Das ist bei ihr am ehesten möglich. Aber die Gesinnung der Menschen ist sehr weit entfernt, wieder zum Spirituellen zurückzukehren. Es gäbe leicht natürlich eine Methode, um aus dem, was die Astronomie heute bietet, wieder zurückzukehren zu dem, was die Grundwahrheiten der heute so mißachteten Astrologie sind. Es wird aber noch eine Weile dauern, bis eine Brücke dazwischen geschlagen werden wird. Indessen werden ja allerlei Theorien ersonnen werden, die zum Beispiel die Planetenbewegungen und so weiter rein materialistisch erklären wollen. Schwieriger liegen die Dinge schon auf dem chemischen Gebiet und bei dem, was sich auf das Leben bezieht. Da wird die Brücke noch schwerer geschlagen werden können.

Am leichtesten wird es sein können auf dem Gebiete des Seelenwissens. Dazu wird nur nötig sein, daß das eingesehen wird, was den Schluß meiner «Psychosophie» bildete: daß der Strom des Seelenlebens nicht nur von der Vergangenheit in die Zukunft, sondern auch von der Zukunft in die Vergangenheit fließt, daß wir zwei Zeitströmungen haben: das Ätherische, das in die Zukunft geht, während dasjenige, was wir als Astralisches dagegen haben, von der Zukunft in die Vergangenheit zurückfließt. Auf dem Erdenrund wird vielleicht heute niemand da sein, der so etwas finden wird, wenn er nicht einen spirituellen Impuls hat. Erst wenn man einsehen wird, daß uns aus der Zukunft fortwährend etwas entgegenkommt, wird man aufsteigen zu einem wirklichen Begreifen des Seelenlebens. Anders ist es gar nicht möglich. Dieser eine Begriff wird notwendig sein. Dazu wird man sich allerdings jene Denkweise abgewöhnen müssen, die überhaupt nur mit der Vergangenheit allein rechnet, wenn sie irgendwo von Ursache und Wirkung spricht. Das werden wir nicht tun dürfen, bloß mit der Vergangenheit rechnen, sondern wir müssen von der Zukunft als von etwas Realem sprechen, das uns ebenso real entgegenkommt, wie wir nachschleppen die Vergangenheit.

Es wird ja lange dauern, bis man diese Begriffe haben wird. Aber bis dahin wird es auch keine Psychologie geben. Das 19. Jahrhundert hat einen recht netten Begriff aufgebracht: Psychologie ohne Seele. Man ist ganz stolz auf diesen Begriff und will damit etwa folgendes sagen: Man studiere nur einfach die menschlichen seelischen Äußerungen, aber rede nicht von irgendeiner Seele, welche dem zugrunde liegt – Seelenlehre ohne Seele! Methodisch ginge das noch. Was aber dabei herausgekommen ist, das ist, wenn man einen derben Vergleich gebrauchen will, nichts anderes als eine Mahlzeit ohne Eßwaren; das ist die Psychologie. Nun sind zwar die Menschen wenig zufrieden, wenn man ihnen eine Mahlzeit gibt mit leeren Tellern, aber die Wissenschaft des 19. Jahrhunderts ist wunderbar zufrieden, wenn man ihr eine Psychologie auftischt, in der verhandelt wird ohne Seele. Das hat verhältnismäßig schon sehr früh begonnen. Und da wird erst überall hineinkommen müssen spirituelles Leben.

So haben wir zu verzeichnen bei uns die Anfänge von ganz neuem Leben. Gleichsam versiegt ist das Alte, und neues Leben muß sich entwickeln. Das müssen wir fühlen. Wir müssen fühlen, daß eine uralte Weisheit uns gegeben war aus der alten atlantischen Zeit, daß diese nach und nach versiegt ist, und daß wir vor die Aufgabe gestellt werden, in unseren jetzigen Inkarnationen damit zu beginnen, immer mehr und mehr eine neue Weisheit zu sammeln, die für die Menschheit der späteren Zeiten vorhanden sein wird. Daß dies möglich ist, dazu ist der Christus-Impuls da. Der wird lebendige Wirksamkeit immerfort entwickeln. Und man wird aus dem Christus-Impuls vielleicht am meisten dann herausarbeiten, wenn alle Tradition und was sich äußerlich historisch daran geknüpft hat, erstorben sein wird, wenn man zu dem wirklichen, echten, historischen Christus selber gekommen sein wird.

So können wir sehen, daß sich wirklich die nachatlantische Zeitentwickelung auch vergleichen läßt mit einem einzelnen Menschenleben; daß es auch eine Art Makrokosmos ist, der dem Mikrokosmos Mensch gegenübersteht. Aber in einer sehr eigenen Lage ist der einzelne Mensch. Was bleibt ihm schließlich für die zweite Lebenshälfte, als das, was er sich selber in der ersten Hälfte angeeignet hat, zu verarbeiten? Und wenn es aufgezehrt ist, folgt der Tod. Sieger sein über den Tod kann nur der Geist, der in einer neuen Inkarnation das fortentwickelt, was allmählich, wenn wir die Hälfte unseres Lebens überschritten haben, anfängt abzusterben. Wir haben eine aufsteigende Entwickelung bis zu unserem fünfunddreißigsten Lebensjahr, dann beginnt eine absteigende Entwickelung. Der Geist aber steigt erst recht auf. Und was er dann in der zweiten Hälfte nicht mehr in die Leiblichkeit hineinentwickeln kann, das kann er in einer nachfolgenden Inkarnation zur Blüte bringen. So sehen wir nach und nach den Körper absterben und den Geist nach und nach zur Blüte kommen.

Der Makrokosmos der Menschheit zeigt uns ein ganz ähnliches Bild. Bis zur vierten nachatlantischen Kulturperiode haben wir eine jugendlich aufwärts strebende Kulturentwickelung, von da ab ein richtiges Absterben. Tod überall in bezug auf die Entwickelung des menschlichen Bewußtseins, zu gleicher Zeit aber das Einschlagen eines neuen geistigen Lebens. Das wird sich wieder inkarnieren als geistiges Leben der Menschheit in dem auf den jetzigen Kulturzeitraum folgenden Zeitabschnitt. Da muß der Mensch ganz bewußt an dem arbeiten, was sich wieder inkarnieren soll. Das andere ist dabei abzusterben, richtig abzusterben. Und wir sehen prophetisch hinein in die Zukunft: Es entstanden und es entstehen viele Wissenschaften, zum Segen natürlich für die nachatlantische Kulturzeit, aber sie gehören zum Absterbenden. Dasjenige unmittelbare Leben, das hineingegossen wird in das menschliche Leben unter dem unmittelbaren Einfluß des Christus-Impulses, das wird in Zukunft so aufleben, wie das atlantische Wissen in den heiligen Rishis aufgelebt war.

Vom Kopernikanismus kennt man heute in der äußeren Wissenschaft nur den Teil, der zum Absterbenden gehört. Der Teil, der weiterleben soll, was vom Kopernikanismus fruchtbar werden soll – nicht nur das, wodurch er durch die vier Jahrhunderte schon gewirkt hat, sondern was weiterleben soll –, das muß sich die Menschheit erst erobern. Denn des Kopernikus Lehre ist nicht so wahr, wie sie heute gegeben wird. Erst die geistige Forschung wird das ergeben. So ist es mit dem, was die Menschheit heute für das Wahrste hält, schon in der Astronomie. Und so wird es sein mit allem übrigen, was heute unter den Menschen als Wissen gilt. Und wahr ist es, was Sie als Wissenschaft heute finden, nutzbringend kann es sein, darin liegt die Nützlichkeit. Insofern die heutige Wissenschaft Technik wird, ist sie gerechtfertigt. Insofern sie etwas geben will für das menschliche Wissen, ist sie totes Produkt. Nützlich ist sie für das unmittelbare Handwerk der Menschheit. Dazu ist sie gut, und dazu braucht sie keinen spirituellen Inhalt. Insofern sie etwas ausmachen will über die Geheimnisse des Weltalls, gehört sie zur absterbenden Kultur. Und um die Kenntnis über die Geheimnisse des Weltalls zu bereichern, müßte sie alles, was heute als äußere Wissenschaft geboten wird, beleben mit dem, was von der spirituellen Wissenschaft kommt.

Das sollte eine Vorbereitung sein für die Betrachtungen über das Markus-Evangelium, mit denen wir nun beginnen werden. Vorher aber brauchte ich einen Hinweis auf die Notwendigkeit des größten spirituellen Einschlages in der Zeit, als die Menschheit eigentlich von der Spiritualität nur noch den letzten, den dünnsten Faden hatte.

VIERTER VORTRAG

Berlin, 6. Dezember 1910

Aus meinem Buche «Das Christentum als mystische Tatsache» konnten Sie alle entnehmen, daß die Evangelien, wenn man sie richtig verstehen will, in einer ganz gewissen Weise aufgefaßt werden müssen. Indem ich nun die Betrachtungen über die Evangelien in diesem Winter hier fortsetze, bemerke ich ausdrücklich, daß es ja nicht möglich ist, daß für die jüngeren Mitglieder sozusagen immer wieder vom Anfange angefangen wird, und daß daher gewiß manches in den Ausführungen, die da kommen werden, für jüngere Mitglieder schwer verständlich sein wird. Es ist bereits gelegentlich der Generalversammlung gesagt worden, wie notwendig es ist, daß die jüngeren Mitglieder an den Kursen teilnehmen, die eingerichtet worden sind, damit das Frühere immer nachgeholt werden kann, denn sonst könnten wir nicht weiterschreiten. Aber ich möchte dabei eines ganz besonders bemerken: Es scheint eben nicht durchführbar zu sein, daß die jüngeren Mitglieder wirklich energisch daran arbeiten, die Anfangspartien des geisteswissenschaftlichen Lebens nachzuholen. Deshalb wird es immer wieder und wieder vorkommen – ich will jetzt hypothetisch davon reden –, daß die jüngeren Mitglieder dieses oder jenes, was gewissermaßen den höheren Gebieten der Geisteswissenschaft angehört und gewisse Voraussetzungen macht, unverständlich finden werden und sich deshalb ein ganz sonderbares Urteil über Geisteswissenschaft bilden werden. Das liegt dann an den entsprechenden Mitgliedern, und nicht an dem, was gemeint ist.

In meinem Buche «Das Christentum als mystische Tatsache» ist gezeigt worden, daß wir die Evangelien im wesentlichen aufzufassen haben als Einweihungsbücher. Das heißt, daß diese Evangelien im Grunde genommen nichts anderes sind als in gewisser Art umgeschriebene, alte Einweihungsritualien. Was wird in solchen alten Einweihungs- oder Initiationsvorschriften gestanden haben? In ihnen war vorzugsweise enthalten, wie der Kandidat für die Schulung zu den höheren Welten stufenweise seinen Weg hinaufgeführt werden sollte, wie er nach und nach gewisse innere Erlebnisse, gewisse Erlebnisse seiner Seele durchzumachen hatte, wie er die in seiner Seele schlummernden Kräfte zur Erweckung zu bringen hatte; wie sich eine höhere Stufe an eine niedere angliederte, bis zu jener Stufe der Initiation hinauf, auf welcher hereinbricht in die Seele des zu Initiierenden die geistige Welt, auf welcher an ihn herankommen die Geheimnisse der geistigen Welt. Dann kann er also hineinschauen in diese geistige Welt, kann zum Beispiel schauen die verschiedenen Wesenheiten der einzelnen Hierarchien, wie wir sie im Laufe der Zeit aufgezählt und auch in mancherlei Zusammenhängen charakterisiert haben. Was also der Einzuweihende zu tun hat, war der Inhalt solcher Einweihungsbücher.

Wenn wir nun die vorchristlichen Zeiten verfolgen, so finden wir, daß zahlreiche Menschen in den verschiedenen Mysterienstätten eingeweiht wurden – nicht immer in der ganz gleichen, aber im wesentlichen in derselben Art – und hinaufgeführt wurden die Stufen bis zu jenem Punkt, wo sie hineinschauen konnten in die geistige Welt, wo sie die Wesenheiten der einzelnen Hierarchien geisthaft – im Gegensatz zu leibhaft – vor sich haben konnten. Das war so in den vorchristlichen Zeiten. Was bedeutet das Christentum gegenüber diesen Eingeweihten der alten Mysterien? Was bedeutet ihnen gegenüber der Christus-Impuls? Er bedeutet, daß eine Wesenheit, die äußerlich für die Wahrnehmung des physischen Planes bekannt war als Jesus von Nazareth, nicht auf dem gewöhnlichen Wege der alten Mysterien, nicht so wie es in den vorchristlichen Zeiten immer üblich war, die Geheimnisse der geistigen Welt offenbarte, sondern in einer andern Art. Eine Persönlichkeit, die im Sinne der alten Einweihungsritualien initiiert worden war, konnte, wenn das große Ereignis, das ich eben charakterisiert habe, an ihrer Seele vorbeigegangen war, hinaustreten zu den andern Menschen und sprechen von den Geheimnissen der geistigen Reiche. Nun war aber mit dem Christus-Ereignis etwas da, wodurch die Persönlichkeit des Jesus von Nazareth von den Geheimnissen der geistigen Reiche sprechen konnte, ohne auf dem von altersher üblichen Wege dazu geführt worden zu sein. Denn diese Persönlichkeit des Jesus von Nazareth wurde dazu geführt dadurch, daß sie bei der sogenannten Jordan-Taufe in sich empfing den Christus-Geist. Von dem Augenblick an, da diese Persönlichkeit bei der Jordan-Taufe, also in einem historischen Ereignis, sozusagen weltgeschichtlich eingeweiht wurde, von diesem Moment an sprach der Christus-Geist – aber in einer viel höheren Weise – von den Geheimnissen der geistigen Reiche zur Umwelt. Es war also mit dem Christus etwas da auf dem physischen Plan, offen für alle Welt, was vorher nur in den Tiefen der Mysterien bis zu einem gewissen Grade eben für die Einzuweihenden erreichbar war, so daß sie dann hinausgehen konnten, um von den Geheimnissen der geistigen Reiche zu ihren Mitmenschen zu reden. Wenn wir uns die Sache bildlich vorstellen wollten, könnten wir sagen: Wir blicken hinein in die alten Mysterientempel und sehen, wie von dem Hierophanten die Persönlichkeiten eingeweiht wurden, so daß sie hineinschauen konnten in die geistigen Reiche und dann hinausgehen und lehren konnten von der geistigen Welt. Das alles entwickelte sich immer in dem tiefsten Geheimnis der Mysterientempel. Und in der Außenwelt, außerhalb der Mysterien, war so etwas wie ein Hinaufgelangen zu der Möglichkeit, von den geistigen Reichen zu sprechen, nicht dagewesen. Jetzt war das, was oft und oft in den Tiefen der Mysterien geschehen war, gleichsam herausgetragen nach Palästina, stellte sich dar als weltgeschichtliches Ereignis, als die Entwickelung des Jesus von Nazareth, stellte sich dar als weltgeschichtliche Initiation in dem Mysterium von Golgatha. Also das Mysterium wie hinausgetragen in die Weltgeschichte, hingestellt als historische Tatsache vor aller Welt – so haben wir den Zusammenhang des Mysteriums von Golgatha mit den Mysterien der alten heiligen Tempel aufzufassen.

Nun waren diese Einweihungsvorschriften, wenn sie auch im wesentlichen dieselben Stufen überall enthielten, doch bei den verschiedenen Völkern an den verschiedenen Orten der Erde durch dieses oder jenes im einzelnen verschieden, angepaßt den menschlichen Individualitäten nach Zeit und Raum. Versetzen wir uns einmal mit dem, was wir jetzt eben gesagt haben, in die Seele einer derjenigen Persönlichkeiten, die, wie man sie gewöhnlich nennt, als Evangelisten beteiligt sind an der Niederschrift unserer Evangelien. Solche Persönlichkeiten kannten durch ihre eigene okkulte Schulung in einer gewissen Weise die Einweihungsvorschriften dieser oder jener Völker, dieser oder jener Mysterien. Sie wußten, was man durchzumachen hatte, um hinaufzugelangen zu der Möglichkeit, die Geheimnisse der geistigen Reiche und der geistigen Hierarchien zu verkünden. Und jetzt hatten sie wahrgenommen durch die Ereignisse von Palästina und durch das Mysterium von Golgatha, daß dasjenige, was man sonst nur sehen konnte, wenn man ein Eingeweihter der Mysterientempel war, sich draußen auf dem großen Plan der Weltgeschichte abgespielt hatte für alle Menschen und sich nun immer mehr und mehr einbürgern sollte in die Herzen und Gemüter aller Menschen.

Die Evangelisten waren nicht Biographen in unserem Sinne, wo man das in die Biographien schreibt, was die Welt eigentlich nichts angeht und was kein Mensch von irgendeiner wirkenden Persönlichkeit zu wissen braucht. Sie waren keine Biographen, die jede Privatangelegenheit aufstöberten, sondern sie waren in dem Sinne Beschreiber des Christus-Lebens, daß sie sagten: Da hat sich mit dem Jesus von Nazareth, in dem der Christus gewesen ist, etwas zugetragen, was wir immer wieder und wieder gesehen haben in den Mysterien, dort aber nicht als historisches Ereignis zusammengezogen auf einzelne Jahre. Hier dagegen ist es historisches Ereignis geworden, aber es ist eine Wiederholung der Tempelritualien. Wir könnten also das Jesus-Leben beschreiben, wenn wir angeben die Stufen, die sonst bei den Einweihungen durchgemacht wurden.

Deshalb nehmen sich die Evangelien aus wie sozusagen in Weltgeschichte umgesetzte Einweihungsvorschriften. Wir finden die Einweihungsvorschriften der alten Mysterien wieder in den Evangelien, aber so, daß in einer gewissen Weise der Grund angegeben wird, warum das, was sich früher in den Tiefen der Tempel zugetragen hat, herausgetreten ist auf den großen Plan der Weltgeschichte. Das finden wir in einer gewissen Weise motiviert. Und man darf sagen, derjenige Evangelist, der gleich mit dieser Begründung beginnt, der gleich von Anfang an sagt, warum er eigentlich in die Lage gekommen ist, von einem welthistorischen Ereignis zu schreiben, das eine ins Große umgesetzte Einweihungsvorschrift erfüllt, das ist der Schreiber des Markus-Evangeliums. Er spricht von Anfang an aus, wie die Menschheit sich entwickelt hat, damit dieses große Ereignis eintreten konnte, daß die Einweihung aus den Tempeltiefen hinausgetragen werden konnte auf den Plan der Weltgeschichte. Er macht von vornherein darauf aufmerksam, daß es zusammenhängt mit einem über alle Maßen wichtigen Ereignis der ganzen Menschheitsentwickelung, das insbesondere die hebräischen Propheten den Menschen vorausgesagt haben. Denn was eingetreten ist in Palästina als Mysterium von Golgatha, das haben die wahren Eingeweihten – und zu denen gehören in einem gewissen Sinne die hebräischen Propheten – vorausgesehen und vorausgesagt.

Wenn wir uns versetzen in die Seele eines solchen Menschen wie der Prophet Jesajas, von dem gerade das Markus-Evangelium ausgeht, dann haben wir in seinen Worten etwa das Folgende gegeben. Er sagt: Es wird eine Zeit kommen, in der es in den menschlichen Seelen anders ausschauen wird als jetzt; aber diese Zeit bereitet sich jetzt schon vor. – Dies meinte Jesajas zu seiner eigenen Zeit. Was also wollte der Prophet Jesajas sagen? Sie wissen ja, daß das Markus-Evangelium gleich beginnt mit der Anführung der gewaltigen Worte dieses Propheten. Sie kennen diese Worte, wie sie gebräuchlich sind, und wie sie im Markus-Evangelium etwa in der folgenden Weise angeführt werden. Ich will eine übliche Übersetzung dieser Worte nehmen, wie sie in der Carl Weizsäckerschen Übersetzung stehen.

«Siehe, ich sende meinen Boten vor dir her, der soll dir den Weg bereiten. Hört, wie es ruft in der Wüste: bereitet den Weg des Herrn, macht eben seine Pfade.»

So stehen sie in einer als außerordentlich gut für die deutsche Evangelienliteratur geltenden Übersetzung.

Diese Worte des Jesajas sind in der Tat diejenigen, durch die der Prophet hinweist auf das große Ereignis der Weltgeschichte in Palästina, auf das Mysterium von Golgatha. Sie wissen, wieviel Mühe wir gehabt haben bei der Betrachtung der andern Evangelien, um die maßgebenden Stellen in einer einigermaßen verständigen Weise in unser Deutsch hereinzubringen. Es handelt sich ja bei diesen Dingen nicht darum, daß man eine lexikale Übersetzung gibt, sondern daß man die betreffenden Wendungen so herüberbringt, daß der tiefe, bedeutungsvolle Sinn, der gemeint ist, uns aus den deutschen Worten ebenso entgegentönen kann, nicht nur für unsere theoretische Auffassung, sondern auch für unser ganzes Fühlen, wie er entgegentönte denen, die die ganze Eigenart der damaligen Sprechweise kannten. Denn die damalige Sprechweise war total anders als die heutige. Vor allem muß darauf aufmerksam gemacht werden, daß jene Sprechweise nicht so abstrakt, so nüchtern und philiströs war wie unser heutiger Sprachgebrauch; sondern die Sprechweise und die ganze Art und Weise des Ausdrucks war so, daß man immer einen reicheren Sinn, eine reichere Bedeutung, eine gewisse Inhaltsfülle heraushörte neben dem unmittelbaren Wortsinn, und doch aber wieder in eindeutiger Weise wußte, was diese Inhaltsfülle war. Wesentlich ist zu erfassen, daß man viel mehr eine Welt hörte aus den Worten, als heute die Menschen gewöhnt sind bei dem zu hören, was man sagt. Nun ist es gerade eine Eigentümlichkeit der alten hebräischen Sprache, ungeheuer reich in dieser Beziehung zu sein, hinter den Worten geradezu ganze Welten zu verbergen, während man ein Bild brauchte, das ganz und gar bloß von der Sinneswelt genommen war. Solche Ausdrücke wie «bereitet den Weg» oder «macht eben die Pfade», das sind Bilder, die von der Sinneswelt genommen sind – wie man einen Weg bereitet mit Schaufeln und Spaten. Wenn man so etwas aussprach, war es eine Eigentümlichkeit dieser gegenüber allen anderen besonders großartigen Sprache, daß hinter diesen Ausdrücken, die äußerlich auf etwas angewendet wurden, eben ganze geistige Welten steckten – aber in eindeutiger Weise, so daß man nicht in beliebiger Art auslegen kann, wie es zum Beispiel unsere modernen Gelehrten mit den Dichtern tun, indem sie alles mögliche hineinlesen. Man konnte nicht in beliebiger Weise alles mögliche in die Dinge hineingeheimnissen. Das beruhte zum Teil darauf, daß in der althebräischen Sprache die Möglichkeit vorhanden war, durch das persönliche Gebrauchen der ja in der Schrift nicht ausgedrückten Vokalisierung im Laute ganze Weltengeheimnisse zu geben. Es war ein Gefühl vorhanden für solche Weltengeheimnisse.

Im Griechischen – in dieser Sprache haben wir ja zunächst den Text der Evangelien – ist dies schon nicht mehr in so starkem Maße der Fall. Dennoch wäre es noch immer möglich, auch ohne Okkultismus aus dem Griechischen viel bessere Übersetzungen aus den betreffenden Dingen herauszuholen, als es von denen geschehen ist, welche die Evangelien übersetzt haben. Denn im Grunde genommen hat immer nur einer den andern abgeschrieben, ohne daß man auch nur philologisch darangegangen wäre zu prüfen, wie es sich mit der Sache verhält, wenn man den griechischen Text vor sich hat. Ich werde Ihnen an einzelnen Beispielen später zeigen, der Vollständigkeit wegen, wie man Fehler gemacht hat und so weiter. Heute will ich aber unsere Betrachtungen damit nicht aufhalten, sondern ich will versuchen, nicht philologisch, sondern mit Zuhilfenahme dessen, was man aus der geistigen Forschung wissen kann, einiges Wesentliche aus dem Beginn des Markus-Evangeliums Ihnen vor Augen zu führen. So möchte ich zunächst einmal die so maßgebende Stelle anführen, durch die aus der Prophetie des Jesajas gezeigt werden soll, was kommen soll mit dem Ereignis von Palästina, damit Sie herausfühlen können, was damit gemeint ist.

Der griechische Text heißt ja:

Ἰδοὺ ἐγὼ ἀποστέλλω τὸν ἄγγελόν μου πρὸ προσώπου σου, ὃς κατασκευάσει τὴν ὁδόν σου ἔμπροσθέν σου·
φωνὴ βοῶντος ἐν τῇ ἐρήμῳ· ἑτοιμάσατε τὴν ὁδὸν κυρίου, εὐθείας ποιεττε τὰς τρίβους αὐτοῦ.
(Idū egō apostellō ton angelon mū pro prosōpū sū, hos kataskeuasei tēn hodon sū emprosthen sū,
fōnē boōntos en tē erēmō: hetoimasate tēn hodon kȳriū, eutheiās poieite tās tribūs autū.)

Es kommt nun vor allen Dingen darauf an, daß wir uns klar sind, daß das Wort Angelos, Bote oder Engel, in diesen alten Zeiten nur in dem Sinne gebraucht worden ist, wie wir es im Sinne unserer Hierarchien-Darstellung brauchen, also als Bezeichnung für solche Wesenheiten, die in der Hierarchie, wenn man von oben nach unten geht, dem Menschen unmittelbar vorangehen. Man muß es fühlen, wenn hier steht *τὸν ἄγγελον*, daß da eine Wesenheit gerade aus dieser Stufe der Hierarchien gemeint ist. Fühlt man das nicht, so kann man die ganze Stelle überhaupt nicht verstehen. Deshalb kann auch nur die Geisteswissenschaft die Grundlage bilden zum Verständnis einer solchen Sache. Wenn wir sie aber richtig verstehen, können wir uns dadurch eine Grundlage schaffen für das, was der Okkultismus über das Christus-Ereignis zu sagen hat. Denn was ist das Wesentliche des Christus-Impulses? Wir haben es so gesagt: Es ist durch den Christus-Impuls das volle Bewußtsein erst dafür in die Menschenseele gekommen, daß in der menschlichen Seele ein Ich Platz greifen soll, ein selbstbewußtes Ich, und daß aus diesem selbstbewußten Ich heraus nach und nach im Verlaufe der folgenden Erdenentwickelung alle die Geheimnisse kommen müssen, die früher durch eine Art natürlichen Hellsehens aus dem astralischen Leib heraus gekommen sind.

Es ist vorangegangen der Zeit, in der wir leben, diese andere Zeit, in der die Menschen noch bis zu einem gewissen Grade in der nachatlantischen Kultur ein natürliches Hellsehen gehabt haben, durch das sie hineinblicken konnten in die geistige Welt. Da strömten in gewissen abnormen Zuständen der Seele die Geheimnisse der geistigen Welt herunter; da sahen die Menschen hinauf in die Hierarchien. Natürlich am meisten und am längsten sahen sie zu derjenigen Hierarchie, die dem Menschen am allernächsten steht, zu der Hierarchie der Engel. Als unmittelbar über dem Menschen stehende Wesenheiten sahen sie die Engel. Von sich selbst nahm der Mensch in diesen Zeiten alten Hellsehens noch nicht wahr, daß er in sich selber etwas hatte, was ihn hinaufführen sollte in die geistige Welt. Er mußte es ansehen als eine ihm von äußeren Mächten erwiesene Gnade, als ein Hereinschicken der geistigen Mächte in die Seele. Daher konnten die Propheten in der folgenden Art hinweisen auf die Zukunft: Es wird die Zeit kommen, da wird der Mensch sein Ich fühlen; da wird er wissen, daß es das selbstbewußte Ich ist, woraus die Geheimnisse der geistigen Welten heraussprießen sollen. Alles muß in der Zeit kommen. Aber die Zeit wird kommen, wo der Mensch sagen kann: Wenn ich mein Ich in mir habe, so dringe ich aus der Kraft des Ich heraus hinauf in die Geheimnisse der geistigen Welt.

Das mußte aber vorbereitet werden. So mußte also sozusagen die unterste Stufe der Hierarchien, der Mensch, vorbereitet werden, indem dem Menschen dasjenige geschickt wird, was er noch nicht ist, damit er sich vorbereiten kann zu dem, was er werden soll. Der Bote, der Engel mußte dem Menschen verkünden, daß er ein Ich werden soll im vollen Sinne des Wortes. Und während nun die früheren Engel die Aufgabe hatten, die geistige Welt zu zeigen, mußte jetzt ein besonderer Engel die besondere Aufgabe erhalten, etwas weiter zu gehen mit den Offenbarungen an die Menschen, mußte ihnen sagen, daß sie in ihr Ich hineindringen sollen, während die früheren Engel so offenbart hatten, wie es nicht für ein Ich bestimmt war.

So macht Jesajas darauf aufmerksam: Es wird die Zeit des Ich-Geheimnisses kommen, und aus der allgemeinen Schar der Engel wird einer abgeordnet werden, der euch dann zeigen wird, daß dieses Ich-Geheimnis kommen wird. – So nur können wir verstehen, was es heißt, daß der Engel, der Bote vorangeschickt werden soll. Vor wem also wird denn dieser Bote vorangeschickt? Er wird vorangeschickt vor dem Menschen, der zu seinem selbstbewußten Ich kommen soll, und er soll kommen als eine Wesenheit aus der Hierarchie der Angeloi, die im allgemeinen noch nicht so zum Menschen gesprochen hatte, daß vorausgesetzt wurde, der Mensch sei ein selbstbewußtes Ich. Dieser Bote also, von dem der Prophet Jesajas spricht, soll kommen und die Menschheit aufmerksam machen, daß sie sich vorbereiten soll, in ihrem Innern, in ihrer Seele einen Platz zu schaffen für das Ich, für die volle Geltendmachung des Ich. Es soll also mit dieser Stelle im wesentlichen hingedeutet werden auf den großen Umschwung in der Entwickelung der menschlichen Seele, daß die Menschen, nachdem sie früher sozusagen immer aus sich selber heraus mußten, um in die geistige Welt hineinzukommen, von jetzt ab in ihrem Ich verbleiben können und aus dem Ich selber herausholen können die Geheimnisse der geistigen Welt.

Vergleichen wir einmal eine alte Seele mit einer Seele aus der Zeit des herannahenden Christus-Impulses. Stellen wir uns vor Augen einen Menschen der vorchristlichen Zeit, besonders früherer Jahrhunderte.

Wenn er hinaufgelangen wollte in die höheren Welten, so konnte er das nicht mit der Aufrechterhaltung des Selbstbewußtseins, soweit es schon entwickelt war. Er mußte es geradezu entäußern, mußte kommen in einen Selbst-entäußerten Zustand, mußte aufgehen in die Welt der Hierarchien, in die Welt der Geistigkeit selber. Sein Bewußtsein wurde herabgestimmt. Das war ein altes Gefühl der früheren, vorchristlichen Zeit.

In welcher Lage war nun ein Mensch, der schon nicht mehr so recht in der Zeit lebte, wo es das Richtige war, daß man mit Selbstentäußerung sich in die geistige Welt hineinfinden konnte, sondern der in der Zeit lebte, wo man sich in die Stufe versetzt finden konnte, das Ich zu entwickeln? Vorhanden war das Ich ja schon in der atlantischen Zeit; aber daß daraus die volle Sicherheit für die größten Geheimnisse quellen konnte, das wurde erst durch den Christus-Impuls gebracht. Gerade aus diesem Grunde fühlte ein Mensch der alten Einweihung etwa so, daß er sagte: Wenn ich in die geistige Welt kommen will, wenn ich mir die Offenbarungen aus der geistigen Welt erwerben soll, so muß ich eine gewisse Stelle in mir unterdrücken, und ich muß andere Stellen in meiner Seele besonders lebendig machen.

Was mußte er unterdrücken? Und was mußte er besonders lebendig machen? Was allmählich zum Ich heranwachsen sollte, das mußte er unterdrücken, das mußte sozusagen dunkler und dumpfer werden in seiner Seele. Darauf durfte er gar keine Rücksicht nehmen, das mußte etwas Ödes, etwas Leeres in ihm werden. Dagegen der astralische Leib, also der Leib, der Hellsichtigkeit in einem gewissen Grade geben konnte, mußte ganz besonders entflammt werden. Dann rückten in den astralischen Leib die alten hellseherischen Beobachtungen herein.

Ich sagte, das Ich war schon in einem gewissen Grade da. Aber man konnte es nicht brauchen, wenn man die Geheimnisse der geistigen Welt erforschen wollte. Das Ich mußte unterdrückt und der astralische Leib entflammt werden. Aber das Entflammen der Impulse im Astralleib ist immer unmöglicher geworden. In den alten Zeiten gehörte es zu den elementarsten Eigenschaften des Menschen, daß er sein Ich unterdrücken und den Astralleib in Tätigkeit versetzen konnte, so daß die Geheimnisse der geistigen Welt in ihn hineinströmten. Darin bestand aber gerade die Fortentwickelung, daß der Astralleib immer unfähiger wurde, in sich herein zu bekommen die Geheimnisse der geistigen Welt. Der Mensch mußte sich etwa sagen: Mein Astralleib wird immer unfähiger, um das zu erreichen, was früher die Menschen in der alten Hellsichtigkeit erreicht haben; aber was in mir ist, mein Ich, das will auch noch nicht recht heraus, das kann sich noch nicht aufraffen, aus sich etwas zu erreichen.

Und die allerbesten Hellseher empfanden am allermeisten etwas Wüstes, etwas Ödes in der Seele. Das war das Ich, dem noch kein Impuls gegeben war. Und daneben empfanden sie die Unmöglichkeit, sich durch das Ich in die geistige Welt hinaufzuversetzen. Daraus können Sie die Stimmung entnehmen, in der jemand war zur Zeit des herannahenden Christus-Impulses, der einen Einblick tun wollte in die geistige Welt. Ein solcher mußte sich sagen: In meinem Astralleib kann ich nicht mehr das entwickeln, was früher möglich war; mein Ich kann aber noch keinen Impuls aufnehmen; das ist noch etwas Wüstes in meiner Seele, das kann nicht in die geistige Welt hinauf.

Da wurden dann angewendet gewisse Methoden, gewisse Trainierungen zur Zeit des herannahenden Christus-Impulses, die darin bestanden, daß man Bekanntschaft machen lernte mit dem, was noch nicht vom Geist erfüllt sein konnte. Wer in die höheren Welten hinauf wollte, der wurde darauf verwiesen, daß man ihm sagte: Werde dir klar: mit deinem Astralleib kannst du nicht hinauf; du mußt vor allen Dingen eintreten in die Stelle deines Inneren, wo du dich als Mensch so fühlst, als ob du gar keinen Zusammenhang hättest mit der Außenwelt.

So war die Stimmung in der Zeit des herannahenden Christus-Impulses für den, der die Einweihung suchte. Und jeder, der die Einweihung suchte, mußte sich klarmachen: In bezug auf meinen Astralleib muß ich darauf verzichten, in die geistige Welt hinaufzukommen, denn die Zeit ist vorüber, um durch den Astralleib hineinzukommen in die geistige Welt. Das Ich ist dazu noch unvorbereitet.

Aber an dem, was eben heraus will und eindringen will in die geistige Welt, wo es den Impuls aufnehmen will, an dem kann ich erkennen – mehr als erkennen kann ich nicht –, daß etwas da ist, was mit aller Kraft und Macht hinstrebt zu dem geistigen Impuls!

Diese Seelenerfahrung eines jeden, der in jener Zeit den Weg zum Geisteslicht suchte, nannte man den Weg in die Einsamkeit der Seele oder auch den Weg in die Einsamkeit. Was mußte der Bote also tun, der vorbereiten sollte auf das Christus-Ereignis? Er mußte den Leuten, die etwas wissen wollten von dem herannahenden Impuls, sagen, wie der Weg ist in die Einsamkeit. Er mußte die Einsamkeit gründlich kennen. Er mußte ein Prediger sein für die Einsamkeit der Seele.

Immer mehr und mehr werden Sie kennenlernen gerade an der Hand des Markus-Evangeliums, daß in gewissen Fällen die großen geistigen Wesenheiten, durch welche die wichtigen Angelegenheiten der Menschheitsentwickelung geschehen sollen, sich ihre Werkzeuge aussuchen in fleischlichen Wesenheiten, wenn diese dazu geeignet sind, und eine Inkarnation nehmen, um in der Seele zu wohnen, die im Fleische verkörpert ist. Jener Bote, von dem Jesajas gesprochen hat, der nicht in ganz gewöhnlichem Sinne als ein Mensch aufgefaßt werden darf, nahm Besitz von der Seele des wiederinkarnierten Elias, lebte darin und war der Bote, der die Menschen aufmerksam machen sollte auf den herannahenden Christus-Impuls. Und aus der Seele Johannes des Täufers sprach der Bote dann, auf den Jesajas hingewiesen hatte.

Wo also ertönt die Stimme des Boten? In dem, was ich Ihnen jetzt eben charakterisiert habe als die Einsamkeit der Seele. Da können wir dann lesen, daß im Markus-Evangelium steht: Höret das Rufen in der Seeleneinsamkeit. *ἐν τῇ ἐρήμῳ (en tē erēmō)* dürfen wir nicht einfach übersetzen, als ob es bloß äußerlich gemeint sei, mit dem Bilde der Wüste; sondern da ist ein Bild hingestellt, durch das wir die ganze geistige Welt wahrnehmen sollen. *ἐν τῇ ἐρήμῳ* heißt eigentlich: in der Einsamkeit.

Nun müssen wir, um den Ausspruch weiter zu verstehen, uns ein wenig befassen mit der eigentlichen Bedeutung, wie sie selbst noch spurenweise im Griechischen vorhanden ist, wie sie aber festgestellt werden kann, wenn man mit dem Griechischen die Urtradition zusammenhält, mit der Bedeutung dessen, was man fühlte bei dem Worte Kyrios oder Herr; was hier gewöhnlich übersetzt ist mit: «Bereitet den Weg des Herrn.» Ein solches Wort hatte nicht jene abstrakte, philiströse Bedeutung in dem alten Sprachschatz, in der alten Ausdrucksweise, wie es heute hat. In der Zeit des Materialismus sind die Menschen besonders in bezug auf die Sprache Philister geworden und haben nicht mehr in der Sprache das, was man nennen kann Körper seelischer Wesenheiten, daß man eine ganze Welt fühlt bei den Worten, wie in alten Zeiten. Man kann heute derartiges höchstens wieder aufs neue versuchen. So habe ich es versucht in der «Pforte der Einweihung» darzustellen, wie es möglich sein wird, Welten fühlen zu können.

Was fühlte man bei dem Worte Kyrios, wenn man es aussprach in solchem Zusammenhange wie in dem angedeuteten? Man fühlte, daß damit nur das Bild gemeint sei für das, was im Menschen vorgeht, was für den Menschen im innerlichen Seelenleben sich ergibt. Man fühlte das Auftauchen des aus den Untergründen der Seele heraufkommenden und immer mehr und mehr an die Oberfläche drängenden Ich als das Erscheinen eines Herrn und Herrschers, als den Richtunggebenden unter den Seelenkräften – so wie wir heute sagen: Der Mensch hat Denken, Fühlen und Wollen; diese verschiedenen Seelenkräfte sind sozusagen die Diener der Seele. Aber einen Herrn gibt es in der Seele, einen Kyrios: das Ich. Das drückt sich dadurch aus, daß wir nicht nur sagen: Es denkt in uns. – In alten Zeiten konnte man nicht sagen: Ich denke –, sondern da sagte man: Es denkt. – Und in bezug auf Fühlen und Wollen sagte man ebenso: Es fühlt, und es will da drinnen.

In der Zeit nun, als der Herr der Seelenkräfte, das Ich, sich geltend machte, da wurde dieser große Umschwung in der Menschheitsentwickelung so gefühlt, daß man jetzt sagte: Ich denke, ich fühle, ich will. – So waren in früheren Zeiten die Seelen gleichsam in einer gewissen Weise in einem unterbewußten Zustand, gefangen, untergetaucht in die dienenden Kräfte. Jetzt nahte der Herr der Seelenkräfte, das Ich. Es ist mit dieser Stelle zunächst gar nicht irgendeine Persönlichkeit oder Wesenheit gemeint, sondern nur das Auftauchen des Ich als des Herrn in dem ganzen Gefüge der Seele: Der Herr innerhalb der Seele kommt!

Das wurde auch in denjenigen Tempeln verkündet, die vorbereiten sollten auf das, was da vorgehen konnte mit der Menschheit. Mit heiliger Scheu und heiliger Ehrfurcht wurde es verkündet: Bisher waren die Seelen so, daß sie nur dienende Kräfte in sich hatten: Denken, Fühlen und Wollen. Jetzt aber naht der Herr, der Kyrios innerhalb der menschlichen Seele. Dies Große geht vor, freilich nach und nach erst entwickelt es sich – bis ans Ende der Erdenzeit, wo es dann immer mächtiger und mächtiger werden wird. Aber es kommt. Und der Christus bringt zuerst den Impuls. Es ist die große Stunde im Werdegang der Weltenuhr, wo der Christus lebt. Da steht die Weltenuhr in dem Zeichen, wo das Ich immer mächtiger aufgehen wird als der Herr der Seelenkräfte. Und es wird am Ziel angelangt sein dann, wenn die Erde herunterfallen wird im Kosmos und der Mensch zu höheren Stufen hinaufsteigt.

Nur wenn man so fühlt, wie man damals fühlen mußte, kann man eine Vorstellung davon bekommen, was Jesajas sagen wollte und was Johannes der Täufer wieder aufnahm. Hingewiesen sollte werden auf das große Ereignis der Menschenseele, auf die Fortentwickelung der Menschenseele. Dann müssen wir aber auch das Wort εὐϑείας *(eutheiās)* nicht übersetzen mit «eben», wie es gewöhnlich abstrakt übersetzt wird, sondern mit «offen», nicht nur gerade, sondern offen, so daß sie gangbar werden, die Wege. Also der Kyrios kommt daher, nimmt seine Richtung auf die menschliche Seele. Aber der Mensch muß etwas dazu tun, damit der Herr die menschliche Seele wirklich ergreifen kann. Es muß der Weg frei gemacht werden, muß offen gemacht werden. Kurz, wollen wir die betreffende Stelle so übersetzen, daß irgend etwas damit anzufangen sein soll, so müßte eigentlich übersetzt werden, wenn wir uns ein wenig an das Traditionelle halten:

«Bemerke» – «Siehe» ist schon nicht mehr das Richtige –, «ich sende vor dem Ich in dir meinen Engel; der soll die Richtung vorbereiten. Höret das Rufen» – «Seele» steht nicht da, das wußte aber ein jeder – «in der Seelen-Einsamkeit» – jenes Rufen, das verlangt nach dem Herrn der Seele –: «Bereitet die Richtung des Seelen-Herrschers; arbeitet, daß offen ist ihm der Weg» – oder die Bahn.

In diesem Wortgefüge haben Sie ungefähr, was eine Vorstellung von dem gibt, was man fühlen kann in den Worten des Jesajas. Diese Worte und was in diesem Wortgefüge liegt, das hatte wiederaufgenommen der Engel, der Angelos in der Seele Johannes' des Täufers. Warum konnte er das? – Da müssen wir ein wenig eingehen auf die Art und Weise, wie Johannes der Täufer selber eingeweiht war, wie die Initiation in der Seele Johannes' des Täufers wirkte.

Aus früheren Darstellungen wissen Sie, daß der Mensch entweder eingeweiht werden kann durch Hinuntersteigen in das Innere der eigenen Seele, oder daß er erweckt werden kann für ein Heraustreten der Seele, für ein Freiwerden vom Leib und für ein Ergießen der Seelenkräfte in den Makrokosmos. Diese zwei Wege sind bei den verschiedenen Völkern in der verschiedensten Weise eingehalten worden. Wenn der Mensch seine Seele ergießen wollte in den Makrokosmos, so waren die dabei durchzumachenden zwölf Stufen sozusagen markiert durch die zwölf Zeichen des Tierkreises, indem seine Seelenkraft ausfloß nach bestimmten Stellen, nach bestimmten Richtungen des Makrokosmos. Nun war im allgemeinen schon außerordentlich viel erreicht, namentlich zu einem bestimmten Zweck der weltgeschichtlichen Entwickelung war etwas Bedeutsames erreicht, wenn irgendeine Seele so weit entwickelt war, daß sie alle die Kräfte des Makrokosmos in sich empfangen konnte, die von solchen Weltgeheimnissen herrührten, welche im Sinne eines einzigen Sternbildes waren. Das war nämlich überhaupt bei den alten Einweihungsriten so, daß der eine zum Beispiel eingeweiht wurde in die Geheimnisse des Makrokosmos, so daß sein Seelen-Ausfließen in das Makrokosmische sich hinbewegte in der Richtung des Steinbocks, bei andern in der Richtung des Krebses, der Waage, der Jungfrau und so weiter. Ich habe wiederholt betont, daß es zwölf verschiedene Möglichkeiten gibt, in das Makrokosmische auszufließen, die symbolisch angedeutet werden mit den zwölf Zeichen des Tierkreises. Sollte nun jemand die Initiation erreichen durch Ausfließen der Seele in den Makrokosmos, und sollte er nicht gleich die höchste, die Sonnen-Initiation erreichen, sondern gewissermaßen eine Partial-, eine Teil-Initiation, so wurde sein Seelenblick, sein Seelenlicht hingelenkt auf die Geheimnisse, die zu finden waren im Zusammenhange mit einem gewissen Sternbilde. Dazu mußte aber sein Blick unabhängig werden von dem Materiellen, das heißt, es wurde dafür gesorgt – entweder bei den Mysterienriten oder, wie beim Täufer Johannes, durch eine Gnade von oben –, daß des Betreffenden Blick hingeleitet wurde auf ein Sternbild – so aber, daß er zwischen sich und dem betreffenden Sternbild die Erde hatte. Das heißt, in der Nacht mußte sein Blick gelenkt werden durch die Erde hindurch nach dem Sternbild hin. Wenn man ein Sternbild sieht mit den physischen Augen, so sieht man das physische Sternbild. Wenn man aber hindurchsehen kann durch das Materielle der Erde, wobei also das physische Sternbild bedeckt ist mit dem Materiellen der Erde, so sieht man nicht das Physische, sondern das Geistige, das heißt die Geheimnisse, welche das Sternbild ausdrückt.

Johannes' des Täufers Blick wurde so geschult, daß er in der Nacht schauen konnte durch die materielle Erde hindurch auf das Sternbild des Wassermanns. Er hatte also jene Initiation gehabt, als der Angelos von seiner Seele Besitz nahm, die man die Wassermann-Initiation nennt. So konnte der Täufer Johannes – mit allem, was er selber wußte, was er selber fühlte – dem Angelos alle Fähigkeiten zur Verfügung stellen, damit durch den Angelos ausgesprochen werden konnte alles, was die Wassermann-Initiation war, und was es gab als Hinweis darauf, daß die Herrschaft des Ich, des *κύριος*, des Herrn in der Seele kommen werde. Das gab die Wassermann-Initiation.

Gleichzeitig aber wies der Täufer Johannes darauf hin, daß auch die Zeit gekommen war, wo diese Wassermann-Initiation sozusagen an einem Übergang steht, wo sie durch eine andere ersetzt werden muß, damit man völlig verstehe die herannahende Herrschaft des Ich. Deshalb sagte er zu seinen intimen Schülern: Ich bin der, der imstande ist, seinem Engel alle die Kräfte zur Verfügung zu stellen, die aus der Wassermann-Initiation kommen. Nach mir aber muß Einer kommen, der die nachherigen Kräfte seinem Engel zur Verfügung stellen kann.

Wenn Sie das Fortschreiten der Sonnenrichtung bei Tag nehmen vom Sternbild des Widders durch den Stier, die Zwillinge und so weiter bis zur Jungfrau hin, so müssen Sie das Vorschreiten in der Nacht von der Richtung der Waage, des Wassermannes zum Sternbild der Fische hin nehmen; das ist die Richtung zur geistigen Sonne. Johannes hatte die Wassermann-Initiation empfangen, und er wies darauf hin, daß der, welcher da kommen wird, die Initiation der Fische haben werde, das heißt diejenige Initiation also, die folgen muß auf die Johannes-Initiation, und die als eine höhere angesehen wurde. Deshalb sagte Johannes der Täufer zu seinen intimen Schülern: Ich kann meinem Engel durch die Wassermann-Initiation nur die Kräfte zur Verfügung stellen, daß er verkünden kann, daß der Herr, der *κύριος*, kommt; es wird aber einer kommen, der die Kräfte hat, welche durch die Initiation mit dem Sternbild der Fische symbolisiert sind. Und der wird aufnehmen den Christus!

Damit wies Johannes der Täufer hin auf den Jesus von Nazareth. Und darum haben die alten Traditionen dem Christus Jesus das Symbol der Fische gegeben. Und weil alles, was äußerlich geschieht, Symbol für innere Vorgänge ist, obwohl es auch äußerlich geschieht, darum werden als Gehilfen dem Fisch-Initiierten Fischer zugeteilt. Das alles sind zugleich äußerliche, historische Ereignisse und zugleich für die geistigen Geheimnisse tief symbolische Handlungen.

Und eine höhere Weihe wird über die Menschheit kommen! sagte Johannes. Er konnte nur die Weihe geben, die aus dem Wassermann, dem Wassermenschen, kommt. Und Johannes bezeichnete sich als Wassermensch. Das ist ganz klar. Nur werden wir immer mehr und mehr sehen müssen, wie mit den Bildern, die für die menschlichen Geheimnisse gebraucht werden, ebenso astronomische, kosmische Geheimnisse zusammenhängen. Ich habe euch mit Wasser getauft, sagte Johannes. Die Wassertaufe war allerdings das, was in der Gewalt derjenigen war, die vom Himmel herunter die Initiation des Wassermanns erhalten hatten. Indem aber die geistige Sonne in der entgegengesetzten Weise fortschreitet wie die physische – denn während die physische Sonne fortschreitet vom Sternbild der Jungfrau zum Sternbild der Waage, schreitet die geistige Sonne vor, im Sinne des Fortschreitens von Johannes dem Täufer zu Jesus von Nazareth, von dem Wassermann zu den Fischen –, indem jemand auftritt in der Welt mit der Initiation der Fische und imstande ist, diejenigen geistigen Kräfte, denjenigen geistigen Impuls aufzunehmen, für den Werkzeug sein muß diese Initiation der Fische; da ist es möglich, daß nicht nur getauft wird, wie Johannes taufte, sondern daß im höheren Sinne getauft wird, wie es von Johannes bezeichnet wird als die Taufe mit dem Heiligen Geist.

Ich habe Ihnen in dem heutigen Vortrag in einer gewissen Beziehung ein Zweifaches vorgeführt. Einmal, daß mit den Worten, die hier im Markus-Evangelium in Betracht kommen, Vorgänge der Menschheitsentwickelung gemeint sind, auch historische Vorgänge, indem wohl gesprochen wird von einer höheren Macht, die nicht einmal Mensch ist, sondern ein Angelos, die aber spricht durch den Leib des Johannes des Täufers. Auf der andern Seite habe ich gezeigt, daß mit den Darstellungen, die gegeben werden, Vorgänge am Himmel gemeint sind, nämlich das Vorrücken der geistigen Sonne vom Sternbilde des Wassermanns zum Sternbild der Fische. Das Markus-Evangelium enthält in der Tat in jeder Zeile etwas, was man nur dann lesen kann, wenn man bei dem Verfolgen der Worte immer im Auge hat zugleich einen menschlichen Sinn und einen kosmischen, astronomischen Sinn, und wenn wir uns klar sind, daß im Menschen etwas lebt, was in seiner wahren Bedeutung nur am Himmel zu finden ist.

Da muß man allerdings den Zusammenhang der makrokosmischen Geheimnisse mit den Geheimnissen der Menschennatur etwas genauer begreifen. Ich kann heute am Schluß nur andeuten, was dahinter steckt. Ich habe heute in dieser Richtung überhaupt nur Ahnungen geben wollen. Denn wir werden in Untiefen hineintauchen müssen beim Markus-Evangelium, über die Sie sehr lange zu denken haben werden, wenn Sie sie zu mehr als nur Ahnungen erheben wollen. Aber wie das Markus-Evangelium zu lesen ist, das möchte ich durch folgendes klarmachen.

Sie alle kennen den Regenbogen. Der Regenbogen steht zum Beispiel für das Kind als eine Realität am Firmament. Das Kind wird zunächst glauben, wenn man es ihm nicht erklärt hat, daß es den Regenbogen mit den Händen greifen kann, daß es ihn anfassen kann. Später lernt dann der Mensch, daß im Grunde genommen dieser Regenbogen gar nicht von sich abhängt, sondern nur entsteht, wenn eine gewisse Konstellation des Regens mit dem Sonnenschein vorhanden ist; und wenn Regen und Sonnenschein in andere Verhältnisse zueinander kommen, dann verschwindet er auch wieder. Er ist also keine Realität, er ist nur ein Scheinbild; die Wirklichkeit sind Regen und Sonnenschein in bezug auf den Regenbogen.

Wenn der Mensch auf dem Wege der okkulten Entwickelung ein wenig vorwärts rückt, dann gibt es etwas, was er ganz von selbst vergleicht mit dem Regenbogen, indem er sagt: Es ist eigentlich im Grunde genommen gar nichts Wahres, sondern nur ein Schein, der zusammengehalten wird durch äußere Dinge. – Wissen Sie, was dieser Schein ist? Der Mensch selber! Der Mensch ist nur ein Scheinbild. Und nimmt man ihn mit den physischen Sinnen als Realität, so gibt man sich einer Illusion hin; dann gibt man sich der Maya hin, dem großen Nichtsein. Denn Maya, zusammengesetzt aus mahat aya – mahat = groß, ya = Sein, a = nicht, Verneinung, also aya = das Nichtsein – ; mahat aya heißt «das große Nichtsein».

Auf dem Wege der okkulten Entwickelung kommt der Mensch dazu, daß er sich mit etwas vergleicht wie dem Regenbogen. Der Mensch ist nur ein Scheingebilde. Und Scheingebilde ist alles, was an die physischen Sinne herantritt. Auch die Sonne als physischer Weltenkörper ist ein Scheinbild. Was die physische Wissenschaft als Gasball im Weltenraume beschreibt, das ist für die praktischen Zwekke ganz gut. Aber wer es als Wirklichkeit nimmt, der gibt sich der Maya, der Täuschung, dem großen Nichtsein hin. Was wahr ist, das ist, daß dort ein Sammelplatz für geistige Hierarchien ist, deren Taten sich ausdrücken in der Wärme und dem Licht, und die uns in Wärme und Licht zufließen von der Sonne. Was wir als Wärme und Licht wahrnehmen, das ist Schein. Aber so ist alles Schein. Da glaubt der Mensch, er habe ein Herz in der Brust. Aber das Herz ist ein Scheingebilde, nicht mehr. Das ist so ähnlich, wie wenn wir im Herbstnebel abends auf die Straßen gehen und sehen gewisse Ringe um die Laternen herum; aber diese Ringe sind auch nichts Wirkliches, sondern bewirkt durch ganz bestimmte Kräfte. So ist auch das menschliche Herz bewirkt durch ganz gewisse Kräfte. Das können Sie sich etwa in folgender Weise vorstellen. Nehmen Sie an, der Kreis stelle dar das Himmelsgewölbe; dann strömen von der einen Seite in uns herein eine Art von Kräften, und von der andern Seite kommen andere Kräfte herein: diese Kräfte schneiden sich. In Wahrheit ist im Menschen da nichts vorhanden, wo er sein Herz glaubt, als Kräfte, die vom Himmel hereinströmen und sich schneiden. Denken Sie sich alles übrige hinaus, und nur Kräfte, die so zusammenkommen, wie es beim Regenbogen ist: und das Resultat ist das menschliche Herz. So ist es mit den übrigen Organen auch: es sind Schnittkräfte, die entstehen durch das Sichschneiden der betreffenden Weltenkräfte.

Wenn Sie von einer Stelle bis zu einer andern gehen, und Sie sagen: In mir sind die Impulse, daß ich von hier bis dorthin gehe –, dann sagen Sie etwas, was in dieser Weise der Maya angehört. Warum? Weil vom Makrokosmos Kräfte kommen, die sich hier unten schneiden und durch den Schnitt hervorrufen ein Scheingebilde in bezug auf die Richtung und die Kräfte des Gehens. Was hier unten aufeinandergefolgt ist, das ist nur ein Schnitt der kosmischen Kräfte. Und wenn wir das Wahre wissen wollen, so müssen wir fragen: Was geschieht im Makrokosmos? Was bewirken die kosmischen Kräfte, die oberen und die unteren? – Sie bewirken das in uns, was so aussieht, als ob wir ein Herz haben, eine Leber und so weiter, oder das, was so ausschaut, daß wir sagen: Ich gehe von dort nach dort. Wollen wir es in Wahrheit beschreiben, so müssen wir die kosmischen Kräfte beschreiben.

Wollen wir beschreiben, was Johannes der Täufer tat, indem er die Leute taufte, so müssen wir beschreiben, was der Makrokosmos ihm befahl, das heißt die Kräfte, die symbolisiert sind durch die Kräfte des Wassermannes. Die wurden einmal beschlossen in der großen Weltenloge und hineingesandt in die Kräfte des Johannes. So müssen wir in der Weltensprache lesen, was an einem bestimmten Ort geschah. So las der Schreiber des Markus-Evangeliums für das, was in Palästina geschah, die betreffenden Vorgänge am Himmel. Er beschreibt astronomische Vorgänge und sagt: Faßt die Dinge so auf: wenn hier eine Wand ist, worauf ein Schattenspiel sichtbar ist, so müßt ihr, wenn ihr den wahren Grund dafür kennenlernen wollt, hinschauen auf das, was eigentlich gespiegelt wird in den Schatten. Ich beschreibe, was am Jordan geschehen ist, was jedoch nur das Werkzeug für etwas anderes war; denn in Wahrheit beschreibe ich, was durch die astronomischen Kräfte aus dem Makrokosmos hereinwirkt auf die Erde!

Kosmische Kräfte beschreibt der Schreiber des Markus-Evangeliums. Überall sind es Himmelserscheinungen. Und was er beschreibt, das ist der Ausdruck, die Projektion, das Schattenbild, welches die ganzen Vorgänge im Makrokosmos herunterwerfen auf das kleine Erdengebiet Palästina. Das müssen wir uns klarmachen, wenn wir nur ein wenig eindringen wollen in die ganze Größe und Bedeutung dieser Urkunde des Markus-Evangeliums. Aber wir mußten uns zuerst eine Ahnung verschaffen von dem, was da eigentlich vorliegt. Wir mußten einmal verstehen, daß im Beginn des Markus-Evangeliums gesagt wird: Der Prophet Jesajas hat vorhergesagt, daß der Herr der Seelenkräfte für den Menschen kommen wird, und daß der Bote leben wird in Johannes dem Täufer, der die Menschen vorbereiten wird auf das Herannahen dieses Herrschers der Seelenkräfte. – Dieser Bote mußte Platz nehmen in einem Leib, der einer Menschenseele angehörte, die mit den Kräften des Wassermanns initiiert war. So konnte er in die Wege leiten, was zu tun war auf der Erde durch eine Persönlichkeit wie Jesus von Nazareth, die sich dazu vorbereitet hatte, daß sie die Fische-Initiation empfangen und dadurch den Christus aufnehmen konnte.

Was auf der Erde geschieht, sind die Spiegelungen kosmischer Vorgänge, die sich zu den kosmischen Verhältnissen verhalten wie der Regenbogen zu Regen und Sonnenschein, so daß wir Regen und Sonnenschein studieren müssen, wenn wir den Regenbogen beschreiben wollen. Und wenn wir wissen wollen, was in dem Herzen Johannes' des Täufers, oder des Jesus von Nazareth war, der die Wohnstätte des Christus wurde, so müssen wir kosmische Vorgänge studieren. Denn die ganze Welt sprach sich für die Menschen aus in dem Ereignis der Vorgänge in Palästina und auf Golgatha. Und wer das Markus-Evangelium anders liest, als daß es ihm nur die Buchstaben gibt für große Weltenvorgänge, der steht auf keinem andern Standpunkt als der, welcher sagt: hier ist eine Gruppe solcher Striche, dort ist eine Gruppe anderer Striche – der aber nicht darauf hinweist, worauf das Wort Herr hinweist, der nur auf die schwarzen Striche hinweist. In dieser Weise wird allerdings einfach in unserer Zeit das Markus-Evangelium beschrieben. Denn was im Markus-Evangelium erzählt wird, das ist nur das Alleräußerste der Buchstaben. Man muß aufrücken, um das zu verstehen, worauf die Vorgänge in Palästina hinweisen sollten wie in einem Schattenspiel.

Versuchen Sie dahinter zu kommen, was es heißt: Irdische Vorgänge sind ein Schattenbild makrokosmischer Vorgänge –, und Sie werden den ersten Schritt getan haben, um eine der größten Urkunden der Welt, das Markus-Evangelium, nach und nach verstehen zu können.

FÜNFTER VORTRAG

Berlin, 19. Dezember 1910

Es ist das letzte Mal hier damit begonnen worden, einige Hinweise auf die Natur und den Charakter des Markus-Evangeliums zu geben. Daraus ging schon hervor, daß es sich bei der Betrachtung des Markus-Evangeliums fast noch mehr als in Anlehnung an die andern Evangelien darum handeln kann, etwas zu geben über die großen Gesetze sowohl der Menschheitsentwickelung wie auch der kosmischen Entwickelung im allgemeinen. Man muß wohl sagen: Anknüpfend an das, was aus den Tiefen der christlichen Mysterien in diesem Evangelium angedeutet ist, gibt es dazu Veranlassung, vielleicht am tiefsten einzudringen in manche Geheimnisse und Gesetze des kosmischen und des Menschheitswerdens.

Nun dachte ich allerdings ursprünglich, daß es möglich sein würde, im Verlaufe dieses Winters schon hier bedeutsame und intime Hinweise zu geben auf Dinge, die wir innerhalb unserer geisteswissenschaftlichen Entwickelung bisher nicht gehört haben, oder vielleicht besser gesagt, auf Dinge, die auf geistigen Ebenen liegen, die wir bisher noch nicht berührt haben. Es wird aber dennoch notwendig sein, daß von diesem ursprünglichen Plan für diesen Winter abgesehen werde, aus dem einfachen Grunde, weil gerade dieser Berliner Zweig in den letzten Wochen in einer so überraschenden Weise gewachsen ist, daß es nicht möglich sein würde, alles, was ursprünglich hat gesagt werden sollen, jetzt in dieser Zeit zum Verständnis zu bringen. Es ist schon notwendig, daß man nicht nur zum Beispiel in bezug auf Mathematik oder irgendeine andere Wissenschaft eine Vorbildung für eine bestimmte Stufe voraussetzt, sondern das muß in einem noch höheren Grade der Fall sein, wenn zu gewissen Höhen der geisteswissenschaftlichen Betrachtung emporgeschritten wird. Daher wird später einmal darüber nachgedacht werden, wie die Partien des Markus-Evangeliums, die in einem so weiten Kreise noch nicht zu besprechen sind, zu Gehör gebracht werden können.

Vor allen Dingen ist es aber notwendig, wenn wir eine solche Schrift wie das Markus-Evangelium verstehen wollen, daß wir uns einmal genau vor Augen führen, durch welche wichtigen Faktoren die Entwickelung der Menschheit vor sich gegangen ist. Das wird ja, ich möchte sagen, als eine abstrakte, sehr allgemeine Wahrheit immer betont: daß es zu allen Zeiten gewisse Führer der Menschheit gegeben hat, die, weil sie in einer gewissen Beziehung standen zu den Mysterien, zu den geistigen, übersinnlichen Welten, dadurch in der Lage waren, Impulse in die Menschheitsentwickelung hineinzuversetzen, welche zum Fortschritt und zur Fortbewegung dieser Menschheitsentwickelung beitragen konnten. Nun gibt es zwei hauptsächlichste, wesentlichste Arten, wie der Mensch in Beziehung kommen kann zu den übersinnlichen, geistigen Welten. Die eine Art ist diejenige, welche wir insbesondere deutlich studieren können, wenn wir mit ein paar Zügen – wie es in der nächsten Zeit sogar öffentlich, exoterisch im öffentlichen Vortrag geschehen soll – auf das Bild des großen Menschheitsführers Zarathustra hinweisen; und die andere Art, wie solche Menschheitsführer mit den geistigen Welten in Beziehung treten können, kann uns vor das Seelenauge treten, wenn wir uns die Eigenart des großen Buddha vor die Seele rufen. Allerdings sind diese beiden Menschheitsführer, Buddha und Zarathustra, in bezug auf die ganze Art und Weise ihres Wirkens sehr voneinander verschieden. Wir müssen uns darüber klar sein, daß sich in dem, was Buddha und der Buddhismus jene Versenkung nennen, die eintrat unter dem Bodhibaum – was also ein symbolischer Ausdruck für eine gewisse mystische Vertiefung des Buddha ist –, ein Weg bietet, den das Menschen-Ich unternimmt in die eigene Wesenheit, in die eigene tiefere Natur hinein. Dieser Weg, den in einer so außerordentlichen Weise Buddha eingeschlagen hat, ist ein Hinunterstieg des menschlichen Ich in die Tiefen, in die Abgründe der eigenen menschlichen Wesenheit.

Sie werden eine genauere Vorstellung davon bekommen, was damit gemeint ist, wenn Sie sich klarmachen, daß wir die Entwickelung des Menschen verfolgt haben durch vier Stadien hindurch, von denen drei bereits abgeschlossen sind; innerhalb des vierten stehen wir jetzt. Wir haben die Menschheitsentwickelung verfolgt durch die Saturn-,

Sonnen- und Mondentwickelung hindurch und stehen jetzt innerhalb der Erdenentwickelung. Wir wissen, daß diese drei Stadien der Menschheitsentwickelung der Ausbildung des physischen Leibes, des Ätherleibes und des Astralleibes des Menschen entsprechen und daß wir jetzt innerhalb der Erdenentwickelung stehen, die da bedeutet die Ausbildung des menschlichen Ich, soweit eben dieses Ich als ein Glied der menschlichen Wesenheit ausgebildet werden soll. Von den verschiedensten Gesichtspunkten aus haben wir diesen Menschen als ein Ich charakterisiert, das von drei Hüllen umschlossen ist: von der astralischen Hülle, entsprechend der Mondentwickelung, von der ätherischen Hülle, entsprechend der Sonnenentwickelung, und von der physischen Hülle, entsprechend der Saturnentwickelung. Etwas schematisch können wir uns diesen Menschen in folgender Weise zeichnen:

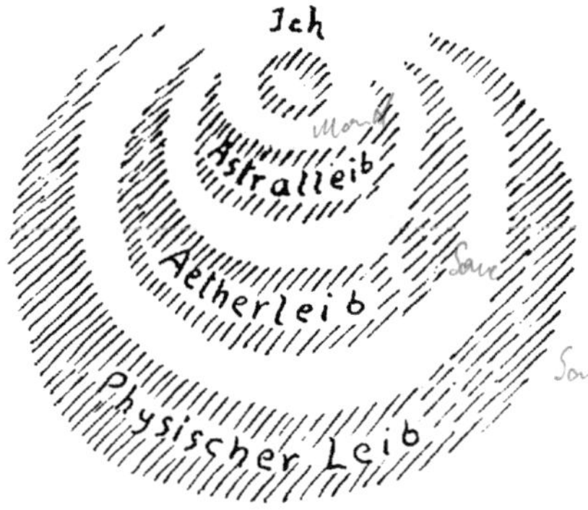

Wie der Mensch nun heute in seiner normalen Entwickelung dasteht und sein Bewußtsein entwickelt hat, weiß er im Grunde genommen nichts, hat er kein Bewußtsein von seinem Astralleib, von seinem Ätherleib und von seinem physischen Leib. Sie werden natürlich jetzt sagen, von seinem physischen Leibe hätte der Mensch doch ein Bewußtsein. Das ist nämlich nicht der Fall. Denn was man gewöhnlich als den physischen Leib des Menschen ansieht, ist nur eine Maya, eine Illusion. Was da dem Menschen entgegentritt, und was er für den physischen Leib hält, ist im Grunde genommen schon das Ineinanderwirken der vier Glieder der menschlichen Wesenheit, physischer Leib, Ätherleib, Astralleib und Ich, und das Resultat, das ganze Ergebnis dieses Zusammenwirkens ist das, was sozusagen für die Augen sichtbar, für die Hände greifbar dem Menschen entgegentritt. Wenn Sie den physischen Leib wirklich sehen wollten, so müßten Sie – ähnlich wie man aus einer chemischen Zusammensetzung, die aus vier Stoffen besteht, drei beseitigt und einen zurückbehält – aus dem menschlichen Wesen beseitigen können Ich, Astralleib und Ätherleib; dann würden Sie zurückbehalten den physischen Leib. Das ist aber unter den heutigen Bedingungen des Erdendaseins nicht möglich. Sie werden vielleicht meinen, das geschieht ja jedesmal, wenn ein Mensch stirbt. Das ist aber nicht richtig. Denn was beim Tode eines Menschen zurückbleibt, ist nicht der physische Leib des Menschen, sondern das ist der Leichnam. Mit den Gesetzen, die dann im physischen Leibe tätig sind, wenn der Tod eingetreten ist, könnte der physische Leib nicht leben. Das sind nicht seine ureigenen Gesetze, sondern das sind Gesetze, die der äußeren Welt angehören. Wenn Sie also diese Gedanken verfolgen, werden Sie sich sagen müssen, daß das, was man gewöhnlich den physischen Leib des Menschen nennt, eine Maya ist, ein Truggebilde, und was wir in der Geisteswissenschaft bezeichnen als den physischen Leib, das ist jene Gesetzmäßigkeit, jener Gesetze-Organismus, der innerhalb unserer mineralischen Welt den physischen Leib des Menschen so schafft, wie das Kristallisationsgesetz des Quarzes oder das des Smaragdes den Quarz oder Smaragd schafft. Diese in der mineralisch-physischen Welt wirksame Menschenorganisation, das ist eigentlich der physische Leib des Menschen. Und nichts anderes ist auch in der Geisteswissenschaft gemeint überall da, wo von dem physischen Leib des Menschen gesprochen wird. Denn was der Mensch heute von der Welt kennt, das ist nichts anderes als das Ergebnis seiner sinnlichen Wahrnehmung, dessen, was die Sinne wahrnehmen. So aber, wie die menschlichen Sinne wahrnehmen, kann nur wahrgenommen werden in einem Organismus, in welchem ein Ich sitzt. Die heutige oberflächliche Betrachtungsweise setzt natürlich voraus, daß zum Beispiel auch ein Tier ebenso die äußere Welt wahrnimmt, wie der Mensch sie durch seine Sinne wahrnimmt. Das ist eine ganz konfuse Anschauung, und die Menschen würden sich sehr wundern, wenn sie, was ja auch einmal wird geschehen müssen, eingeführt würden in die Art und Weise, wie sich das Weltbild eines Pferdes, eines Hundes oder eines anderen Tieres ausnimmt. Die Umgebung des Hundes oder die Umgebung des Pferdes gleichsam hingezeichnet, hingemalt, würde sich ganz anders ausnehmen als das, was das Weltbild des Menschen ist. Denn damit die Sinne so die Welt wahrnehmen, wie der Mensch sie wahrnimmt, dazu gehört, daß das Ich sich ausgießt über die Welt und die Sinnesorgane, Augen, Ohren und so weiter, erfüllt. Also nur ein Organismus, in dem ein Ich wohnt, hat ein solches Weltbild, wie der Mensch es hat, und der äußere Organismus des Menschen steht da drinnen, gehört nur diesem Weltbilde an. Daher müssen Sie sagen: Was man gewohnt ist, den physischen Leib des Menschen zu nennen, ist nur ein Ergebnis unserer sinnlichen Betrachtung und nicht die Realität.

Wenn wir von dem physischen Menschen sprechen, von allem, was der Mensch als Physisches um sich herum hat, so ist es das Ich, das mit Hilfe der Sinne und des Verstandes, der an das Gehirn gebunden ist, die Welt anschaut. Daher kennt der Mensch nur das, worüber sein Ich ausgebreitet ist, was seinem Ich angehört. Sobald irgendwie das Ich nicht dabei sein kann bei etwas, was von dem Weltbilde gegeben ist, dann hört überhaupt das Weltbild auf, eine Wahrnehmung zu sein, das heißt, der Mensch schläft dann ein. Dann ist aber kein Weltbild um ihn herum; er wird dann bewußtlos. Wo Sie hinschauen, an jedem Punkt ist mit dem, was Sie wahrnehmen, Ihr Ich verbunden, das heißt, es ist über Ihre Wahrnehmung ausgegossen, so daß Sie eigentlich nur den Inhalt Ihres Ich kennen. Der Mensch kennt als normaler Mensch den Inhalt seines Ich, und was seine eigene Natur und Wesenheit ist, wo hinein er an jedem Morgen beim Aufwachen steigt, Astralleib, Ätherleib, physischer Leib, das kennt er als heutiger Mensch nicht, denn in dem Augenblicke, wo er als heutiger Mensch aufwacht, sieht er nicht seinen Astralleib. Der heutige Mensch würde sogar entsetzt sein, wenn er seinen Astralleib wahrnehmen würde, das heißt die Summe aller Triebe, Begierden und Leidenschaften, die sich durch die wiederholten Erdenleben angehäuft haben. Der Mensch sieht auch nicht seinen Ätherleib. Das könnte er gar nicht ertragen. Wenn er eintaucht in seine eigene Natur, in physischen Leib, Ätherleib und Astralleib, ist er sogleich in bezug auf seine Wahrnehmung abgelenkt auf die Außenwelt. Da sieht er das, was ihm gute Götter ausbreiten über die Fläche seines Schauens, damit er gar nicht in die Lage kommt, weil er es nicht ertragen könnte, in sein eigenes Inneres hinunterzusteigen.

Wir sagen daher mit Recht, wenn wir in der Geisteswissenschaft von diesem Vorgange sprechen: In dem Augenblick, wo der Mensch des Morgens aufwacht, tritt er eigentlich ein in das Tor der eigenen Wesenheit. Aber an diesem Tore steht ein Wächter; dieser Wächter ist der kleine Hüter der Schwelle. Er läßt den Menschen nicht eintreten in die eigene Wesenheit, sondern lenkt ihn sogleich auf die äußere Welt ab. Jeden Morgen trifft der Mensch diesen kleinen Hüter der Schwelle. Wer bewußt beim Aufwachen eintritt in seine Hüllennatur, lernt diesen kleinen Hüter der Schwelle kennen. Und im Grunde genommen handelt es sich für das mystische Leben nur darum, ob dieser kleine Hüter der Schwelle uns als Menschen die Wohltat erweist, uns für unsere eigene innere Wesenheit zu betäuben, so daß wir nicht da hinuntersteigen können, und unser Ich auf unsere Umgebung hinzulenken, oder ob er uns durchläßt durch das Tor und uns in unsere eigene Wesenheit eintreten läßt.

So also ist das mystische Leben das Eintreten durch das eben bezeichnete Tor an dem kleinen Hüter der Schwelle vorbei in die eigene menschliche Wesenheit. Und was für den großen Buddha symbolisch bezeichnet wird als das Sitzen unter dem Bodhibaum, ist nichts anderes als das Hinuntersteigen in die eigene innere Wesenheit durch das Tor, das uns sonst diese eigene Wesenheit verschließt. Was Buddha erleben mußte, um hinunterzusteigen in diese eigene innere Wesenheit, das ist dargestellt innerhalb des Buddhismus. Diese Dinge sind nicht etwa bloße Legenden, sondern Wiedergaben von tiefen, innerlich erlebten Wahrheiten, von seelischen Wirklichkeiten.

Was Buddha erlebt hat beim Hinuntersteigen in die eigene Wesenheit, das wird im Buddhismus dargestellt als die sogenannte Versuchung des Buddha. Der Buddha beschreibt es ja im Sinne dieser Versuchungsgeschichte, wie selbst solche Wesenheiten, die er lieb hat, sich ihm nahen in dem Momente, wo er mystisch in das eigene Innere hineinsteigen will. Er beschreibt, daß sie sich ihm zu nähern scheinen, ihn auffordern, dies oder jenes zu tun, zum Beispiel falsche Übungen vorzunehmen, um in einer falschen Weise in die eigene innere Wesenheit einzutreten. Da wird uns sogar vorgeführt die Gestalt der Mutter des Buddha – in seinem geistigen Schauen sieht er sie –, die ihn auffordert, eine falsche Askese zu beginnen. Das ist natürlich nicht die wirkliche Mutter des Buddha. Aber darin besteht gerade die Versuchung, daß ihm für sein sich erst entwickelndes Schauen nicht die wirkliche Mutter, sondern eine Maske, eine Maya, eine Illusion entgegentritt. Er aber widersteht. Dann treten ihm eine Anzahl dämonischer Gestalten entgegen, die er schildert als Gier, wie sie entspricht dem Hunger- und Durstgefühl, oder als Leidenschaften, Triebe, Stolz, Hochmut, Eitelkeit, Geiz. Sie alle treten an ihn heran – wie? Nun, soweit sie noch in seiner eigenen Hüllennatur, in seiner astralischen Wesenheit sind, soweit er sie in seinen starken Momenten, in dem Sitzen unter dem Bodhibaum schon besiegt hat. Und in einer wunderbaren Weise wird uns in dieser Versuchung des Buddha dargestellt, wie alle die Gewalten und Mächte unseres Astralleibes, die da sind, weil wir uns durch die absteigende Entwickelung der Menschheit im Verlaufe der aufeinanderfolgenden Inkarnationen immer schlechter und schlechter gemacht haben, sich geltend machen. Trotzdem er schon so hoch gestiegen ist, kann er sie noch schauen und muß nun durch das letzte Steigen in die Höhe das Letzte besiegen, was als versuchende Dämonen für seinen Astralleib vorhanden ist.

Was wird dann eine menschliche Persönlichkeit finden, wenn sie durch die Region des Astralleibes, durch die Versuchung, hinuntersteigt in den physischen Leib und Ätherleib, das heißt, wenn sie jetzt wirklich kennenlernt diese beiden Glieder der menschlichen Wesenheit? Wenn wir das erkennen wollen, müssen wir auf eines aufmerksam machen, was der Mensch durch das Hinuntersteigen in die eigene Wesenheit erleben kann. Wir müssen darauf aufmerksam machen, daß der Mensch im Verlaufe seiner Verkörperungen innerhalb der Erdenentwickelung zwar in der Lage war, seinen Astralleib in starker Weise zu verderben, aber weniger in der Lage war, das wirklich zu verderben, was in ihm als Ätherleib und physischer Leib ist. Den Astralleib verdirbt man durch alles, was man nennen kann die Egoismen in der Menschennatur, Neid, Haß, Selbstsucht im allgemeinen, Hochmut, Stolz und so weiter. Durch alle diese Dinge verdirbt man den Astralleib, auch durch alle niederen Triebe und so weiter. Den Ätherleib verdirbt man im Grunde genommen als Mensch nur – denn viel mehr Macht hat man als heutiger normaler Mensch nicht – durch die Lüge, und höchstens unbewußt durch den Irrtum. Aber auch dann kann immer nur ein Teil des Ätherleibes verdorben werden. Ein gewisser Teil des Ätherleibes ist so stark, daß der Mensch, wenn er sich auch noch so sehr bemühen würde, etwas daran zu verderben, es nicht könnte, denn der Ätherleib würde widerstehen. So weit kann der Mensch nicht hinuntersteigen in seine eigene Natur mit seinen eigenen individuellen Kräften, daß er den Ätherleib oder physischen Leib verderben könnte. Nur im Verlaufe der Inkarnationen können die Fehler, die der Mensch direkt entzündet, weiter wirken auf den physischen Leib und Ätherleib; und sie erscheinen dann als Krankheiten, als Schädigungen und als Krankheitsdispositionen, auch im physischen Leibe. Aber der Mensch kann nicht direkt, nicht unmittelbar von seiner Individualität aus auf seinen physischen Leib wirken. Wenn er sich in den Finger schneidet, so ist das nicht von der Seele aus auf den physischen Leib gewirkt; wenn der physische Leib infiziert wird, auch nicht. Im Verlaufe seiner Inkarnationen ist der Mensch nur fähig geworden, auf den Astralleib und auf einen Teil des Ätherleibes zu wirken; aber auf den physischen Leib kann er nur mittelbar, niemals direkt einwirken.

Daher können wir sagen: Wenn wir hinunterkommen in die Region des Ätherleibes, auf die wir noch einen direkten Einfluß haben, so zeigt sich in dieser Region alles dasjenige, was schon dem Menschen der aufeinanderfolgenden Erdenleben, der Inkarnationen angehört; so daß in dem Augenblick, wo der Mensch eintaucht in seine eigene Wesenheit, er auch eintaucht in die vorherigen, weiter zurückliegenden Inkarnationen. Der Mensch findet also den Weg zu den früheren Verkörperungen durch Untertauchen in die eigene Wesenheit. Und wenn nun dieses Untertauchen ein so intensives, so gewaltiges und umfassendes ist, wie es bei dem großen Buddha der Fall war, so geht auch dieses Einblicken in die Inkarnationen immer weiter und weiter.

Nun ist der Mensch ursprünglich überhaupt eine geistige Wesenheit, und alles, was seine Hüllen sind, hat sich später um seine geistige Wesenheit herum gegliedert. Der Mensch ist aus dem Geiste entsprungen, und alles Äußere ist wie eine Verdichtung aus dem Geiste heraus. Daher kommt der Mensch durch dieses Untertauchen in seine eigene Wesenheit in den Geist der Welt hinein. Dieses Hinuntersteigen in sich, dieses Durchbrechen der Hülle des physischen Leibes ist ein Weg in das geistige Gefüge der Welt, um zu sehen, wie sich immer wieder und wieder im Verlaufe der Inkarnationen dieser physische Leib auferbaut hat. Und wenn der Mensch weit genug zurückgeht, bis in die Zeiten, wo der Mensch im alten primitiven Hellsehen ein Glied der geistigen Welt war, dann schaut er eben in die geistige Welt hinein.

In dem, was von Buddha überliefert ist – und das ist wieder keine bloße Legende –, haben Sie die Stufen, die Buddha erreichte beim Durchgehen durch die eigene Wesenheit, wovon er selber sagt: Als ich soweit war, daß ich die Erleuchtung hatte – das heißt, wo er sich fühlen konnte als ein Glied der geistigen Welt –, da war ich so weit, daß ich die geistige Welt wie eine sich ausbreitende Wolke liegen sah, aber ich konnte noch nichts darinnen unterscheiden, denn ich fühlte mich noch nicht vollkommen. Dann kam ich einen Schritt weiter. Da sah ich nicht mehr bloß die geistige Welt wie eine sich ausbreitende Wolke liegen, sondern ich konnte auch einzelne Gebilde unterscheiden, aber ich konnte noch nicht sehen, was sie waren, denn ich war noch nicht vollkommen. Wieder stieg ich einen Schritt höher und fand nun nicht bloß sich unterscheidende Wesenheiten, sondern ich konnte wissen, was es für Wesenheiten waren.

Und das geht nun so weit, bis er selbst sein Urbild sah, das heruntergestiegen ist von Inkarnation zu Inkarnation, und es im richtigen Verhältnis zur geistigen Welt sehen konnte. Das ist der eine Weg, der mystische Weg, das Durchgehen durch die eigene Wesenheit bis zu dem Punkte, wo jene Grenze durchbrochen wird, jenseits welcher dann die geistige Welt erreicht werden kann. Auf diesem Wege erlangt der eine Teil der Menschheitsführer dasjenige, was solche Individualitäten haben müssen, damit sie Impulse geben können für die Fortentwickelung der Menschheit.

Auf ganz anderem Wege erlangen solche Persönlichkeiten wie zum Beispiel der ursprüngliche Zarathustra die Möglichkeit, Menschheitsführer zu werden. Wenn Sie noch einmal auf das zurückblicken, was ich von Buddha gesagt habe, so werden Sie sich klar sein, daß er in seinen früheren Inkarnationen, wo er bis zum Bodhisattva gekommen war, schon von Stufe zu Stufe hinaufgestiegen sein mußte. Durch die Erleuchtung – das Sitzen unter dem Bodhibaum –, die so dargestellt werden muß, wie ich sie jetzt dargestellt habe, kommt eine Persönlichkeit, welche durch die in ihrer Individualität liegenden Verdienste nach und nach hoch hinaufgestiegen ist, zum Hineinschauen in die geistigen Welten. Wenn die Menschheit immer nur auf solche Führer angewiesen gewesen wäre, so wäre es nicht möglich gewesen, die Menschheit so vorwärtszubringen, wie sie vorwärtsgekommen ist. Es gab eben noch andere Führer. Von dieser anderen Art war Zarathustra. Ich spreche jetzt nicht von der Individualität des Zarathustra, sondern von der Persönlichkeit des ursprünglichen Zarathustra, dem Verkünder des Ahura Mazdao. Wenn wir eine solche Persönlichkeit an dem Platze, wo sie uns in der Welt entgegentritt, studieren, so ist zunächst in ihr keine Individualität, welche durch eigene Verdienste besonders hoch gestiegen wäre, sondern eine solche Persönlichkeit wird ausersehen, Träger zu sein, Hülle zu sein für eine geistige Wesenheit, für eine geistige Individualität, die sich nicht selber in der Welt fleischlich inkarnieren kann, die nur in eine menschliche Hülle hineinleuchten und innerhalb derselben wirken kann.

Ich habe in meinem Rosenkreuzermysterium «Die Pforte der Einweihung» darauf aufmerksam gemacht, wie eine menschliche Wesenheit durchgeistet wird in einem bestimmten Zeitpunkt, wenn es notwendig ist für die Weltentwickelung, von einer höheren Wesenheit. Das ist nicht bloß als ein poetisches Bild gemeint, sondern als poetische Repräsentation einer okkulten Wirklichkeit.

Die Persönlichkeit des ursprünglichen Zarathustra war also keine solche, die durch sich selbst so hoch gestiegen wäre wie Buddha, sondern sie war dazu ausersehen, daß eine höhere Individualität in ihr gleichsam Platz nähme, sie durchgeistigte, sie durchweste. Solche Persönlichkeiten waren hauptsächlich bei allen denjenigen Kulturen in den alten Zeiten, das heißt bei allen vorchristlichen Kulturen, zu finden, die sich entwickelt hatten durch Europa, durch das nordwestliche und mittelwestliche Asien hindurch, nicht aber bei jenen Kulturen der vorchristlichen Zeiten, die sich durch Afrika, Arabien, auch durch die vorderasiatischen Länder hindurch nach Asien hineinerstreckten. Während in den letztgenannten Ländern jene Art der Einweihung vorherrschend war, die ich eben beschrieben habe in der höchsten Entfaltung bei dem großen Buddha, war die andere Art der Einweihung, die ich jetzt bei Zarathustra an einem besonderen Beispiel darstellen will, besonders bei den nördlichen Völkern heimisch. Auch in unsern Gegenden war noch vor drei bis vier Jahrtausenden nur die Möglichkeit vorhanden, eine solche Initiation zu geben, wie ich sie jetzt schildern will.

Etwa in folgender Weise war die Zarathustra-Persönlichkeit dazu ausersehen, Träger zu sein einer höheren Wesenheit, die sich nicht selbst inkarnieren sollte. Es war gleichsam bestimmt von den geistigen Welten: In dieses Kind soll hineinversenkt werden eine göttlichgeistige Wesenheit, die in diesem Menschen wirken kann, sich seines Gehirns, seiner Werkzeuge und seines Willens bedienen kann, wenn dieses Kind herangewachsen ist. Dazu muß allerdings von vornherein etwas ganz anderes mit dem Menschen geschehen, als sonst in der menschlichen individuellen Entwickelung geschieht. Nun spielen sich ja allerdings die Vorgänge, welche jetzt ein wenig beschrieben werden sollen, nicht so sehr physisch-sinnlich ab, als vielmehr in dem ganzen Leben eines solchen heranwachsenden Menschen, obwohl natürlich ein anderer, der mit groben Sinnen ein solches Kind verfolgen würde, es nicht beobachten könnte. Wer es aber beobachten kann, der sieht, daß da von vornherein zwischen den Seelenkräften eines solchen Kindes und der äußeren Welt Konflikte spielen, daß dieses Kind ein Wollen, eine Impulsivität hat, die gleichsam im Widerspruch steht mit dem, was sich ringsherum abspielt. Das ist ja der göttlichen, der geisterfüllten Persönlichkeiten Schicksal, daß sie als Fremdlinge heranwachsen, daß ihre Umgebung keinen Sinn und keine Empfindung hat, um sie recht zu verstehen. Gewöhnlich sind nur ganz wenige, vielleicht ist sogar nur eine Persönlichkeit vorhanden, die eine Ahnung davon haben kann, was mit einem solchen Menschen heranwächst. Leicht dagegen entwickeln sich Konflikte mit der Umwelt, und es tritt dann nicht erst in späteren Jahren das auf, was ich Ihnen jetzt mit der Versuchungsgeschichte des Buddha geschildert habe, was entsteht, wenn der Mensch in die eigene Wesenheit hinuntersteigt.

Wie der Mensch im normalen Leben ist, wird ihm in seine Hüllennatur, die ihm von Eltern und Volk gegeben wird, seine Individualität hineingeboren. Diese Individualität stimmt nicht immer ganz zu den äußeren Hüllen, und deshalb fühlen sich die Menschen immer mehr oder weniger unbefriedigt mit der Art und Weise, wie sie das Schicksal bedacht hat. Aber ein so herber, ein so gewaltiger Konflikt, wie er zum Beispiel bei Zarathustra vorhanden war, ist nicht möglich, wenn ein Mensch mit seiner Individualität so heranwächst, wie es dem gewöhnlichen Menschenleben entspricht. Betrachtet man nun hellseherisch ein solches Kind, wie es Zarathustra war, so stellt sich heraus, daß es in sich Empfindungen, Fähigkeiten, Gedanken- und Willenskräfte hat, die sich ganz und gar anders ausnehmen als das, was sich ringsherum in der Menschheit an Empfindungen, Willensimpulsen, Vorstellungen und so weiter entwickelt. Vor allen Dingen stellt sich heraus – und zwar stellt es sich immer heraus, es wird nur nicht beachtet, weil man heute nicht psychische, geistige Tatsachen betrachtet –, daß die Umgebung von der wahren Natur eines solchen Kindes nichts weiß, dagegen ganz instinktiv Haß gegen einen solchen Menschen empfindet, nicht mag, was da heranwächst. Das ist der schärfste Konflikt, der dem hellsichtigen Auge entgegentritt: daß ein solches Kind, das eigentlich zu einem Heilande der Menschheit geboren ist, ringsherum Stürme von Haß entfesselt. Das muß sein. Denn dadurch, daß es so anders ist, kommen die großen Impulse in die Menschheit hinein. Solche Dinge werden uns dann erzählt für entsprechende Persönlichkeiten, wie sie uns bei Zarathustra erzählt werden.

Da wird erzählt, daß Zarathustra eines kann, was sonst erst nach Wochen beim Menschen auftritt: daß er so sehen kann auf die Harmonie der Welt, daß er sein «Zarathustra-Lächeln» entwickelt. Dieses Lächeln des eben geborenen Zarathustra wird uns geschildert als das erste, was ihn uns zeigt als etwas ganz anderes als die übrigen Menschen rings um ihn herum. Das zweite ist, daß sich ein Feind, eine Art König Herodes in dem Gebiete fand, wo Zarathustra geboren war. Duransarun hieß er; und eigenhändig – nachdem er ausgekundschaftet hatte die Geburt des Zarathustra, die ihm von den Magiern, den Chaldäern, verraten worden war – versuchte er, das Kind zu ermorden. Nun erzählt die Legende: In dem Augenblick, da er das Schwert erhob und das Kind töten wollte, erlahmte ihm die Hand, und er mußte davon ablassen. – Das alles sind nur Bilder, die das geistige Bewußtsein hätte sehen können, Bilder von geistigen Realitäten. – Weiter wird erzählt, wie dieser Feind des Zarathustra-Kindes, weil er es nicht auf diese Weise töten konnte, es hinaustragen ließ durch einen Diener zu den wilden Tieren in die Wüste, damit diese es umbrächten. Aber als man es dann sucht, hat kein wildes Tier es angerührt, sondern man findet das Kind ruhig schlafend. Als auch dieser Versuch mißglückt ist, läßt der Feind das Zarathustra-Kind so aussetzen, daß eine ganze Herde von Kühen und Ochsen darüberlaufen muß, die es zertrampeln sollen. Aber das erste Tier, so erzählt die Legende, nahm das Kind zwischen die Beine, trug es fort, so daß die ganze übrige Herde vorüberlaufen mußte, und setzte es dann nieder. So geschah ihm nichts. Dasselbe wiederholte sich mit einer Herde von Pferden. Und als letztes versuchte der Feind, daß man einer Schar von wilden Tieren, nachdem man ihnen alle Jungen weggerissen hatte, statt deren das Zarathustra-Kind hinlegte. Aber es stellte sich heraus, als man von seiten der Eltern nachschaute, daß auch diese Tiere dem Kinde nichts getan hatten, sondern daß sogar, wie es in der Legende heißt, das Zarathustra-Kind von den «himmlischen Kühen» durch lange Zeiten genährt worden ist.

Wir brauchen zunächst in einer solchen Summe von Angaben nichts anderes zu sehen, als daß durch die Anwesenheit des geistigen Wesens, der geistigen Individualität, die in eine solche Seele hineinfährt, ganz besondere Kräfte wachgerufen werden, um ein solches Kind mit seiner Umgebung in eine Disharmonie zu bringen, die notwendig ist, damit der Menschheitsentwickelung Impulse nach aufwärts gegeben werden können. Denn immer sind Disharmonien notwendig, wenn wirklich zur Vollkommenheit geschritten werden soll. Dann aber soll darauf hingewiesen werden, wie diese Kräfte nun auch so sind, daß sie trotzdem einer solchen Wesenheit, einem solchen Kinde nützen, um es hinaufzuführen zu den Zusammenhängen mit der geistigen Welt, in die es kommen soll. Wodurch erlebt aber das Kind selber alle diese Konflikte?

Stellen Sie sich vor, daß dieses Hineingehen der Seele in die eigene Wesenheit ein Moment des Aufwachens wäre. Wenn die Seele in sich erleben kann den physischen Leib und Ätherleib, dann macht sie die Entwickelung durch, die ich bei Buddha charakterisiert habe. Denken Sie sich nun das Einschlafen bewußt. So wie es heute ist, verliert der Mensch beim Einschlafen das Bewußtsein – es hört auf, und die Nichtsheit ist um den Menschen herum als Weltbild. Denken Sie aber, der Mensch behielte beim Einschlafen sein Bewußtsein. Dann würde er umgeben sein von einer geistigen Welt, in die sich der Mensch eben im Schlafe ergießt. Da sind aber wieder gewisse Hindernisse. Es steht auch abends, wenn wir einschlafen, vor einem Tore, das wir passieren müssen, ein Hüter der Schwelle. Das ist der große Hüter der Schwelle, der uns nicht hineinläßt in die geistige Welt, solange wir unreif sind; uns aus dem Grunde nicht hineinläßt, weil wir, wenn wir noch nicht unser Inneres stark und fest gemacht haben, gewissen Gefahren ausgesetzt sind, wenn wir unser Ich ergießen wollten über die geistige Welt, in die wir mit dem Einschlafen hineinkommen.

Diese Gefahren bestehen darin, daß wir, statt in dieser geistigen Welt das Objektive zu sehen, was da drinnen ist, nur das sehen würden, was wir selber mit unsern Phantastereien, mit unsern Gedanken, Empfindungen und Gefühlen hineintragen. Und wir tragen gerade dasjenige hinein, was das Schlechteste an uns ist, was nicht der Wahrheit entspricht. Daher wird ein unreifes Eintreten in diese geistige Welt bedeuten, daß der Mensch nicht eine Wirklichkeit sieht, sondern Phantasiegebilde, phantastische Gebilde, Gebilde, die man eigentlich in der Geisteswissenschaft technisch dadurch bezeichnet, daß sie kein menschliches Sehen sind. Wenn der Mensch das Objektive sehen würde in der geistigen Welt, so würde er um eine Stufe höher steigen, er würde Menschliches sehen. Es ist immer das Zeichen eines phantastischen Sehens, wenn der Mensch beim Aufsteigen in die geistige Welt Tiergestalten sieht. Denn diese Tiergestalten bedeuten seine eigenen Phantastereien, weil er zu wenig in sich selber gefestigt ist. Was in der Nacht unbewußt ist, muß eine Kraft in sich aufnehmen, damit die äußere geistige Welt objektiv wird. Sonst wird sie subjektiv, und wir tragen unsere eigenen Phantastereien in die geistige Welt hinein. Wir tragen sie ja sonst auch hinein, aber der Hüter der Schwelle behütet uns davor, sie zu sehen. Denn das ist ja ein rein innerlicher Vorgang, das Hinaufsteigen in die geistige Welt und dieses Umgebensein von Tiergestalten, die auf uns Attacken ausüben, weil sie uns in Irrtum treiben wollen. Wir brauchen uns nur mit immer größerer Stärke zu umgeben, dann können wir in die geistige Welt eintreten.

Wenn ein solches Kind wie das Zarathustra-Kind von einer höheren Wesenheit ausgefüllt ist, so ist natürlich das Körperchen unreif und muß erst reif gemacht werden. Da ist das, was die menschliche Organisation ist, die Verstandes- und Sinnesorganisation, gleichsam aufgeplustert. Ein solches Kind ist in einer Welt, welche ganz gut wirklich mit dem «bei wilden Tieren sein» dargestellt werden kann. Wir haben schon öfter dargestellt, wie bei derartigen Schilderungen Historisches und Bildliches nur zwei verschiedene Seiten derselben Sache sind. Da spielen sich die Geschehnisse so ab, daß dasjenige, was die spirituellen Mächte sind, wenn es äußerlich als Feindliches sich geltend macht wie beim Zarathustra-Kinde, sich zum Beispiel in der Person des Königs Duransarun zeigt. Das Ganze ist aber auch in seinem Urbilde in der geistigen Welt vorhanden, so daß die äußeren Handlungen dem entsprechen, was innerhalb der geistigen Welt geschieht. In der heutigen Denkweise ist der Mensch nicht fähig, einen solchen Gedanken leicht zu fassen. Wenn man sagt, daß die Ereignisse um Zarathustra eine Bedeutung haben in der geistigen Welt, so denkt der Mensch: Dann sind sie nicht wirklich. Wenn man aber beweist, daß sie historisch sind, dann ist der heutige Mensch wieder geneigt, jede Persönlichkeit nur als so weit entwickelt anzusehen wie sich selber. Das ist ja das Bestreben der heutigen liberalen Theologen, sich zum Beispiel die Gestalt des Jesus von Nazareth ähnlich oder nicht viel über das hinausgehend vorzustellen, was sie selbst sich denken können als ihr eigenes Ideal. Es stört heute sehr die materialistische Seelenruhe der Menschen, wenn sie sich große Individualitäten vorstellen sollen. Es darf nicht etwas in der Welt existieren, was gar zu sehr erhaben ist über den jeweiligen Professor oder Theologen, der sich zu einem solchen Ideal erheben will. Wir haben es aber bei den großen Ereignissen mit etwas zu tun, was zugleich historisch und symbolisch-spirituell ist, so daß das eine das andere nicht ausschließt. Wer nicht begreift, daß das Äußere noch etwas anderes bedeutet, der wird überhaupt nicht zum Begreifen des Wirklichen und Wesentlichen kommen.

Diese Seele des Zarathustra-Kindes wurde also wirklich in früher Jugend in große Gefahren geführt; aber zu gleicher Zeit standen ihr helfend zur Seite, wie es in der Legende heißt, die himmlischen Kühe; die stärkten sie.

Bei allen großen Weltanschauungsstiftern in dem ganzen Gebiet vom Kaspischen Meer durch unsere Gegenden hindurch bis zum Westen Europas können Sie diese Erscheinung finden, daß solche Persönlichkeiten, ohne daß sie durch ihre eigene Entwickelung emporgestiegen wären, durchdrungen werden von einer geistigen Wesenheit, um zu Menschheitsführern zu werden. Das keltische Volk hatte solche Sagen in ziemlich großer Anzahl. Von einem keltischen Religionsstifter Habich wird geschildert, wie er auch ausgesetzt und von himmlischen Kühen gesäugt wurde, wie feindliche Angriffe sich geltend machten, wie die Tiere zurückweichen vor ihm, kurz, diese

Schilderungen der Gefahren für den keltischen Führer Habich sind so, daß man sagen könnte: Es sind von den sieben Zarathustra-Wundern einige ausgewählt – gleichsam weil uns Zarathustra als die größte Persönlichkeit in dieser Art zu gelten hat. Einige Züge aus den Zarathustra-Wundern finden Sie immerdar, durch Griechenland hindurch bis in die keltischen Gegenden. Sie brauchen nur an Romulus und Remus zu denken, um ein ganz bekanntes Beispiel zu haben.

Das ist der andere Weg, wodurch Menschheitsführer entstehen. Damit haben wir in einem tieferen Sinne charakterisiert, was wir schon oft betrachtet haben: die zwei großen Kulturströme der nachatlantischen Zeit. Nach der großen atlantischen Katastrophe entwikkelte sich die eine Kulturströmung durch Afrika, Arabien und das südliche Asien, die andere mehr nördlich davon durch Europa und das nördliche Asien nach Zentral-Asien hin. Dort stießen beide Strömungen zusammen. Und alles, was daraus entstanden ist, ist unsere nachatlantische Kultur. Die nördliche Strömung hatte Führer, wie ich sie jetzt an Zarathustra geschildert habe, die südliche dagegen solche, wie sie in höchster Repräsentation in dem großen Buddha erschienen.

Wenn Sie sich nun an das erinnern, was wir mit Bezug auf das Christus-Ereignis schon kennen, so werden Sie sich sagen: Wie steht diese Johannes-Taufe am Jordan jetzt vor uns?

Der Christus senkt sich hernieder, eine geistig-göttliche Wesenheit, wie sie sich bei all den nördlichen Führern und Weltanschauungsstiftern, am größten bei Zarathustra, in eine menschliche Wesenheit gesenkt haben. Es ist derselbe Vorgang, nur ins Größte übertragen: Der Christus senkt sich in eine menschliche Wesenheit, aber nicht in ihrer Kindheit, sondern im dreißigsten Lebensjahre, und diese Persönlichkeit des Jesus von Nazareth wird dazu ganz besonders vorbereitet. Beide Geheimnisse der Menschheitsführerschaft in Synthese, in Vereinigung, in Harmonie miteinander sollen uns dargestellt werden. Und während die beiden Evangelisten Matthäus und Lukas vorzugsweise darstellen, wie sich die menschliche Persönlichkeit gebildet hat, in die sich der Christus hineinsenkt, stellt uns das Markus-Evangelium dar, welcher Art und Natur die Christus-Wesenheit selbst war. Das überfließende Element in dieser großen Individualität wird uns insbesondere durch das Markus-Evangelium dargestellt. Daher schildern in einer so wunderbar klaren Weise das Matthäus- und das Lukas-Evangelium eine andere Versuchungsgeschichte als das Markus-Evangelium, weil Markus darstellt den Christus, der eingezogen ist in den Jesus von Nazareth. Da muß diejenige Versuchungsgeschichte auftreten, die sonst schon im kindlichen Alter auftritt: das Zusammensein mit Tieren und das Helfen der geistigen Kräfte. Daher sehen Sie es an wie eine Wiederholung der Zarathustra-Wunder, wenn uns im Markus-Evangelium imposant einfach erzählt wird: «Und der Geist trieb ihn in die Einsamkeit; . . . und er war bei den Tieren, und die Engel» – das heißt, die geistigen Wesenheiten – «dienten ihm». Während das Matthäus-Evangelium ganz anders schildert, etwas, was sich wie eine Wiederholung der Buddha-Versuchung ausnimmt, das heißt dessen, was geschieht beim Hinuntersteigen in die eigene Wesenheit, wo alle die Versuchungen und Verführungen herantreten an die betreffende menschliche Seele.

So also können wir sagen: Matthäus und Lukas schildern den Weg, den der Christus machte, indem er hinunterstieg in die Hüllen, die er durch den Jesus von Nazareth überliefert erhalten hatte; und das Markus-Evangelium schildert, was der Christus erleben mußte als eine Art Versuchungsgeschichte, indem er zusammenstieß mit der Umgebung, wie alle die Religionsstifter zusammengestoßen sind, die von einer geistigen Wesenheit von oben inspiriert oder intuitiert worden sind. Beides macht der Christus Jesus durch, während die früheren Menschheitsführer nur immer eines durchgemacht haben. Er vereinigt die beiden Arten des Weges in die geistige Welt. Das ist gerade das Wesentliche, daß das, was früher sich abspielte in zwei großen Strömen, in die dann verschiedene kleine einmündeten, zusammenfließt in einen einzigen Strom.

Erst von diesem Gesichtspunkt aus können wir die scheinbaren oder wirklichen Widersprüche zwischen den Evangelien verstehen. Der Schreiber des Markus-Evangeliums war eingeweiht in solche Mysterien, die ihn gerade befähigten, das zu schildern, was die Markus-Versuchung ist: das Hinausgehen zu den Tieren und die Hilfe von geistigen Wesenheiten. Lukas war eingeweiht in die andere Seite. Jeder der Schreiber der Evangelien schilderte das, was ihm nahelag und bekannt war. Es sind also verschiedene Seiten des Ereignisses von Palästina oder des Mysteriums von Golgatha, die uns in den Evangelien dargestellt werden.

Damit wollte ich Ihnen von einem Gesichtspunkt aus, den wir hier noch nicht besprechen konnten, noch einmal vor Augen führen, wie man verstehen muß den Entwickelungsgang der Menschheit und das Eingreifen solcher Individualitäten, die also über die Entwickelung vom Bodhisattva zum Buddha hinaufgehen; und wie man verstehen muß die Entwickelung derjenigen, bei denen nicht recht in Betracht kommt, was sie als Menschen sind, sondern das, was von oben herunter kommt. Nur in der Christus-Figur vereinigen sich die beiden Arten. Wenn man das weiß, kann die Christus-Gestalt erst recht verstanden werden.

Dadurch werden Sie auch begreifen, daß manche Unebenheiten in den mythischen Persönlichkeiten auftreten müssen. Wenn geschildert wird, daß gewisse geistige Wesenheiten dies oder jenes – in bezug auf Recht oder Unrecht und dergleichen – getan haben, wie zum Beispiel Siegfried, dann hört man wohl: Aber er war doch ein Eingeweihter, wurde gesagt? – Aber bei einer solchen Persönlichkeit, durch die eine geistige Wesenheit wirkt, kommt die individuelle Evolution – zum Beispiel des Siegfried – nicht in Betracht. Siegfried kann Fehler haben. Es handelt sich aber darum, der Entwickelung der Menschheit etwas zu geben. Dazu muß die geeignetste Persönlichkeit ausgesucht werden. Man kann nicht alles über denselben Kamm scheren, man kann nicht bei einem Siegfried in derselben Weise urteilen wie bei einer südlichen Führerpersönlichkeit; denn die ganze Natur und Art ist eine andere als bei denjenigen, die hinuntersteigen in die eigene Wesenheit.

Man kann also sagen: Es durchdringt die nördlichen Gestalten eine geistige Wesenheit und drängt sie heraus aus der eigenen Wesenheit, macht, daß sie aufsteigen können in den Makrokosmos. Während bei den südlichen Kulturen der Mensch hinuntersteigt in den Mikrokosmos, gießt er sich hinaus bei der nördlichen Kulturströmung in den

Makrokosmos und kommt daher dazu, daß er erkennt die ganzen geistigen Hierarchien, wie zum Beispiel Zarathustra die geistige Natur der Sonne erkannt hat.

Wir können also das Gesagte darin zusammenfassen: Der mystische Weg, der Buddha-Weg, führt durch das eigene Innere so weit, daß man mit Durchbruch des eigenen Innern in die geistige Welt kommt. Der Zarathustra-Weg entreißt den Menschen dem Mikrokosmos und ergießt ihn über den Makrokosmos, so daß dessen Geheimnisse durchsichtig werden. Für die großen Geister, welche die Geheimnisse der großen Welt enthüllen sollen, hat die Welt noch wenig Verständnis. Daher ist wirklich sehr wenig Verständnis verbreitet zum Beispiel über die Zarathustra-Wesenheit. Wir werden sehen, wie sehr sich das, was wir über Zarathustra zu sagen haben, von dem unterscheidet, was man gewöhnlich heute darüber sagt.

Das ist wieder ein Exkurs von denen, die Sie nach und nach bekanntmachen sollen mit dem Wesen des Markus-Evangeliums.

SECHSTER VORTRAG

Berlin, 16. Januar 1911

Wenn Sie im Markus-Evangelium von denjenigen Stellen an, die wir das letzte Mal bei Besprechung dieses Evangeliums zu erklären versuchten, weiter lesen, so kommen Sie an eine bedeutungsvolle Stelle, die allerdings ähnlich ist den Ausführungen der andern Evangelien, deren volle Bedeutung aber doch am besten am Markus-Evangelium betrachtet werden kann. Diese Stelle bezieht sich darauf, daß der Christus Jesus, nachdem er die Jordantaufe, die Erlebnisse in der Wüste durchgemacht hatte, dann, wie man sagt, in die Synagoge ging und lehrte.

Gewöhnlich wird diese Stelle ja so übersetzt: «Und sie entsetzten sich über seine Lehre; denn er lehrte gewaltiglich und nicht wie die Schriftgelehrten.» Was ist dieser Satz für einen heutigen modernen Menschen – und wenn er noch so bibelgläubig ist – mehr als ein, man möchte sagen, ziemlich abstraktes Wort: «denn er lehrte gewaltiglich und nicht wie die Schriftgelehrten»? Wenn wir nur den griechischen Text nehmen, finden wir für dasjenige Wort, welches in der modernen Sprache einfach übersetzt wird mit «denn er lehrte gewaltiglich» das Wort:

ἦν γὰρ διδάσκων αὐτοὺς ὡς ἐξουσίαν ἔχων, καὶ οὐχ ὡς οἱ γραμματεῖς (ēn gar didaskōn autūs hōs exūsiān echōn, kai ūch hōs hoi grammateis) «und nicht wie die Schriftgelehrten».

Wenn wir nun in den Sinn dieser bedeutungsvollen Stelle eindringen wollen, wird uns das wieder ein Stück hineinführen in das, was wir nennen können die Geheimnisse von der Sendung des Christus Jesus. Denn ich habe bereits darauf aufmerksam gemacht, daß die Evangelien, geradeso wie die andern Schriften, die wirklich dem inspirierten Gebiet entstammen, nicht so einfach zu verstehen sind, sondern daß man im Grunde genommen zu ihrem Verständnis alles zusammenhalten muß, was wir im Laufe vieler Jahre jetzt zusammengetragen haben an Vorstellungen, an Ideen über die geistigen Welten. Und nur solche Vorstellungen können uns einführen in das, was gemeint ist, wenn im Evangelium gesagt wird: denn er lehrte die, welche da in den Synagogen saßen, wie ein «Exusiai», wie eine Gewalt, wie eine Offenbarung, und nicht wie diejenigen, die hier mit dem Ausdruck γραμματεῖς (*grammateis*) bezeichnet werden.

Wenn wir eine solche Stelle verstehen wollen, müssen wir uns an alles erinnern, was wir über die höheren, übersinnlichen Welten im Laufe der Zeiten in uns aufgenommen haben. Da haben wir in uns aufgenommen, daß der Mensch, wie er innerhalb unserer Welt lebt, sozusagen das unterste Glied einer hierarchischen Ordnung ist, daß wir also den Menschen an die unterste Stufenleiter einer hierarchischen Ordnung zu setzen haben. Dann schließt sich an den Menschen die übersinnliche Welt. In dieser finden wir zunächst, was wir nach der christlichen Esoterik die Angeloi oder Engel nennen, die ersten über dem Menschen stehenden übersinnlichen Wesenheiten, die auf sein Leben Einfluß haben; danach kommen die Archangeloi oder Erzengel, dann die Archai oder Geister der Persönlichkeit; darauf folgen die Exusiai, Dynamis und Kyriotetes, und dann haben wir die Throne, Cherubim und Seraphim. Auf diese Weise haben wir eine hierarchische Ordnung von neun übereinanderstehenden Wesensformen über den Menschen hinauf zu verzeichnen. Und nun wollen wir uns einmal klarmachen, wie in unser Leben diese verschiedenen geistigen, übersinnlichen Wesenheiten eingreifen.

Die Angeloi sind diejenigen Wesenheiten, die zunächst als die Boten der übersinnlichen Welt dem einzelnen Menschen, wie er auf unserer Erde lebt, am allernächsten stehen. Sie sind die Wesenheiten, die immerhin einen Einfluß haben auf das, was wir das Schicksal eines einzelnen individuellen Menschen auf unserem physischen Plan nennen können. Sobald wir dagegen zu den Archangeloi kommen, sprechen wir von geistigen Wesenheiten, die sozusagen schon einen weiteren Kreis von Tätigkeiten umspannen. Da sprechen wir von Wesenheiten, die wir auch bezeichnen können als Volksgeister, die also die Angelegenheiten ganzer Völkerverbände ordnen und lenken. Wenn der heutige moderne Mensch von einem Volksgeist spricht, so meint er – darauf habe ich schon oft aufmerksam gemacht – soundsoviele Tausende von Menschen, welche er rein der Zahl nach als auf einem Territorium lebend anführt. Wenn wir aber geisteswissenschaftlich von einem Volksgeist reden, so meinen wir die Volks-Individualität, und wir sind uns klar, daß wir nicht die Zahl so oder so vieler Menschen im Auge haben, sondern eine wirkliche Individualität, wie wir bei einem einzelnen Menschen von einer Individualität reden. Und wenn wir von der geistigen Leitung einer ganzen Volks-Individualität sprechen, so bezeichnen wir als die geistigen Leiter einer solchen Volks-Individualität die Erzengel, die Archangeloi. Sprechen wir also von diesen höheren Wesenheiten, so sprechen wir als von wirklichen, übersinnlichen Geschöpfen, die ihre Wirkungskreise haben. Bei den Archai oder den Geistern der Persönlichkeit, auch den Urbeginnen, sprechen wir von denjenigen geistigen Wesenheiten, die wieder verschieden sind von den bloßen Volksgeistern. Sprechen wir zum Beispiel von dem französischen, dem englischen, dem deutschen Volksgeist und so weiter, so sprechen wir sozusagen von etwas, was auf verschiedene Erdgebiete verteilt ist. Aber es gibt etwas, was allen Menschen, wenigstens allen westlichen Völkern heute gemeinschaftlich ist und worinnen sich diese Völker verstehen. Das können wir im Gegensatz zu den einzelnen Volksgeistern als den Zeitgeist bezeichnen, und wir müssen sprechen von einem andern Zeitgeist für das Zeitalter der Reformation und von einem andern in unserer Zeit. Über den einzelnen Volksgeistern stehen also diejenigen geistigen Wesenheiten, die wir als Zeitgeister bezeichnen, und im wesentlichen sind diese Leiter der aufeinanderfolgenden Epochen die Archai. Sie sind zu gleicher Zeit Zeitgeister.

Kommen wir noch höher hinauf zu den Exusiai, so haben wir es im wesentlichen zu tun mit ganz anders gearteten übersinnlichen Mächten. Um uns eine Vorstellung davon zu machen, wie sich die Wesenheiten höherer Hierarchien zunächst von den drei eben charakterisierten, Angeloi, Archangeloi, Archai, unterscheiden, wollen wir daran denken, daß der Angehörige irgendeines Volkes doch im wesentlichen heute in bezug auf die äußere physische Konstitution, sagen wir in bezug auf das, was er ißt und trinkt, dem Angehörigen irgendeines anderen Volkes doch sehr ähnlich ist. Wir können nicht sagen, daß das, was über das Seelisch-Geistige hinausgeht, die Völker voneinander unterscheidet. Aber auch die aufeinanderfolgenden Zeitepochen sind noch so, daß wir sagen können: Die lenkenden geistigen Wesenheiten beziehen sich nur auf das, was das Geistig-Seelische ist. Der Mensch ist aber nicht nur abhängig von dem Geistig-Seelischen. Was Geistig-Seelisches ist, hat im wesentlichen Einfluß auf den menschlichen Astralleib. Aber es gibt im Menschen auch dichtere Wesensglieder. Dieselben unterscheiden sich in bezug auf das, was Archai, Archangeloi und Angeloi zu tun haben, nicht sehr wesentlich voneinander. Aber auf diese dichteren menschlichen Wesensglieder haben schöpferischen Einfluß, in bezug auf sie sind schöpferisch tätig diejenigen Wesenheiten, die mit den Exusiai nach aufwärts anfangen. Sprache, Zeitideen verdanken wir den Zeitgeistern, den Volksgeistern, den Archai, den Archangeloi. Aber in bezug auf die menschliche Wesenheit hat auch Einfluß, was in Licht und Luft lebt, in dem Klima einer bestimmten Gegend. Eine andere Menschheit gedeiht unter dem Äquator, eine andere in den Gegenden, die mehr dem Nordpol zu gelegen sind. Wir wollen allerdings dem Ausspruch, den ein deutscher Philosophie-Professor in einem sehr verbreiteten Buch getan hat, nicht gerade beistimmen: Die wesentlichsten Kulturen mußten sich in der gemäßigten Zone entwickeln; denn alle diejenigen Wesenheiten, welche die wesentlichsten Kulturen hervorgebracht haben, würden am Nordpol erfrieren und am Südpol verbrennen! – Aber wir können doch sagen: In den verschiedenen Klimaten sehen wir, wie verschieden die Ernährung und so weiter auf den Menschen wirkt. Es ist keineswegs gleichgültig für den Volkscharakter, wie die äußeren Verhältnisse sind, ob der Mensch zum Beispiel in Gebirgstälern oder in der weiten Ebene lebt. Da sehen wir, wie die Naturkräfte hereinwirken in die ganze menschliche Konstitution. Und da wir durch die Geisteswissenschaft wissen, daß wir in den Naturkräften nichts anderes zu sehen haben als das Auswirken derjenigen Wesenheiten, die geistiger, übersinnlicher Art sind, so müssen wir sagen: In den Naturmächten wirken geistige, übersinnliche Mächte, die gerade durch die Naturkräfte auf den Menschen hereinwirken. Deshalb können wir uns zwischen Archai und Exusiai eine Trennung in der Art denken, daß wir sagen: Angeloi, Archangeloi und Archai wirken auf den Menschen so, daß sie zu ihrem Wirken noch nicht die Naturkräfte benutzen, sondern sie benutzen nur das, was geistig-seelisch auf den Menschen einwirkt, also Sprache, Zeitideen und so weiter. Ihre Wirksamkeit ergreift nicht die niederen Glieder seiner Organisation, weder den Ätherleib noch den physischen Leib. Dagegen haben wir von den Exusiai nach aufwärts diejenigen Wesenheiten, die auf den Menschen wirken, die aber auch in den Naturkräften draußen wirken, die die Leiter und Lenker sind von Luft und Licht, von den verschiedenen Arten, wie die Ernährungsstoffe verarbeitet werden in den Reichen der Natur. Sie sind es, die diesen Reichen der Natur vorstehen. Was wir haben in Blitz und Donner, in Regen und Sonnenschein, wie in der einen Gegend diese oder jene Sorte von Ernährungsstoffen wächst, kurz die ganze Verteilung und Ordnung der irdischen Verhältnisse, schreiben wir geistigen Wesenheiten zu, die wir unter den Wesenheiten der höheren Hierarchien suchen. Blicken wir also zu den Exusiai auf, so sehen wir ihre Ergebnisse nicht bloß in jenen unsichtbaren Auswirkungen, die zum Beispiel die Offenbarungen des Zeitgeistes sind, sondern wir sehen in den Exusiai dasjenige, was als Licht auf uns wirkt, was aber als Licht auch auf die Pflanzen wirkt.

Betrachten wir nun das, was den Menschen als Kultur gegeben wird, als dasjenige, was sie zu lernen haben, um weiterzukommen. Da wird einem jeden Menschen in seiner Epoche das gegeben, was diese Epoche selbst erzeugt, aber auch alles, was die früheren Epochen miterzeugt haben in einer gewissen Weise. Nur das kann geschichtlich, historisch aufbewahrt werden, kann Gegenstand des geschichtlichen Lehrens und Lernens werden, was von den untersten Hierarchien herrührt, die bis zum Zeitgeist hinaufgehen. Was dagegen herausströmt aus den Reichen der Natur selber, das kann nicht aufbewahrt werden in Überlieferungen und Traditionen. Diejenigen jedoch, welche in die übersinnlichen Welten eindringen können, sie dringen durch ihr übersinnliches Erkenntnisvermögen auch hinter den Zeitgeist zu noch höheren Offenbarungen. Solche Offenbarungen nehmen sich dann als etwas aus, was jenseits des Zeitgeistes ist, was mehr Gewicht hat als das, was vom Zeitgeist stammt, was in einer ganz eigentümlichen Art auf die Menschen wirkt. Jeder gesunde Mensch sollte wirklich einmal ernstlich Einkehr halten und sich fragen: Was wirkt auf meine Seele mehr: was ich lernen kann aus den Überlieferungen der einzelnen Völker und Zeitgeister, aus der historischen Überlieferung seit den geschichtlichen Zeiten – oder ein herrlicher Sonnenaufgang, das heißt, die Manifestation der Natur selber, der übersinnlichen Welten? – Denn der Mensch kann sich bewußt werden, daß ein Sonnenaufgang mit all seiner Größe und Gewalt in der Seele unendlich viel mehr auslösen kann als alle Wissenschaft, als alle Gelehrsamkeit und Kunst zu allen Zeiten. Was überhaupt die Natur offenbart, das kann insbesondere der empfinden, der etwa einmal eine Reise gemacht hat durch die Galerien Italiens, der alles gesehen hat, was erhalten ist von Michelangelo, von Leonardo da Vinci, Raffael und so weiter, und mit aller Gewalt hat auf sich wirken lassen, und der dann irgendeinen der Schweizer Berge besteigt und sich ein Naturschauspiel ansieht. Da fragt man sich: Wer ist ein größerer Maler: Raffael, Leonardo da Vinci – oder diejenigen Mächte, welche den Sonnenaufgang malen, den man vom Rigi aus beobachten kann? – Und man wird sich sagen müssen: So sehr wir auch bewundern, was jemals Menschen geleistet haben – das, was sich uns darstellt als die geistig-göttliche Offenbarung der geistigen Mächte, das erscheint uns dennoch als das Größere.

Wenn uns nun aber diejenigen geistigen Führer der Menschheit erscheinen, die wir die Eingeweihten nennen und die nicht aus den Überlieferungen heraus sprechen, sondern auf ursprüngliche Art, dann ist ihre Offenbarung etwas wie die Offenbarung der Natur selbst. Aber was wie ein Sonnenaufgang wirken kann, das kann nimmermehr so wirken, wenn es andere bloß nachsagen. Was wir in der Überlieferung von Moses, von Zarathustra erhalten haben – wenn es Überlieferung ist, wenn es so mitgeteilt ist, wie es die äußere Kultur, die Zeitgeister und Volksgeister aufbewahrt haben, und nun mitgeteilt wird, dann wirkt die Natur dagegen als das Größere. Denn so groß wie die Natur hat es bei den Moses- und Zarathustra-Offenbarungen nur gewirkt, als diese unmittelbar aus dem Erleben der übersinnlichen Welten selber hervorquollen. Das ist das Gewaltige der ursprünglichen Menschheitsoffenbarungen, daß sie herandringen wie das, was die Natur selber zu offenbaren hat. Das aber beginnt erst, wenn wir als unterste Hierarchie in den Naturgewalten ahnen die Exusiai.

Was erlebten nun die, welche in den Synagogen zusammensaßen, als der Christus Jesus unter sie trat? Sie hatten bisher erlebt, daß gelehrt hatten die «Grammatiker», die, welche kannten, was die Zeitgeister, die Volksgeister und so weiter mitgeteilt hatten. Das war man gewohnt. Jetzt kam einer, der nicht lehrte wie diese, sondern so, daß seine Worte eine Offenbarung waren des Reiches der übersinnlichen Mächte in der Natur selber, oder von Donner oder Blitz. Wenn wir also wissen, wie die Hierarchien nach oben wachsen, dann verstehen wir ein solches Wort des Evangeliums und nehmen es in seiner ganzen Tiefe. Das müssen wir fühlen gegenüber einem solchen Wort des Markus-Evangeliums.

Allerdings bei denjenigen Werken der Menschen, die so bleiben wie Raffaels, Leonardo da Vincis Werke und so weiter, kann der, welcher ein Gefühl für das Übersinnliche hat, das dahinter steht, auch noch im spätest gebliebenen Werke fühlen, was ursprünglich geoffenbart worden war. Daher können in der Tat die großen Kunstwerke, die großen Geisteswerke wie ein Nachklang der ersten Werke wirken. Und wenn es uns gelingt, das zu sehen, was zum Beispiel Raffael in seine Werke hineinzulegen verstand, wenn es uns gelingt, Zarathustras Werk wieder zu beleben, dann können wir so etwas von dem hören, was in den Exusiai zu uns dringt.

Aber durch das, was in den Synagogen die Schriftgelehrten mitteilten, das heißt die, welche das aufgenommen hatten, was von Volksgeistern und Zeitgeistern stammte, konnte man nichts hören, was irgendwie anklingen mochte an die Offenbarungen der Natur selber. Daher dürfen wir sagen: Es soll uns in einem solchen Satze angedeutet werden, daß die Menschen in jenen Tagen anfingen zu fühlen und zu empfinden, daß etwas völlig Neues zu ihnen sprach; daß durch diesen Menschen, der da zu ihnen kam, sich etwas offenbarte, was wie eine Naturmacht selber war, wie eine der übersinnlichen Mächte, die hinter den Naturerscheinungen stehen. Die Menschen fingen allmählich an zu ahnen, was eigentlich in den Jesus von Nazareth eingezogen war, was durch die Johannes-Taufe symbolisiert wird. Im Grunde genommen waren sie nicht einmal besonders weit, die da in den Synagogen sagen konnten: Er redet so, daß man empfindet, wie wenn die Exusiai sprechen würden, nicht bloß die Archai, die Zeitgeister, oder die Volksgeister.

Erst wenn es gelingt, dasjenige, was heute so ganz in Abstraktionen ausgeflossen ist, so ganz dünn geworden ist in den modernen Evangelien-Übersetzungen, wieder vollsaftig und inhaltsvoll zu machen durch das, was wir in der Geisteswissenschaft in uns aufgenommen haben, erst dann werden wir verstehen, wieviel dazu gehört, um wirklich zu durchdringen, was in den Evangelien steht. Es werden Generationen dazu gehören, um nur annähernd alle Tiefen auszuforschen, die unser heutiges Zeitalter schon ahnen kann. Manches wird erst in der Zukunft aus den Evangelien erforscht werden können.

Was insbesondere der Schreiber des Markus-Evangeliums darstellen wollte, war im Grunde genommen eine weitere Ausführung dessen, was derjenige lehren durfte, welcher als einer der Allerersten durch unmittelbares übersinnliches Erkennen selber die Natur und Wesenheit des Christus begriffen hat – nämlich was Paulus lehren konnte. Nun hat man zu verstehen, was eigentlich Paulus alles lernte, was er alles in sich aufnahm durch die Offenbarung von Damaskus. Wenn dieses Ereignis uns auch in der Bibel als eine ganz plötzliche Erleuchtung geschildert wird, so weiß doch der, welcher eine solche Tatsache der Erleuchtung in ihrer wahren Wirklichkeit kennt, wie sie sich jederzeit vollziehen kann für den, der in die Gebiete der geistigen Welt hinaufsteigen will, und wie ein solcher durch alles, was er erlebt, ein ganz anderer Mensch wird. Bei Paulus wird es in der Tat hinlänglich geschildert, wie er ein ganz anderer Mensch durch die Offenbarung von Damaskus geworden ist.

Nun wissen Sie auch schon aus einer sehr wenig tiefgehenden Darstellung der Evangelien und der Paulus-Briefe, daß Paulus in dem Christus-Ereignis, in dem Ereignis von Golgatha den Mittelpunkt unserer ganzen Menschheitsentwickelung sieht, daß er dieses Ereignis unmittelbar anknüpft an jenes Ereignis, das in der Bibel ausgedrückt wird als erstes Menschwerden mit Adam, so daß Paulus etwa sagen will: Was wir als den geistigen Menschen zu bezeichnen haben, als den eigentlichen, wirklichen Menschen, von dem in Maya auch nur eine Maya vorhanden ist, der ist zur Illusion und zu alledem, was er im Fleische in den aufeinanderfolgenden Inkarnationen werden mußte, einmal, wie wir sagen, in der alten lemurischen Zeit herabgestiegen, wurde also ein Mensch, wie er sich darstellte durch die lemurische und atlantische Zeit und die nachatlantische Zeit bis zum Christus-Ereignis. Dann kam das Ereignis von Golgatha.

So stand die Sache für Paulus nach seiner Vision bei Damaskus fest. In dem Ereignis von Golgatha war etwas gegeben, was zunächst ganz gleichbedeutend ist mit dem Heruntersteigen des Menschen in das Fleisch. Denn es war damit der Impuls gegeben, nach und nach diejenigen Formen des irdischen Daseins zu überwinden, die der Mensch dazumal durch Adam angetreten hatte. Daher nennt Paulus den Menschen, der in dem Christus erschienen ist, den neuen Adam, den jeder Mensch durch die Verbindung mit dem Christus anziehen kann.

So haben wir wirklich zu sehen den allmählichen Abstieg des Menschen in die Materie hinein – ob man es nun als Adam bezeichnet oder sonstwie – von dem lemurischen Menschen bis zum vorchristlichen Menschen, und dann wieder die Kraft und den Impuls aufwärts, so daß der Mensch mit allen Erdenerfahrungen, mit allem, was ihm auf der Erde werden kann, zu dem ursprünglichen geistigen Zustand zurückkommen kann, in welchem er sich befand, bevor er heruntergestiegen war. Man darf nun, wenn man den eigentlichen Sinn der Entwickelung nicht mißverstehen will, nicht etwa fragen: Hätte man denn dem Menschen nicht den Herunterstieg ersparen können? Warum mußte sich der Mensch inkarnieren und durch die verschiedenen Inkarnationen durchgehen, um dann wieder heraufzusteigen und dasselbe zu haben, was er vorher gehabt hat? – Das könnte nur einem völligen Mißverstehen des eigentlichen Geistes der Entwickelung entspringen. Denn der Mensch nimmt alles an Früchten und Erfahrungen mit aus der Erdenentwickelung und ist bereichert mit dem Inhalt der Inkarnationen. Das ist ein Inhalt, den er vorher nicht gehabt hat.

Denken Sie sich hypothetisch den Menschen heruntersteigend durch die erste Inkarnation: da lernt er; er lernt durch die zweite Inkarnation, und so fort durch alle Inkarnationen. Die verlaufen so, daß sie zuerst heruntersteigend, absteigend sind: der Mensch verstrickt sich immer mehr und mehr in die physische Welt. Dann beginnt er wieder aufzusteigen und kann so weit aufsteigen, als er den Christus-Impuls aufnimmt. Er wird einst wieder hinaufkommen in die geistige Welt, hat dann aber mitgenommen, was er auf der Erde gewinnen konnte.

So sieht Paulus in dem Christus wirklich den Mittelpunkt der ganzen Erdenentwickelung des Menschen, was dem Menschen den Impuls gibt, hinaufzusteigen in die übersinnliche Welt, bereichert mit allen Erdenerfahrungen.

Wie sieht nun Paulus von diesem Gesichtspunkte aus das Golgatha-Opfer an, die eigentliche Kreuzigung? – Es ist etwas schwierig, diese Tatsache des Golgatha-Opfers, diese wesentlichste Tatsache der Menschheitsentwickelung genau vor moderne Begriffe zu bringen im Sinne des Paulus. Denn dieser Sinn ist auch der des Schreibers des Markus-Evangeliums. Da müssen wir uns einmal mit dem Gedanken bekanntmachen, daß in dem Menschen, wie er auch heute vor uns steht, ein Mikrokosmos, eine kleine Welt vorhanden ist, und wir müssen schon einmal alles studieren, was da in Betracht kommt.

Wie der Mensch heute vor uns steht, wie er sich entwickelt zwischen Geburt und Tod in der einen Inkarnation, zeigt er uns zwei sehr voneinander verschiedene Entwickelungsglieder. Man unterscheidet sie nur gewöhnlich nicht, aber sie sind sehr, sehr voneinander zu unterscheiden. Ich habe – weil tatsächlich mehr, als man gewöhnlich denkt, unser ganzes geisteswissenschaftliches Streben systematisch aufgebaut ist – bereits verschiedentlich auf diese zwei voneinander grundverschiedenen Glieder des Menschen aufmerksam gemacht. Das eine kann man sehen in der Zeit der menschlichen Entwickelung, die zwischen der Geburt und dem Zeitpunkte liegt, bis zu dem sich der heutige moderne Mensch zurückerinnert in dem einzelnen individuellen Leben. Wenn Sie Ihre Erinnerungen zurückverfolgen, kommen Sie bis zu einem gewissen Punkt; weiter erinnern Sie sich nicht. Obwohl Sie auch vorher da waren und sich vielleicht von Ihren Eltern oder Geschwistern haben erzählen lassen, was Sie vorher getrieben haben, und daher auch manches davon wissen, so erinnern Sie sich doch nicht über einen gewissen Punkt zurück. Es reißt die normale Erinnerung mit einem gewissen Zeitpunkt ab. Der liegt im günstigsten Falle so um das dritte Lebensjahr herum. Vorher ist nun der Mensch ungemein regsam und eindrucksfähig. Was lernt man nicht alles in dieser Zeit, im ersten, zweiten, dritten Lebensjahr! Aber *wie* die Dinge Eindruck gemacht haben, dessen erinnert sich der heutige moderne Mensch ganz und gar nicht. – Dann beginnt die Zeit, durch welche sich der Faden der Ich-Erinnerung einfach glatt hindurchzieht.

Diese zwei Entwickelungsglieder sollte man sehr wohl beachten, denn sie sind außerordentlich wichtig, wenn man den gesamten Menschen ins Auge fassen will. Man muß nun genau und ohne die Vorurteile der heutigen Wissenschaft die menschliche Entwickelung verfolgen. Die Tatsachen der Wissenschaft belegen und beweisen ja, was ich zu sagen habe; aber die Vorurteile der Wissenschaft darf man dabei nicht zu Rate ziehen, sonst könnte man Wege einschlagen, die von der Wahrheit sehr weit abirren. Wenn man also genau die Entwickelung des Menschen verfolgt, wird man sich sagen können: Wie der Mensch als Gesellschaftswesen, als eine soziale Individualität lebt, so kann er nur leben nach dem Zustande, der durch das bedingt ist, was er aufnimmt in jenen Faden der Erinnerung, der etwa vom dritten Jahre ab – im günstigsten Falle – fließt. Darinnen liegt alles, wovon man sich sagen kann: Es ist die Direktion des menschlichen bewußten Lebens; alle die Dinge, welche wir bewußterweise aufnehmen als Gesetze, nach denen wir uns richten als nachahmenswerten Impulsen und so weiter, alles das liegt darin. Was davor liegt, nehmen wir in einer gewissen Weise unbewußt auf für das Ich-Bewußtsein. Das reiht sich nicht ein dem Faden dessen, was wirklich unserem vollen ichbewußten Leben angehört. Es liegen also gewisse Jahre vor unserem ich-bewußten Leben, in denen die Umwelt in ganz anderer Weise auf uns wirkt als eben später.

Der Unterschied ist ein ganz radikaler. Wenn wir das Kind vor dieser Zeit betrachten könnten, würde sich sofort zeigen, daß es vor dem Zeitpunkt, bis zu dem sich später der Mensch zurückerinnert, sich viel mehr in dem allgemeinen makrokosmischen geistigen Leben drinnen fühlt. Es sondert sich noch nicht heraus, isoliert sich noch nicht, rechnet sich vielmehr zu der ganzen Umgebung zugehörig, spricht sich sogar so an, wie die andern es ansprechen. Denn es sagt nicht «ich will», sondern «Karlchen will», und später erst lernt es sich als ein Ich ansprechen – woran neuere Kinderpsychologen herummäkeln, was aber nicht gegen die Wahrheit spricht, sondern nur gegen die Einsicht der betreffenden Psychologen. Das Kind fühlt sich in den ersten Jahren noch in der Umgebung, fühlt sich als ein Glied der ganzen Umgebung. Sich herauszuisolieren aus der Umgebung als selbständiges Wesen, damit beginnt der Mensch erst in dem Zeitpunkt, bis zu dem er sich dann später zurückerinnert.

So werden wir also sagen können: Was der Mensch als Gesetze aufnehmen kann und was den Inhalt seines Bewußtseins bilden kann, das gehört dem zweiten Gliede seiner Entwickelung an von diesem charakterisierten Zeitpunkt ab. Dem ersten Entwickelungsgliede gehört ein ganz anderes Verhältnis zur Umwelt an, so daß man viel mehr darinnensteht und zusammenhängt mit der Umwelt – eine unmittelbare Korrespondenz mit ihr hat. Was eigentlich gesagt werden soll, das können Sie nur gut durchdenken, wenn Sie sich hypothetisch einmal vorstellen, daß dem Menschen jenes Bewußtsein, das im ersten Kindesalter diesen unmittelbaren Zusammenhang mit der Umwelt gibt, erhalten bliebe für die späteren Jahre. Da würde das menschliche Leben ganz anders verlaufen. Dann würde sich der Mensch nicht so isoliert fühlen, sondern er würde in späteren Jahren sich als ein Glied des gesamten Makrokosmos fühlen, er würde sich darinnen fühlen in der großen Welt. Das geht ihm verloren. Er hat keinen Zusammenhang später mit der großen Welt, glaubt sich isoliert dastehend. Wenn er ein Mensch des gewöhnlichen Lebens ist, kommt ihm diese Isolation nur abstrakt zum Bewußtsein. Da kommt sie ihm namentlich zum Bewußtsein, wenn er immer mehr die Egoismen ausbildet, wenn er immer mehr sich sozusagen in seiner Haut abschließen will. Wenig Geschulte glauben – was eigentlich ein vollständiger Unsinn ist –, daß man als Mensch nur in der Haut lebt. Denn in dem Augenblick, wo man ausgeatmet hat, ist doch die ganze eingeatmete Luft draußen, so daß wir also schon durch Ein- und Ausatmen fortwährend mit der ganzen Umwelt in Korrespondenz stehen. Es ist eine absolute Maya, wie sich der Mensch sich selbst als ein Wesen vorstellt. Aber sein Bewußtsein ist schon so geartet, daß er in dieser Maya leben muß. Er kann gar nicht anders. Denn Karma zu erleben, dazu sind die Menschen wirklich weder sehr geneigt noch auch ganz besonders reif in unserer Zeit. Wenn heute zum Beispiel jemandem die Fenster eingeschlagen werden, so empfindet er das, weil er sich als ein isoliertes Wesen fühlt, als einen ihm persönlich zugefügten Schaden und ärgert sich. Wenn er aber an Karma glauben würde, dann würde er sich zugehörig fühlen zu dem ganzen Makrokosmos und würde wissen, daß es ja richtig ist, daß wir eigentlich diejenigen sind, welche die Fenster eingeschlagen haben. Denn wir sind in Wahrheit dem ganzen Kosmos einverwoben. Es ist ein völliges Unding zu glauben, daß wir in unserer Haut eingeschlossen sind. Aber dieses Gefühl des Verbundenseins mit dem Makrokosmos hat nur noch das Kind in den ersten Jahren. Der Mensch verliert es von dem Zeitpunkt ab, bis zu dem er sich später zurückerinnert.

Das war nicht immer so. In älteren Zeiten, die gar noch nicht so weit hinter uns zurückliegen, hatte der Mensch in der Tat bis zu einem gewissen Grade jenes Bewußtsein der ersten Kinderjahre hereinragen in seine spätere Zeit. Das war in den Zeiten des alten Hellsehens. Damit aber ist verbunden gewesen eine ganz andere Art des Denkens, sogar des Aussprechens der Tatsachen. Das ist eine Angelegenheit der Menschheitsentwickelung, die sich wohl der Geisteswissenschafter einmal ganz klarmachen müßte.

Wenn heute ein Mensch in der Welt geboren wird, also unter uns auftritt, was ist er dann? – Für den heutigen Menschen ist er im wesentlichen der Sohn seines Vaters, der Sohn seiner Mutter zunächst. Und wenn er im bürgerlichen Leben nicht den Geburtsschein oder Taufschein hat, auf denen Vater und Mutter stehen, wonach man den Menschen identifizieren kann, so weiß man überhaupt nichts über den betreffenden Menschen und streitet ihm unter Umständen seine Existenz ab. Es ist also ein Mensch für das heutige Bewußtsein der

Menschheit der physische Sohn seines Vaters, der physische Sohn seiner Mutter.

So dachten die Menschen eines noch gar nicht weit zurückliegenden Zeitalters nicht. Aber weil die Wissenschafter und Forscher der Gegenwart nicht wissen, daß die Menschen früher anders dachten und in ihren Worten und Bezeichnungen ganz anderes darinnen hatten, kommen sie auch zu ganz anderen Auslegungen der alten Mitteilungen. Da wird uns zum Beispiel berichtet von einem griechischen Sänger, Orpheus. Ich erwähne ihn deshalb, weil er in einer gewissen Weise dem Zeitalter angehört, das dem christlichen unmittelbar voranging. Orpheus war der, welcher die griechischen Mysterien eingerichtet hat. Der griechische Zeitraum ist der vierte innerhalb unserer nachatlantischen Kultur, so daß gleichsam durch die Kultur des Orpheus vorbereitet wurde, was der Menschheit später durch das Christus-Ereignis gegeben worden ist. Für Griechenland ist also Orpheus dieser große Vorbereiter. Was würde nun ein moderner Mensch sagen, wenn ihm solch ein Mensch entgegentreten würde, wie Orpheus es war? Er würde sagen: Es ist der Sohn dieses Vaters und der Sohn jener Mutter –, ja die moderne Wissenschaft wird vielleicht sogar nach den vererbten Merkmalen forschen. Es gibt heute schon ein dickes Buch, das die sämtlichen vererbten Merkmale aus den Goetheschen Familien zeigt und so Goethe summieren möchte aus den vererbten Merkmalen. So hat man zur Zeit des Orpheus nicht gedacht, hat nicht als das Wesentliche den äußeren fleischlichen Menschen und dessen Eigenschaften angesehen, sondern man hat als das Wesentliche in Orpheus dasjenige angesehen, wodurch er der Inaugurator, der eigentliche Führer der vorchristlichen griechischen Kultur hat werden können, und man war sich klar, daß das, was als physisches Gehirn, als Nervensystem in ihm lebte, nicht das Wesentliche ist. Als wesentlich betrachtete man vielmehr, daß er in sich trug ein Element – in dem, was er erlebte –, das unmittelbar aus den übersinnlichen Welten herstammte und das sich dann durch ihn auf dem Schauplatz, der durch seine Persönlichkeit gegeben war, traf mit einem sinnlich-physischen Element. Der Grieche sah in der Persönlichkeit des Orpheus nicht das

Fleischliche, das abstammt von Vater und Mutter, vielleicht auch von Großvater und Großmutter; das war ihm ziemlich unwesentlich, das war ihm nur der äußere Ausdruck, die Schale. Das Wesentliche war ihm, was abstammte von einem Übersinnlichen und zusammentraf mit einem Sinnlichen auf dem physischen Plan. Daher sagte sich der Grieche: Wenn ich den Orpheus vor mir habe, kommt das kaum in Betracht, daß er von einem Vater und einer Mutter abstammt; aber das kommt in Betracht, daß sein Seelenhaftes, wodurch er etwas geworden ist, abstammt von einem Übersinnlichen, das nie mit dem physischen Plan etwas zu tun gehabt hat, und daß auf dieses Übersinnliche in seiner Persönlichkeit durch das, was die Menschen schon damals waren, ein Sinnlich-Physisches einwirken und sich mit diesem Übersinnlichen verbinden konnte. Und weil die Griechen in Orpheus als Wesentliches ein rein übersinnliches Element sahen, deshalb sagten sie von ihm: er stammt ab von einer Muse. Er war der Sohn einer Muse, Kalliope; er war nicht etwa bloß der Sohn einer fleischlichen Mutter, sondern eines übersinnlichen Elementes, das nie einen Zusammenhang hatte mit dem Sinnlichen.

Wäre er nun bloß der Sohn der Muse Kalliope gewesen, so hätte er nur zum Vorschein bringen können, was Kundgebung der übersinnlichen Welt war. Aber er war vermöge seines Zeitalters auch berufen, das zum Ausdruck zu bringen, was dem physischen Zeitalter dienen sollte. Daher war er nicht nur Sprachrohr für die Muse, für Kalliope, wie in früheren Zeiten die Rishis nur die Sprachrohre für die übersinnlichen Mächte waren, sondern er lebte das Übersinnliche so aus, daß Einfluß auf sein Ausleben die physische Welt hatte. Daher stammt er ab von seinem Vater Öagros, der ein thrakischer Flußgott war. Was Orpheus verkündete, war so auf der andern Seite verbunden und angepaßt dem Klima Griechenlands, dem, was da gab die äußere Natur Griechenlands, dem thrakischen Flußgott Öagros.

Das zeigt uns also, wie das Wesentliche in Orpheus in dem gesehen wurde, was in seiner Seele lebte. Danach bezeichnete man früher die Menschen. Man bezeichnete sie nicht so, wie später, wo man sagte: Der ist der Sohn dieses oder jenes, oder: Er stammt aus dieser oder jener Stadt ab –; sondern man bezeichnete die Menschen nach ihrer geistigen Wertigkeit. An Orpheus ist es nun außerordentlich interessant zu sehen, wie intim das ganze Schicksal eines solchen Menschen empfunden wurde, der so auf der einen Seite von einer Muse abstammte, auf der andern Seite von einem thrakischen Flußgott. Ein solcher Mensch hatte nicht wie die alten Propheten bloß das Übersinnliche, sondern schon das Sinnliche aufgenommen. Er war schon ausgesetzt all den Einflüssen, welche die physisch-sinnliche Welt auf uns ausübt.

Nun wissen wir, daß der Mensch aus verschiedenen Wesensgliedern besteht: aus dem untersten, dem physischen Leib, dann dem Ätherleib – von dem wir gesagt haben, daß er das andere Geschlecht in sich birgt – und dann dem Astralleib und dem Ich. Ein solcher Mensch wie Orpheus sieht auf der einen Seite noch, weil er von einer Muse abstammt – Sie wissen jetzt, was das bedeutet –, in die geistige Welt hinein. Aber auf der andern Seite werden seine Fähigkeiten, in der geistigen Welt zu leben, untergraben, gerade durch das Leben auf dem physischen Plan, durch die Abstammung von dem Vater, von dem thrakischen Flußgott. Dadurch wird sein rein geistiges Leben untergraben. Bei allen früheren Führern der Menschheit in der zweiten und dritten nachatlantischen Kulturperiode, bei denen bloß vorhanden war ein Sprechen der übersinnlichen Welten durch sie, war es so, daß sie gewissermaßen ihren eigenen Ätherleib als etwas vom physischen Leib Getrenntes wahrnehmen konnten. Wenn in den Kulturen des alten Hellsehens, auch bei den Kelten noch, der Mensch etwas wahrnehmen sollte, was er seinen Mitmenschen zu offenbaren hatte, dann wurde ihm das dadurch geoffenbart, daß sein Ätherleib selber aus ihm heraustrat. Dieser Ätherleib war dann Träger derjenigen Kräfte, die sich zu ihm niedersenkten. Wenn nun die Verkünder Männer waren und also ihre Ätherleiber weiblich waren, so nahmen sie dasjenige, was ihnen etwas aus den geistigen Welten vermittelte, in weiblicher Gestalt wahr.

Nun sollte dargestellt werden, daß Orpheus da, wo er rein mit den geistigen Mächten in Beziehung stand, weil er schon der Sohn des thrakischen Flußgottes war, der Möglichkeit ausgesetzt war, nicht halten zu können, was sich ihm durch seinen eigenen Ätherleib offenbarte. Und je mehr er sich einlebte in die physische Welt und zum Ausdruck brachte, was er war als Sohn des Landes, desto mehr kam ihm sein hellseherisches Vermögen abhanden. Das wird darin dargestellt, daß ihm entrissen wird durch den Biß einer Natter – das heißt durch das, was als Menschliches aus ihm kommt – Eurydike, seine Offenbarerin, seine Seelenbraut, und entführt wird in die Unterwelt. Er sollte sie nur wiedererhalten durch eine Initiation, die er dann durchzumachen hatte. Überall, wo von einem Gang in die Unterwelt gesprochen wird, ist eine Initiation gemeint. So sollte er sich durch eine Initiation die Gattin wiedererringen. Aber er war schon zu stark verwoben mit der physischen Welt. Zwar erlangte er in der Tat die Fähigkeit, herunterzudringen in die Unterwelt, aber als er wieder heraufkam, als er wieder der Tagessonne ansichtig wurde, da entschwand ihm Eurydike. Warum? Weil er, als er die Tagessonne erblickte, etwas tat, was er nicht tun durfte: sich umschauen, zurückschauen. Das heißt, er übertrat ein Gebot, das ihm vom Gott der Unterwelt streng auferlegt worden war. Was ist das für ein Gebot? Daß der physische Mensch, wie er heute auf dem physischen Plane lebt, nicht zurückblicken darf hinter jenen charakterisierten Zeitpunkt, wo die makrokosmischen Kindheitserlebnisse liegen, und die, wenn sie hereindringen würden in das spätere Bewußtsein, das alte Hellsehen geben würden. Du darfst nicht, sagt der Gott der Unterwelt, Verlangen danach tragen, wirklich die Geheimnisse der Kindheit zu durchschauen, dich daran zu erinnern, wo die Schwelle aufgerichtet ist. – Da er das tut, verliert er die Fähigkeit des Hellsehens.

So wird etwas außerordentlich Feines und Intimes an Orpheus durch diesen Verlust der Eurydike dargestellt. Dann ist nur eine Folge davon, daß der Mensch ein Opfer der physischen Welt wird. Er ist mit einer Wesenheit, die noch im Übersinnlichen wesenhaft wurzelte, hineingelangt in das, was er werden mußte auf dem physischen Plan. Dadurch dringen alle Kräfte des physischen Planes auf ihn ein, und er verliert Eurydike, seine eigene unschuldige Seele, die dem modernen Menschen verlustig gehen muß; sie verliert er. Und diejenigen Kräfte, in die er dann versetzt wird, zerfleischen ihn. Das ist dann eine Art Opfer des Orpheus.

Was ist es also, was Orpheus zuerst erlebt, weil er herauflebt von dem dritten in den vierten nachatlantischen Kulturzeitraum? Er erlebt dasjenige zuerst, was die erste Bewußtseinsstufe der Kindheit abstreift, den Zusammenhang mit dem Makrokosmos. Der ist nicht da, tritt nicht ins bewußte Leben hinüber. Und so wie der Mensch seiner eigentlichen Wesenheit nach ist, wird er aufgezehrt, getötet von dem Leben des physischen Planes, das eigentlich erst mit dem genannten Zeitraum beginnt. – Fassen Sie jetzt diesen Menschen ins Auge, der sozusagen der Mensch des physischen Planes ist, der sich im heutigen normalen Bewußtsein zurückerinnert bis zu einem bestimmten Zeitpunkt; vor diesem liegen drei Jahre der Kindheit. Dieser Mensch mit dem Faden der Erinnerung ist so verstrickt mit dem physischen Plan, daß es Orpheus seiner eigentlichen Wesenheit nach nicht in ihm aushalten kann, sondern zerrissen wird. Das ist der eigentliche Menschengeist der heutigen Zeit, derjenige Menschengeist, der uns zeigt, wie der Mensch am tiefsten mit der Materie verstrickt sein kann. Das ist der Geist, der im Sinne des paulinischen Christentums der Menschensohn genannt wird. Das müssen Sie sich einmal als einen Begriff aneignen: der Menschensohn, der sich im Menschen findet von dem Zeitpunkt ab, bis zu dem sich der Mensch heute zurückerinnert, mit alledem, was sich der Mensch von der Kultur aneignen kann. Fassen Sie diesen Menschen ins Auge, und denken Sie sich nun alles, was der Mensch sein könnte durch den Zusammenhang mit dem Makrokosmos, wenn hinzukäme, was in den ersten Kindheitsjahren hereindringt vom Makrokosmos. In den ersten Kindheitsjahren kann es nichts anderes sein als eine Grundlage, weil das entwickelte menschliche Ich noch nicht da ist. Wenn es aber in das entwickelte menschliche Ich hereinfiele, dann würde geschehen, was zuerst geschehen ist in dem Augenblick, als dem Jesus von Nazareth der Geist von oben herunterkam durch die Jordan-Taufe: Die drei unschuldigen Kindheits-Entwickelungsstadien mischten sich mit dem übrigen Menschentum zusammen. Das ist das Nächste. Und was war die Folge davon? Die Folge war, daß dieses unschuldige Kindheitsleben, als es sich entwickeln wollte auf der physischen Erde, sich nur drei Jahre entwickeln konnte – wie es sich überall nur drei Jahre entwickelt – und dann auf Golgatha sein Ende fand, das heißt, sich nicht vermischen konnte mit dem, was der Mensch wird in dem Zeitpunkt, bis zu dem er sich dann normalerweise zurückerinnert.

Wenn Sie dies durchdenken: was es bedeuten würde, wenn sich herein mischte in einen Menschen all der Zusammenhang mit dem Makrokosmos, der dumpf und dämmerhaft in den ersten Kindheitsjahren aufkommt, der aber, weil das Kind noch nicht das Ich-Bewußtsein hat, noch nicht wirklich leuchten kann; und wenn Sie weiter denken, wie, wenn er aufdämmerte im späteren Bewußtsein, etwas sich bilden würde, etwas hereinfiele in uns, was nicht aus dem Menschen in uns stammt, sondern aus der ganzen Weltentiefe, aus der wir herausgeboren werden – dann haben Sie die Interpretation der Worte, die da gesprochen worden sind in bezug auf das, was dargestellt ist in dem Herunterkommen der Taube: «Dies ist mein vielgeliebter Sohn; heute habe ich ihn gezeuget!» Das heißt, es ist hier der Christus in dem Jesus von Nazareth inkarniert worden, «gezeuget» worden, der Christus, der in der Tat geboren wurde in den Jesus von Nazareth in dem Augenblick der Johannes-Taufe und der auf der Höhe jenes Bewußtseins stand, das sonst die Menschen nur in den ersten Kindheitsjahren haben, aber mit allem kosmischen Zusammengehörigkeitsgefühl, welches das Kind haben müßte, wenn es wissen würde, was es fühlt in den ersten drei Jahren. Dann würden allerdings auch jene Worte eine ganz andere Bedeutung bekommen: «Ich und der Vater» – der kosmische Vater – «sind eins.»

Wenn Sie dies auf Ihre Seele wirken lassen, dann werden Sie ein wenig von dem nachfühlen, was sozusagen als ein erstes Grundelement in der Offenbarung von Damaskus für Paulus eingetreten ist, und was in dem schönen Worte zum Ausdruck kommt: «Wenn ihr nicht werdet wie die Kindlein, könnt ihr nicht in die Reiche der Himmel kommen!» Dieses Wort hat eine vielfache Bedeutung, aber auch diese. Paulus sagte: «Nicht ich, sondern der Christus in mir!» – das heißt die Wesenheit, die ein solches makrokosmisches Bewußtsein hat, wie es das Kind haben würde, wenn es das Bewußtsein der ersten drei Jahre durchdringen könnte mit dem Bewußtsein der späteren Zeit. Beim heutigen normalen Menschen sind diese beiden Arten getrennt, müssen getrennt sein; denn sie würden sich sonst nicht vertragen können. Sie haben sich auch nicht im Christus Jesus vertragen. Denn nach jenen drei Jahren mußte notwendigerweise der Tod eintreten, und zwar unter den Verhältnissen, wie sie sich in Palästina abgespielt haben. Nicht zufällig haben sie sich so dargestellt, sondern durch das Ineinanderleben dieser zwei Faktoren: des Gottessohnes, der der Mensch ist von dem Zeitpunkt der Geburt bis zur Entwickelung des Ich-Bewußtseins, und des Menschensohnes, der der Mensch ist nach dem Zeitpunkt der Erringung des Ich-Bewußtseins. Durch das Zusammenleben des Menschensohnes und des Gottessohnes wurden hervorgerufen die Ereignisse, die dann zu den Ereignissen von Palästina geführt haben.

SIEBENTER VORTRAG

Berlin, 28. Februar 1911

Wenn wir unserem Ziele gemäß im Verlaufe dieses Winters fortfahren werden, Betrachtungen anzustellen, die anknüpfen können an das Markus-Evangelium, so muß dieses Ziel durchaus in weiterem Sinne ins Auge gefaßt werden, und es wird sich vielleicht erst nach einiger Zeit zeigen, warum die eine oder die andere Betrachtung, die gepflogen werden muß, gerade in diesen Zusammenhang hineingehört. Wir werden daher heute einige Dinge zu besprechen haben, welche scheinbar recht weit ab stehen von unserem gewöhnlichen Thema, die uns aber doch sehr helfen werden bei unsern weiteren Betrachtungen.

Da möchte ich Sie zunächst darauf aufmerksam machen, daß die Außenstehenden immer wieder eines nicht einsehen werden, solange sie sich nicht einigermaßen intimer mit dem ganzen Wesenskern der geisteswissenschaftlichen Richtung bekanntgemacht haben, nämlich: welche Bedeutung und welchen Wert für diejenigen Menschen, die hellseherisches Vermögen noch nicht haben, eine Forschung hat, die im wesentlichen ihre Quellen, also ihre Ursprünge in dem hat, was wir hellseherische Forschung nennen müssen. Man kann ja einwenden: Wie kann ein Glaube, ein Fürwahrhalten, eine Überzeugung von den spirituellen Wahrheiten bei denjenigen sich bilden, die noch nicht hineinsehen können in die geistigen Welten? – Da muß nun immer wieder auch auf das andere aufmerksam gemacht werden, daß wir zwar, solange das hellseherische Auge nicht geöffnet ist, nicht hineinsehen können in die geistigen Welten, daß aber aus diesen geistigen Welten fortwährend die Folgen, die Offenbarungen dessen herauskommen, was eben in ihnen drinnen ist. Wenn also von der hellseherischen Forschung gesagt wird, der Mensch bestünde aus seinen vier Wesensgliedern – physischer Leib, Ätherleib, Astralleib und Ich –, dann könnte der der hellseherischen Forschung Fernerstehende ja sagen: Ich sehe nur den physischen Leib; wie kann ich mich, bevor mir durch mein Karma die Möglichkeit gegeben wird, zum Beispiel den Astralleib oder den Ätherleib zu sehen, davon überzeugen, daß es wahr ist, was über diese höheren Glieder der Menschennatur gesagt wird? – Nun, leugnen kann man, wenn man durchaus will, den Astralleib und den Ätherleib. Aber die Folgen jener Vorgänge, die sich im Astralleib und Ätherleib abspielen, kann der Mensch nicht aus dem Leben hinausdekretieren; die zeigen sich im menschlichen Leben. Und ich möchte Ihnen heute, damit Sie nach und nach das Gefüge der menschlichen Wesenheit so einsehen, wie es vielen Ausdrücken in den Evangelien zugrundeliegt, zeigen, wie sich in der Tat die Folgen der Vorgänge zum Beispiel im Astralleib oder im Ätherleib sehr wohl im ganz gewöhnlichen Leben auf dem physischen Plan zeigen.

Fassen wir dazu zunächst einmal den Unterschied ins Auge zwischen einem Menschen, welcher in gewissem Sinne voller Idealismus ist, der sich hohe Ideale setzt, und einem Menschen, der im allgemeinen abgeneigt ist, sich hohe Ideale zu setzen, der sozusagen nur unter den äußeren Antrieben des Lebens handelt, sagen wir, ißt, wenn er Hunger hat, schläft, wenn er schläfrig ist, dieses oder jenes tut, wenn ihn diese oder jene Leidenschaften oder Instinkte dazu treiben. Dann gibt es natürlich allerlei Zwischenstufen zwischen diesen zwei Menschenarten, zwischen den zuletzt charakterisierten und denjenigen, die also hohe Idealisten sind und immer mit ihren Absichten und Gedanken und der Größe ihrer Ideale über das hinausgehen, was sie im gewöhnlichen Leben erreichen können. Solche Idealisten sind überhaupt in einer eigentümlichen Lage gegenüber dem Leben. Sie müssen sich ja immer von der Richtigkeit des Wortes überzeugen, daß es in dem Leben des physischen Planes niemals möglich ist, etwas zu tun, was unserem höchsten Ideale auf einem entsprechenden Gebiete wirklich gleichkommt. Das ist das Geständnis, das sich die Idealisten immer wieder machen müssen: Hinter meinen Idealen muß ich doch mit meinen Handlungen zurückbleiben. So könnten wir, wenn wir genau sprechen wollen, sagen: Der Idealist hat immer etwas in seinen Idealen, worüber er denkt, woran er seine Empfindungen knüpft, was größer, weiter ist als seine Handlungen. Das kennzeichnet den Idealisten im geisteswissenschaftlichen Sinne, daß seine Gedanken größer, umfassender sind als seine Handlungen. Fassen Sie das genau ins Auge: ein Idealist ist also der, bei dem die Absichten, die Gedanken größer sind als die möglichen Werke auf dem physischen Plan.

Von dem, welcher in der andern Richtung, die charakterisiert worden ist, lebt, kann man das Entgegengesetzte sagen: daß er nicht so weit denkt, wie er handelt. Wer nur aus Instinkten, Leidenschaften, Trieben, Begierden und so weiter handelt, der hat nicht einen Gedanken, der alles umfaßt, was er in einem gegebenen Augenblick tut, sondern er begeht eine Handlung, ein Werk auf dem physischen Plan, das Dinge, Geschehnisse umfaßt, über die er nicht denkt. Seine Absichten, seine Gedanken sind also weniger weit, sind kleiner als seine Handlungen, seine Werke auf dem physischen Plan.

Nun sagt Ihnen der Hellseher über diese zweierlei Menschen etwa folgendes. Wenn wir eine Handlung, ein Werk im Leben tun, welches größer, umfassender ist als unsere Gedanken, dann wirft dieses Werk in unsern Astralleib hinein immer ein Spiegelbild. Aber überhaupt alles, was wir im Leben tun, wirft ein Spiegelbild in unsern Astralleib. Wir können gar nichts im Leben tun, ohne daß, wenn wir über die Handlung hinausgekommen sind, in unserem Astralleib ein Bild der Handlung ist. Dieses Bild teilt sich später auch dem Ätherleib mit, und so wie es sich dem Ätherleib mitteilt, bleibt es für die Akasha-Chronik wahrnehmbar, so daß ein Hellseher sehen kann die Spiegelbilder dessen, was ein Mensch im Laufe seines Lebens für Handlungen begangen hat. So bleiben auch von denjenigen Handlungen, deren Gedanken größer sind als die Ausführung, das heißt, die wir aus Idealismus begehen, Spiegelbilder im Astralleib zurück, die sich wieder auf den Ätherleib fortsetzen. Das ist nun aber der große Unterschied zwischen den Spiegelbildern von Handlungen, die aus Instinkten, Trieben, Leidenschaften und so weiter herrühren, und den Spiegelbildern von Handlungen, die wir aus Idealismus begehen: alle Spiegelbilder erster Art haben etwas für unser ganzes Leben in gewisser Beziehung Zerstörendes. Sie sind diejenigen Bilder und Einschlüsse unseres Astralleibes, die nach und nach so auf unser ganzes menschliches Wesen zurückwirken, daß sie dieses menschliche Wesen eigentlich, man möchte sagen, langsam aufzehren. Und diese Spiegelbilder hängen im wesentlichen auch zusammen mit der langsamen Art, wie sich der Mensch in seinem Leben bis zum Tode – also in seinem Wesen auf dem physischen Plan – aufzehrt; während die Spiegelbilder, die aus dem entspringen, was aus unsern Gedanken hinüber geht über unsere Handlungen, etwas Belebendes haben. Sie sind für den Ätherleib in ganz besonderem Maße anregend, denn sie sind diejenigen, welche fortwährend neue belebende Kräfte in unser ganzes Menschenwesen hineinbringen.

So haben wir also nach den Aussagen des Hellsehers in der Tat verwüstende, zerstörende Kräfte in unserem Menschenwesen auf dem physischen Plan, und wir haben auch fortdauernd belebende Kräfte in uns. Nun kann man in der Regel die Wirkungen dieser Kräfte im Leben sehr wohl beobachten. Da gehen zum Beispiel Menschen im Leben herum, die sind mürrisch, hypochondrisch, von düsterem Temperament, werden mit ihrem eigenen Seelenleben nicht fertig, und es wirkt dieses eigene Seelenleben wieder zurück auf ihren physischen Organismus. Sie sind ängstliche Naturen geworden, und man kann beobachten, wie die Angst, wenn sie ewig andauert im Leben, den Organismus in seiner Gesundheit bis ins Physische untergräbt. Kurz, es gehen Menschen herum, die in einem späteren Lebensalter melancholisch, von düsterem Temperament sind, auch wohl mit sich selber schwer fertig werden und in der verschiedensten Weise unausgeglichene Naturen sind. Würden wir nun den Ursachen eines solchen Benehmens nachforschen, so würden wir finden, daß solche Menschen wenig Gelegenheit gehabt haben, in früheren Perioden ihres physischen Daseins das durchzumachen, was man nennen kann: ein idealistisches Übergreifen der Gedanken über die Handlungen des Menschen, ein Größersein der Gedanken, als die Handlungen sind.

Solche Dinge beobachtet man im gewöhnlichen Leben nicht, aber die Wirkungen stellen sich sehr wohl ein. Die Wirkungen sind da, und gar mancher fühlt sehr stark diese Wirkungen, fühlt sie als seine ganze Lebensstimmung, als seine ganze Seelenstimmung und auch in seiner körperlichen Verfassung. So also könnte man leugnen den Astralleib; seine Folgen kann man nicht leugnen, denn die Folgen erlebt man. Und wenn sich im Leben zeigt, was eben jetzt geschildert worden ist, dann sollten die Menschen einsehen, daß es doch nicht so ganz töricht ist, wenn von solchen Dingen gesprochen wird wie über die Beweisführung, daß die Beobachtung übersinnlicher Geschehnisse zwar nur dem Hellseher möglich ist, daß aber die Offenbarung der hellseherisch beobachteten Tatsachen im Leben immer gezeigt werden kann.

Dagegen sehen wir die Handlungen, die kleiner sind als ihre entsprechenden Gedanken, solche Eindrücke zurücklassen, welche sich im späteren Leben zeigen als Lebensmut, als Lebenssicherheit, als Ausgeglichenheit im Leben. Das setzt sich dann bis ins Innere des physischen Organismus fort, und die Zusammenhänge merkt man erst, wenn man das Leben eine lange Zeit hindurch betrachtet, wenn man nicht nur kurze Abschnitte des Lebens ins Auge faßt. Das ist ja der Fehler vieler wissenschaftlicher Betrachtungen, daß man immer gleich nach dem, was im Laufe der nächsten fünf Jahre geschieht, die Wirkung von diesem oder jenem bestimmt, während sich die Wirkungen vieler Dinge oft erst nach Jahrzehnten zeigen.

Nun bedenken Sie, daß man aber im eigentlichen Sinne sagen muß, daß es nicht nur Menschen gibt, die bloß idealistischer Natur sind, die in ihren Gedanken über das einzelne Erlebte hinausgehen, und solche, die nur mit ihren Gedanken immer zurückbleiben hinter ihren Erlebnissen. Denn wir haben zum Beispiel eine große Anzahl von Erlebnissen, die sich nur mit größter Schwierigkeit in Gedanken fassen lassen. So ist Essen und Trinken etwas, was alltäglich aus Trieb, aus Instinkt begangen wird, und es dauert wirklich recht lange, bis der, welcher eine geistige Entwickelung durchmacht, sozusagen auch diese Dinge einbezieht in das geistige Leben. Gerade die alltäglichen Dinge lassen sich am schwersten in das geistige Leben einbeziehen, denn wir haben Essen und Trinken erst dann einbezogen, wenn wir verfolgen können, warum wir, um dem ganzen Laufe der Welt zu dienen, in rhythmischem Gange die physischen Stoffe zu uns nehmen müssen und welche Beziehung die physischen Stoffe zum geistigen Leben haben; wie der Stoffwechsel nicht bloß etwas Physisches ist, sondern durch seinen Rhythmus auch etwas Geistiges hat.

Allerdings gibt es einen Weg, um nach und nach diese nicht durch eine äußere stoffliche Notwendigkeit bloß geforderten Dinge zu spiritualisieren. Denn es gibt eben die Möglichkeit, diese Dinge so anzusehen, daß wir uns sagen: Wir essen diese oder jene Frucht, und wir können uns durch unsere spirituellen Erkenntnisse immerhin eine Vorstellung bilden, wie, sagen wir, ein Apfel oder irgendeine andere Frucht zum Ganzen des Universums steht. – Das dauert aber lange. Dann gewöhnen wir uns an, das Essen nicht eine bloß stoffliche Tatsache sein zu lassen, sondern wir gewöhnen uns zu beachten, welchen Anteil zum Beispiel der Geist hat an dem Reifen einer Frucht in den Sonnenstrahlen. Daher vergeistigen wir auch die stofflichsten, alltäglichen Prozesse und gewinnen die Möglichkeit, selbst da mit unsern Gedanken einzudringen; ich kann das hier nur andeuten, wie auch da Gedanken und Ideen hineingebracht werden können. Das ist aber ein weiter Weg, und die wenigsten Menschen können in unserem Zeitalter dazu kommen, über das Essen vollgültig zu denken.

Wir müssen also sagen, es gibt nicht nur Menschen, die instinktive, und solche, die idealistische Handlungen begehen, sondern bei jedem Menschen teilt sich das Leben so, daß er einen Teil seiner Handlungen in der Weise begeht, daß die Gedanken nicht nachkönnen den Handlungen, und andere, wo die Gedanken und Ideale größeren Umfang haben als die Handlungen. Daher haben wir in uns eine Art von Kräften, die unser Leben abwärts führen; die arbeiten daran, daß unser physischer Organismus nach und nach durch innere Gründe sozusagen dem Tode entgegenreift. Und andere Kräfte haben wir in uns, die unserem Astralleib und Ätherleib belebende Kräfte zuführen, Kräfte, die immerdar wie ein neues Licht in unserem Astralleib und Ätherleib aufleuchten. Diese letzteren sind es, welche wirklich als belebende Kräfte in unserem Ätherleib bleiben. Wenn wir dann nach dem Tode mit unserem geistigen Wesensteil unsere Hüllen verlassen, so haben wir – in den ersten Tagen nach dem Tode – noch den Ätherleib an uns und haben dadurch jenen Rückblick über unser ganzes Leben. Und das beste, was uns nun bleibt wie ein inneres Bildendes, das sind die eben angedeuteten belebenden Kräfte, die dorther stammen, daß unsere Ideen hinübergegangen sind über das Maß unserer Handlungen. Das ist etwas, was so nachwirkt über den Tod hinaus, daß es weitere belebende Kräfte birgt, sogar für die nächstfolgende Inkarnation.

Daher dürfen wir sagen: Was wir uns so selbst als belebende Kräfte einimpfen, das bleibt im Ätherleibe, ist eine bleibende Jugendkraft. Und wenn wir auch nicht dadurch unser Leben verlängern, so müssen wir doch davon sagen, daß wir unser Leben so gestalten können, daß es länger jugendfrisch bleibt, indem wir viele Handlungen so tun, daß unsere Gedanken das Maß des Handelns übergreifen.

Fragt sich der Mensch, wodurch er solche Ideale gewinnen kann, welche am besten hinübergreifen über unsere Handlungen, so können wir sagen: Das ist möglich, wenn wir uns einlassen auf die Geisteswissenschaft, die uns in die übersinnlichen Welten hineinführt. – Wenn wir zum Beispiel über die Entwickelung des Menschen in unserem Erdensystem aus der geistigen Wissenschaft heraus hören, dann rütteln solche Mitteilungen Kräfte in unsern höhern Wesensgliedern auf, und wir bekommen dadurch gerade in der heutigen Zeit den konkretesten, sichersten Idealismus. Handelt es sich um die Frage: Wozu dient besonders die Geisteswissenschaft neben allem andern? – so können wir sagen: Sie gießt jugendfrische, befruchtende Kräfte in unsern Astralleib und Ätherleib.

Die Menschen stehen in einer so sehr verschiedenen Weise zu dem, was wir als Geisteswissenschaft bezeichnen, nicht weil sie nicht Hellseher sind als Menschen der Gegenwart, sondern weil sie auch im äußeren Leben nicht beobachten wollen. Sonst würden sie schon sehen, in welch verschiedener Weise sich sogar im Organismus dasjenige äußert, was wir den geistig-seelischen Menschen zunächst nennen. Da könnten die Menschen hören, die draußen in der Welt stehen und sich durchaus als Ungläubige zur Geisteswissenschaft verhalten: Die Geisteswissenschaft sagt, daß der physische Leib des Menschen ausgefüllt ist von irgendwelchen höheren Gliedern. Nehmen wir diese einmal zusammen und nennen sie den seelisch-geistigen Menschen. An diesen seelisch-geistigen Menschen wollen aber die Materialisten der Gegenwart nicht glauben; sie glauben nur an den physischen Menschen und werden dadurch insbesondere in bezug auf den physischen Menschen Materialisten. Unter Materialisten versteht man oftmals nur die theoretischen Materialisten, die nur an die Materie glauben. Aber ich habe es oft und oft betont: Diese theoretischen Materialisten sind nicht die schlimmsten. Denn ein solcher Materialist kann auch der sein, der bloß aus dem Verstande seine Begriffe schöpft, und das sind ohnehin die kurzsichtigsten Begriffe. Daher kann der Materialismus, der bloß auf dem Verstande beruht, nicht so schädlich sein. Wo er aber durch anderes gestärkt wird, kann er recht schlimm werden für das Gesamtleben des Menschen – und besonders, wenn der Mensch mit seinem innersten geistigen Wesenskern an seiner Materie, an seinem Stoffe hängt.

Und wie hängt gerade in unserem Zeitalter die Menschheit von dem Stoffe ab! Daß es theoretische Materialisten gibt, ist in bezug auf die Gedanken verführerisch und in bezug auf das, was unsere Seelen eigentlich bilden soll, fatal; aber unser äußeres Leben wird besonders dadurch beeinflußt, daß es für die Lebenspraxis so viele Materialisten gibt. Was ist ein Materialist für die Lebenspraxis? Das ist ein Mensch, der von seiner physischen Materie so abhängig ist, daß er den Winter nur einige Monate hindurch in seinem Kontor zubringen kann und den Sommer, wenn er überhaupt das Leben zubringen will, an der Riviera sein muß. Da ist er ganz abhängig von dem stofflichen Wirken, von den stofflichen Kombinationen. Das sind Materialisten für die Lebenspraxis. Materialist wird man dadurch, daß man vom Stofflichen ganz abhängig ist, daß man gezwungen ist, mit seiner Seele nachzulaufen den Bedürfnissen, die das Leben uns zudiktiert. Das ist noch ein ganz anderer Materialist als der, welcher bloß in Gedanken und Ideen einen Materialismus lebt. Ein theoretischer Idealismus kann vielleicht noch zu der Überzeugung führen, daß der theoretische Materialismus falsch ist. Aber den praktischen Materialisten kurieren, unsere Abhängigkeit vom Stofflichen des physischen Leibes kurieren, das kann nur die wirkliche Versenkung in die Geisteswissenschaft.

Nun könnten die Menschen, wenn sie nur denken wollten – das heißt Gedanken, die nicht nur aus dem Verstande kommen, sondern aus dem Verwandtsein mit der Wirklichkeit –, aus ganz alltäglichen Tatsachen entnehmen, daß ein großer Unterschied besteht, sagen wir, zwischen den einzelnen Gliedern der menschlichen Wesenheit. Ich will Ihnen zunächst einen Unterschied angeben, der zum Beispiel zwischen den Händen und irgendeinem andern Teil, etwa den Schultern des Menschen besteht. Wenn wir den physischen Menschen bloß äußerlich fleischlich untersuchen, so bekommen wir physische Unterschiede, zum Beispiel über den Nervenverlauf und dergleichen. Aber wir müssen doch bedenken, daß wir auf diesen Nervenverlauf einen gewissen Einfluß haben können. Wäre einzig und allein der Nervenverlauf maßgebend für die Seele, so würden wir von den stofflichen Wirkungen abhängig sein, denn Nervenverlauf ist stoffliche Wirkung. Das sind wir nun aber gar nicht, denn wir haben einen Einfluß auf den Nervenverlauf – und in der verschiedensten Art, und zwar deshalb, weil die Art und Weise, wie unser Astralleib und Ätherleib wirken, also der geistig-seelische Teil des Menschen, die allerverschiedenste ist. Wir dürfen nicht einfach sagen: Dein physischer Leib ist ausgefüllt von Astralleib und Ätherleib –, sondern es ist verschieden, je nachdem wir den Teil nehmen, der die Hände ausfüllt, oder den, welchen wir in die Schultern oder dergleichen versetzen. Diese verschiedenen geistigen Teile wirken verschieden; man könnte sich davon leicht überzeugen. Nur muß man sich dann klar sein, daß das, was im Leben geschieht, der Notwendigkeit entspricht, und daß nicht gedankenlos verfolgt werden darf, was im Leben geschieht. Wenn irgendein Luftzug nicht richtig ist, kann der Physiker nachdenken mit seinen Gesetzen, warum sich der Luftzug nach der betreffenden Gegend gerichtet hat. Aber warum denken die Menschen nicht darüber nach, was für eine ungeheure Bedeutung es im Leben hat – es wird sonderbar erscheinen, daß so etwas vorgebracht werden kann, aber gerade an alltäglichen Erscheinungen bewahrheiten sich die Mitteilungen des Hellsehers –, daß sich der Mensch im Leben wirklich öfter die Hände wäscht als irgendeinen andern Teil seines Körpers? Das ist jedenfalls eine Tatsache. Und es ist auch eine Tatsache, daß es Menschen gibt, die sich oft und gern die Hände waschen, und auch wieder solche, die dies weniger gern tun. Eine solche Tatsache, die scheinbar recht trivial ist, hängt wirklich mit den höchsten Erkenntnissen zusammen. Wenn der Hellseher die Hände des Menschen ansieht, sind sie tatsächlich wunderbar verschieden von allen andern Gliedern, selbst vom Gesicht. Aus den Fingern gehen hervor und leuchten weit hinein in den umliegenden Raum strahlende Gebilde des Ätherleibes, die sich bald glimmend, schwach, bald stechend in den Raum hineinerstrecken. Je nachdem der Mensch froh oder betrübt ist, strahlen seine Finger verschieden aus, und anders strahlt der Handrücken aus und anders die innere Handfläche. Und für den, der geistig zu beobachten versteht, ist die Hand, allerdings mit ihrem Ätherteil und ihrem astralischen Teil, ein ganz wunderbares Gebilde. Alles aber in unserer Umgebung, wenn es auch Stoff ist, ist die Offenbarung des Geistes. Stoffliches ist so zum Geistigen zu denken wie Eis zum Wasser; es ist aus dem Geistigen herausgebildet. Wenn Sie wollen, sagen Sie, es ist verdichteter Geist. Treten wir also zu irgendeinem Stoffe in eine Beziehung, so treten wir zu dem Geistigen in dem Stoffe in eine Beziehung. Alle unsere Berührung mit dem Stoffe ist in Wahrheit, soweit es Stoffliches ist, Maya. In Wahrheit ist es der Geist, mit dem wir in irgendeine Beziehung kommen.

Die Art und Weise nun, wie wir mit dem Geiste im Wasser in Beziehung kommen, wenn wir unsere Hände waschen, ist so, daß man sagen muß, wenn man feinsinnig das Leben zu beobachten versteht, daß es einen großen Einfluß hat auf die Gesamtstimmung des Menschen, wie oft er sich die Hände wäscht. Es gibt Naturen, die eine gewisse Vorliebe dafür haben, sich die Hände zu waschen; die können gar nicht anders, wenn irgendein Schmutz an den Händen sein könnte, als ihn wegzuwaschen. Das sind diejenigen Naturen, die in einer ganz bestimmten Weise eine gewisse Beziehung haben – oder bekommen – namentlich zu ihrer Umgebung. Die beschränkt sich dann nicht bloß auf das Stoffliche, sondern es ist, wie wenn feine Kräfte im Stoffe anfingen auf den Menschen zu wirken, wenn er so die geschilderte Beziehung zwischen seinen Händen und dem Element des Wassers herstellt. Solche Menschen werden uns schon im Leben zeigen, daß sie in einer gewissen Weise – und zwar im gesunden Sinne – sensiblere, sensitive Naturen werden, feiner beobachten zum Beispiel, wenn ein Mensch mit brutalem Sinn oder mit gutem Gemüt in ihrer Nähe steht, während Menschen, welche Schmutz an ihren Händen dulden, tatsächlich auch im Leben gröbere Naturen sind und in der Tat zeigen, daß sie zwischen sich und den intimeren Beziehungen in ihrer Umgebung etwas wie Wände aufrichten. Es ist das so, und Sie können es selbst, wenn Sie wollen, ethnographisch beobachten. Gehen Sie durch die Länder und versuchen Sie die Menschen zu beobachten. Es gibt die Möglichkeit zu sagen, es werden da oder dort mehr die Hände gewaschen. Untersuchen Sie, wie die Beziehungen zwischen den Menschen sind, wie ganz anders Freund zum Freunde, Bekannter zum Bekannten steht in Gegenden, wo die Hände mehr gewaschen werden, als in Gegenden, wo die Menschen eine Mauer aufrichten dadurch, daß sie weniger oft die Hände waschen.

Diese Dinge gelten wie ein Naturgesetz. Andere Verhältnisse können das wieder kaschieren. Wenn wir einen Stein durch die Luft werfen, so bildet die Wurflinie eine Parabel. Wird der Stein aber von einem Windstoß erfaßt, dann ist die Parabel nicht da. Das zeigt also, daß man die Methodik kennen muß, um gewisse Verhältnisse richtig zu beobachten. – Aber woher kommt das? Das kommt davon her, daß sich dem hellseherischen Bewußtsein zeigt, wie das Geistig-Seelische fein die Hände durchdringt. Das ist sogar in solchem Maße der Fall, daß insbesondere eine Beziehung des Wassers zu den Händen hergestellt wird. Für das menschliche Antlitz ist das schon weniger der Fall, und am wenigsten für die andern Teile der menschlichen Körperoberfläche. Das ist nun aber nicht so zu verstehen, daß es etwa eine Opposition gegen alles Baden und Waschen darstellen sollte, sondern es soll mehr ein Licht werfen auf die entsprechenden Verhältnisse.

Es ist dies ein Beweis dafür, daß sozusagen das Geistig-Seelische des Menschen zu seinen verschiedenen Gliedern in einem ganz verschiedenen Verhältnisse steht, daß es sich sozusagen in den verschiedenen Gliedern in verschiedener Weise ausprägt. Sie werden kaum erleben, daß irgend jemand an seinem Astralleibe dadurch Schaden leidet, daß er sich zu oft die Hände wäscht. Das muß man nur in seiner ganzen Tragweite ins Auge fassen. Das rührt davon her, daß es richtig ist, daß die Beziehung, die hervorgerufen wird zwischen dem Menschen und der Umgebung, namentlich zwischen dem Astralleib des Menschen und der Umgebung, in einer gesunden Weise beeinflußt wird durch das Verhältnis der Hände zum Wasser. Deshalb wird auch auf diesem Felde eine Übertreibung nicht leicht möglich sein. Wenn man nun aber materialistisch denkt und in seinen Gedanken ganz an der Materie klebt, so wird man sagen: Was den Händen gut ist, das ist dem ganzen übrigen Körper billig – und macht dann nicht den Unterschied, der in dieser Feinheit besteht. Und die Folge ist das, was sattsam zutage tritt: daß für gewisse Dinge der menschliche Leib in gleicher Art behandelt wird. So wird zum Beispiel als eine ganz besondere Kurmethode empfohlen, schon den Kindern immer wieder und wieder sogenannte kalte Abreibungen und kalte Abwaschungen in größtem Maße zu machen. Glücklicherweise sehen auch heute die Mediziner schon ein – durch die Folgen auf das Nervensystem –, daß diese Methoden ins Unsinnige getrieben worden sind. Denn – weil das besondere Verhältnis des Astralleibes zu den Händen besteht – was für die Hände gar nicht genug sein kann, das kann bald zu einem schädlichen Experiment ausarten, wo der Körper zum Astralleib in einem andern Verhältnis steht. Wo daher eine gesunde Empfindsamkeit zu der Umgebung hervorgerufen wird durch das Händewaschen, da wird durch die übertriebene Kur von kalten Waschungen und so weiter eine ungesunde Überempfindlichkeit und dergleichen hervorgerufen, die oft – besonders, wenn eine solche Kur im Kindesalter betrieben wird – für das ganze Leben bleibt. Deshalb kommt es überall darauf an, die Grenzen zu kennen, und die werden nur erkannt werden, wenn die Menschen sich zu der Annahme herbeilassen, daß in dem physischen Leibe eingegliedert sind die höheren Wesensglieder. Dann wird auch anerkannt werden, daß physisch mehr innerlich gelegene Teile – was wir also als Werkzeuge in unserem physischen Leibe haben – in ganz verschiedener Weise versorgt werden von der geistig-seelischen Wesenheit. So wird man anerkennen müssen, daß alles, was zum Charakter der Drüsen gehört, in einem besonderen Maße Werkzeug des Ätherleibes ist, daß aber alles, was zum Nervensystem gehört, zum Beispiel das Gehirn, in einer intimen Beziehung zum Astralleibe steht.

Die Menschen werden nie verstehen können, warum gewisse Erscheinungen nun einmal vorhanden sind, wenn sie solche Dinge nicht ins Auge fassen. Erstens irren ja die Materialisten darin, daß sie bei allem nur das Werkzeug ins Auge fassen. Denn alles, was wir erleben, erleben wir im Seelischen, und daß wir ein Bewußtsein davon haben, das hängt davon ab, daß wir im physischen Leibe die Dinge reflektiert erhalten müssen, so daß für das, was da im Seelischen vor sich geht, unser physischer Leib überall nur ein Werkzeug ist. Darüber ist sich der Geisteswissenschafter gewiß klar. Aber in verschiedener Art ist dieser physische Leib ein Werkzeug. Das tritt oft ganz merkwürdig zutage. Ich brauche nur auf eines hinzuweisen: auf die ganz eigenartige Bedeutung unserer Schilddrüse. Sie wissen, die Schilddrüse wurde als ein bedeutungsloses Organ angesehen und bei Erkrankungen entfernt, und in solchen Fällen verfielen die betreffenden Menschen in Idiotie. Wenn aber nur ein Teil der Schilddrüse bleibt, ist diese Gefahr im wesentlichen beseitigt. Das zeigt, daß das Sekret der Schilddrüse notwendig ist, um gewisse Dinge im Seelenleben zu entfalten. Nun besteht das sehr Eigentümliche: Wenn man das Sekret der Schilddrüse des Schafes solchen Menschen eingibt, welche die Schilddrüse verloren haben, dann stellt sich heraus, daß die Idiotie wieder gebessert wird; und wenn man es ihnen wieder entzieht, werden sie wieder idiotisch.

Daraus könnte der Materialist für sich sehr vieles finden. Aber der Geisteswissenschafter wird eine solche Sache im richtigen Sinne zu beurteilen verstehen. Wir sehen ja die eigentümliche Tatsache, daß wir es tatsächlich mit einem Organ zu tun haben, dessen Produkt wir direkt unserem Organismus zuführen können, und dann wirkt es. Das ist nur bei allen denjenigen Organen der Fall, die zu unserem Ätherleibe eine intime Beziehung haben, so daß wir sagen können: So etwas wie bei der Schilddrüse ist nur möglich, wo eine bestimmte Beziehung zum Ätherleibe vorhanden ist. Wo eine ähnliche Beziehung zum Astralleibe besteht, ist das gleiche nicht möglich. Ich habe mehr oder weniger schwach begabte Menschen kennengelernt, die Schafsgehirne gegessen haben und nicht gescheit geworden sind. Das zeigt, daß da wieder ein großer Unterschied vorhanden ist zwischen den einzelnen Organen. Dieser Unterschied ist ein so beträchtlicher nur aus dem Grunde, weil die eine Gruppe von Organen zum Ätherleibe, die andere zum Astralleibe eine innere Beziehung hat. Daraus ergibt sich für die geistige Betrachtung noch etwas ganz Besonderes.

Es scheint doch sehr merkwürdig zu sein, daß der Mensch sozusagen dumm wird, wenn ihm seine Schilddrüse fehlt, und daß er wieder gescheit wird, wenn man ihm Schilddrüsensekret eingibt. Das scheint sonderbar zu sein, weil es doch nicht einzusehen ist, daß sein Gehirn dadurch beeinträchtigt wird. Hier haben Sie aber wieder einen der Punkte, wo die äußere Menschenbeobachtung notwendigerweise hingeführt werden sollte zur geisteswissenschaftlichen Betrachtungsweise. Denn die Geisteswissenschaft zeigt, daß der Mensch gar nicht dumm wird, wenn ihm die Schilddrüse entfernt wird. Aber, werden Sie sagen, die Tatsachen zeigen es doch, daß der Mensch dumm wird! – In Wirklichkeit jedoch werden die Menschen nicht aus dem Grunde idiotisch, weil sie nicht denken können, sondern weil ihnen die Möglichkeit fehlt, ein Werkzeug zu haben in bezug auf Aufmerksamkeit für die Umgebung. Sie werden nicht Idioten, weil ihnen etwa Verstand fehlte, sondern weil sie stumpf werden für ihre Umgebung. Und Stumpfwerden ist etwas anderes als Den-Verstand-Verlieren. Den Verstand braucht man nicht verloren zu haben, wenn man ihn nicht entfaltet, weil man keine Aufmerksamkeit entwickelt. Wenn Sie über ein Ding nicht nachdenken, können Sie sich nicht darüber äußern; Sie müssen erst nachdenken, wenn Sie sich zu einem Dinge stellen wollen. Die Anteilnahme, das lebendige Interesse an den Dingen wird untergraben, wenn die Schilddrüse entfernt wird. Die Menschen werden teilnahmslos gemacht, und zwar so stark, daß sie ihren Verstand nicht anwenden.

Da haben Sie den feinen Unterschied zwischen der Anwendung eines Werkzeuges für den Verstand, wie es Gehirnpartien sind, und einem Werkzeuge, das es mit einer Drüse zu tun hat, wie es die

Schilddrüse ist. So können wir hineinleuchten in die Art, wie unser physischer Leib Werkzeug ist, und wir werden dadurch auch, wenn wir aufmerksam sind, unterscheiden können zwischen den verschiedenen Partien des menschlichen Wesens.

Auch in bezug auf das Ich können wir sagen, daß es sich in der verschiedensten Art in seinem Verhältnisse zur Umwelt zeigt. Da kommen für das Ich Dinge in Betracht, die ich auch von anderen Gesichtspunkten aus schon darstellte: daß der Mensch mit seinem Ich gleichsam mehr in sich selber hineingeht, daß er versucht, sich selbst gewahr zu werden – oder aber er gibt sich mehr an die Außenwelt hin, versucht mehr, seinen Zusammenhang mit der Außenwelt zu gewinnen. Wir werden in einem gewissen Sinne unseres Ich bewußt, wenn wir unsern Blick in uns hineinversenken, wenn wir Veranlassung haben, darüber nachzudenken, was uns das Leben gibt, was es uns vorenthält und so weiter. Da werden wir unser Ich gewahr. Oder wir werden es gewahr, wenn wir mit der Außenwelt in Beziehung kommen, zum Beispiel wenn wir uns an einem Stein stoßen. Oder wenn wir eine Rechnung nicht lösen können, werden wir unseres Ich gewahr als eines gegenüber den Verhältnissen der Außenwelt ohnmächtigen und so weiter. Kurz, an uns selbst und auch an der Außenwelt können wir unseres Ich gewahr werden. Ganz besonders wird der Mensch seines Ich gewahr, wenn jene magische Beziehung zu den Menschen oder der Umgebung eintritt, die wir als Mitgefühl oder Mitleid bezeichnen. Da zeigt sich so recht, daß eine magische Wirkung von Seele zu Seele geht, von Geist zu Geist. Denn wir fühlen irgend etwas, was draußen in der Welt geschieht, was dort gefühlt, gedacht wird, in uns selber noch einmal, erleben etwas Geistig-Seelisches, was draußen geschieht, in uns selber mit. Da vertiefen wir uns in der Tat in unser Inneres. Denn Mitleid, Mitfühlen ist ein inneres Seelenerlebnis. Und wenn unser Ich diesen Erlebnissen nicht ganz gewachsen ist und nötig hat, sich in sich zu verstärken, so kommt das zum Ausdruck in der Trauer bloß seelisch, in der Träne selbst physisch. Denn die Trauer ist das Seelenerlebnis, durch welches das Ich sich stärker fühlt gegenüber einem äußeren Erlebnis, als es sich fühlen würde bei Teilnahmslosigkeit. Trauer ist immer eine innere Erhöhung der Tätigkeit des Ich. Trauer erhöht den Inhalt, die Intensität des Ich, und die Träne ist nur der Ausdruck dafür, daß das Ich in der Tat in diesem Augenblicke Anstrengung macht, mehr in sich zu erleben als bei Teilnahmslosigkeit.

Daher müssen wir die mit den Weltgeheimnissen tief zusammenhängende dichterische Phantasie auch schon des jungen Goethe bewundern, der des Faust Schwäche in bezug auf sein Ich zuerst soweit kommen läßt, daß Faust sein Ich zunächst physisch auslöschen will, bis zum Selbstmord getrieben wird. Dann klingen die Osterglocken herein, und bei ihren Tönen fängt das Ich an, sich stärker zu fühlen, und das gerade besonders dadurch, daß das Zeichen in Fausts Seele aufsteigt, welches sonst das Zeichen der Trauer ist: «Die Träne quillt, die Erde hat mich wieder!» Das heißt, das was zur Erde gehört, hat sich verstärkt, indem die Tränen in die Augen schießen. Da sehen wir das innere Wachsen der Intensität des Ich in der Träne zum Ausdruck kommen.

In dem, was wir als Heiterkeit oder als Lachen kennen, haben wir wieder etwas, was mit der Stärke oder Schwäche unseres Ich in bezug auf sein Verhältnis zur Außenwelt zusammenhängt. Heiterkeit oder Lachen bedeuten, daß unser Ich sich in bezug auf Erkennen und Begreifen der Dinge und Geschehnisse stärker fühlt. Im Lachen zieht sich unser Ich so zusammen, macht seine Intensität so stark, daß es sich leicht hinergießt über die Umgebung. Das kommt in der Heiterkeit, in der Art, wie wir uns belustigen, zum Ausdruck. Damit hängt zusammen, daß Traurigsein im Grunde genommen etwas ist, was der Mensch so erleben soll – oder wenigstens der gesunde Mensch will es so erleben –, daß der Anlaß zu dieser Traurigkeit Wirklichkeit ist. Was in der Wirklichkeit auf uns so wirkt, daß wir mit unserem Anteil uns versucht fühlen müssen, unser Ich zu erhöhen in seiner inneren Tätigkeit, das kann uns eben zur Trauer stimmen. Wenn aber Trauer sich anlehnen soll an etwas, was nicht wirklich ist, sondern was zum Beispiel bloße Darstellung im künstlerischen Sinne von etwas sein will, was nur traurig machen soll, dann fühlt eben der Mensch, der gesund denkt, daß er noch etwas anderes nötig hat, um in solchem

Falle einer Ganzheit gegenüberzustehen. Er fühlt, daß zu dem, was ihn traurig stimmt, hinzukommen muß gewissermaßen die Ahnung davon, daß gesiegt werden kann über das, was zur Trauer stimmt, durch das, was das Elend besiegt. Das soll heute nur angedeutet werden, um bei anderer Gelegenheit weiter ausgebildet zu werden. Die gesunde Seele fühlt in sich den Drang, sich zu erheben, sich auszufüllen dem bloßen Elend gegenüber. In bezug auf die bloße Nachahmung des Elendes gehört schon eine nicht ganz gesunde Natur dazu, wenn nicht in dieser Nachahmung eine Aussicht ist, daß ein Sieg über das Elend möglich ist. Daher verlangen wir vom Drama, daß ein Ausblick auf den Sieg der ins Elend verfallenen Persönlichkeit da ist. Das kann nicht eine Ästhetik beliebig dekretieren oder so anordnen, daß nur die trivialen Elemente des Lebens dargestellt werden; sondern hier wird sich zeigen, daß der Mensch, der sich seiner gesunden Natur ganz hingibt, in der Tat sozusagen nicht fertig wird mit seinem Ich, wenn er nur dem nachgeahmten Elend gegenübersteht. Da bedarf es der ganzen Wucht der Wirklichkeit, daß unser Ich sich aufrafft zum Mitleid.

Fühlen Sie es einmal in Ihrer Seele, ob es nicht ganz anders ist in bezug auf das Komische, das in unserer Umgebung wirkt? Es ist in gewisser Beziehung ein Unmensch, der über wirkliche Torheit lachen kann. Über Torheit, die uns in der Realität entgegentritt, können wir nicht lachen. Dagegen ist es ungeheuer gesund, über die Torheit, die dargestellt wird, zu lachen. Und es war ein gesundes Volksheilmittel, als man in Burlesken und komödienhaften Darstellungen den Leuten vorführte, wie die Torheit des menschlichen Handelns sich selbst ad absurdum führt. Wenn unser Ich veranlaßt wird, sich im Lachen zu erheben über das, was man in dem Zusammenhange als Torheit erkennt, dann stärkt es sich gerade an dem Anblick der uns künstlerisch vorgeführten Torheit, und es gibt kein gesunderes Lachen als das, welches hervorgerufen wird durch die künstlerisch dargestellte Torheit, während es unmenschlich ist, über das, was einem Mitmenschen passiert, oder über einen wirklichen Toren zu lachen. Daher gehört verschiedene Gesetzmäßigkeit dazu, wenn diese Dinge als Darstellung richtig wirken sollen.

Wenn wir im Mitleid unser Ich stärker machen sollen, dann müssen wir sagen, das können wir insbesondere dann, wenn uns die mitleiderregende Tatsache in der Wirklichkeit entgegentritt. Dagegen fordern wir von der abgebildeten Wirklichkeit des Elends als gesunde Menschen, daß wir in ihr die Möglichkeit des Sieges über das Elend fühlen. Und beim sterbenden Helden der Tragödie, wo wir zwar den Tod in der Kunst vor Augen haben, fühlen wir, daß in diesem Tode der Sieg des Geistes über die Leiblichkeit symbolisiert wird. Umgekehrt ist die Sache, wenn wir das Ich in ein Verhältnis bringen zur Außenwelt. Da fühlen wir, daß wir gegenüber der Wirklichkeit eigentlich nicht in der rechten Weise zur Heiterkeit oder zum Lachen kommen können, sondern daß wir zum Lachen vorzugsweise durch das kommen, was sich von der Wirklichkeit mehr oder weniger entfernt, was mit der Wirklichkeit mehr oder weniger nichts zu tun hat. Wenn einem Menschen ein Malheur passiert, durch das er nicht besonders geschädigt wird und das mit der Wirklichkeit des Lebens weniger in Zusammenhang steht, dann können wir schon über sein Malheur lachen. Je mehr aber das, was wir erleben, mit der Wirklichkeit in Beziehung steht, desto weniger können wir, wenn sich unser Verständnis darüber erhebt, lachen.

Daraus sehen wir, daß unser Ich einen verschiedenen Bezug zur Wirklichkeit hat. Diese Verschiedenheit der Tatsachen zeigt uns aber, daß überall ein Zusammenhang auch mit dem Größten vorhanden ist. Wir haben in mancherlei Vorträgen kennengelernt, wie es in der alten Einweihung zwei verschiedene Wege gab, um zum Geistigen zu gelangen: der eine Weg die Versenkung in das eigene Innere, in den Mikrokosmos, der andere das Hinausleben in den Makrokosmos, in die große Welt. Alles nun, was im großen sich auslebt, zeigt sich auch schon in den kleinsten Dingen. Die Art und Weise, wie der Mensch in das eigene Innere hinuntersteigt im alltäglichen Leben, zeigt sich uns in der Trauer; und die Art und Weise, wie der Mensch sich ausleben kann in der Außenwelt, zeigt sich in der Tüchtigkeit, mit der er den Zusammenhang solcher Vorgänge begreifen kann, die ihm im Leben unzusammenhängend entgegentreten. Darin zeigt sich dann das Überlegene des Ich. Und wir haben gehört, daß das Ich, das sich nicht verliert, nur geleitet werden kann durch die Initiation, die in die Außenwelt führt. Sonst verliert es sich und kann, statt in die Außenwelt, nur in ein ihm so erscheinendes Nichts hineinführen.

Es hängt das Kleinste mit dem Größten zusammen. Deshalb dürfen wir in der Geisteswissenschaft, wo wir uns so oft in die höchsten Sphären erheben, uns schon einmal in die Sphären begeben, die zum Alltäglichsten gehören. Das nächste Mal wollen wir das heute Charakterisierte benützen, wenn wir uns wieder mit höheren Sphären beschäftigen.

ACHTER VORTRAG

Berlin, 7. März 1911

Wenn man sich an der Hand der Geisteswissenschaft auf die Betrachtung der Evangelien einläßt, dann macht man die Erfahrung, daß geradezu gewaltigste Erlebnisse uns aus diesen Evangelien entgegenklingen. Und man darf sagen, daß vielleicht die Menschen überhaupt erst eine Vorstellung bekommen werden von dem, was alles aus dem geistigen Erleben ihrer Verfasser, ihrer Schreiber, in diese Evangelien eingeflossen ist, wenn einmal Geisteswissenschaft etwas Populäreres geworden sein wird, als sie heute ist. Insbesondere werden dann auch allerlei Dinge an den Evangelien erkannt werden, welche nicht direkt in diesen Urkunden drinnen stehen, sondern welche einem nur auffallen können, wenn man diese vier Evangelien nebeneinander stellt und sie nebeneinander betrachtet. Da kann ja allerlei auffallen.

Ich will zunächst einmal darauf aufmerksam machen, daß wir im Matthäus-Evangelium der eigentlichen Darstellung des Christus-Impulses eine Kindheitsgeschichte vorangeschickt sehen, die mit der Schilderung des althebräischen Volkes beginnt, beziehungsweise mit dem Stammvater desselben, so daß also zur Darstellung des Christus-Impulses im Matthäus-Evangelium nur bis zum Beginn des althebräischen Volkes zurückgegangen wird. Wir lernen also gewissermaßen aus diesem Evangelium den Träger der Christus-Wesenheit kennen als herausgewachsen aus dem althebräischen Volke. Wenn wir dann hinübergehen zur Betrachtung des Markus-Evangeliums, dann tritt uns der Christus-Impuls selber unmittelbar entgegen. Alles von der Kindheitsgeschichte wird zunächst unberücksichtigt gelassen. Nachdem wir darauf aufmerksam gemacht worden sind, daß durch Johannes den Täufer der große Vorherverkündiger des Christus-Impulses spricht, beginnt das Markus-Evangelium sogleich mit der Schilderung der Johannes-Taufe im Jordan. Dann wieder lernen wir durch das Lukas-Evangelium neuerdings eine Art von Kindheitsgeschichte kennen, aber jetzt eine solche, die viel weiter zurückgeht in bezug auf die

Herleitung des Menschen Jesus von Nazareth, die sozusagen bis zum Beginn der Menschheit auf der Erde zurückgeht. Indem die Abstammung des Jesus von Nazareth bis zu Adam zurückgeführt wird und dann gesagt wird, «der war Gottes», gibt uns diese Kindheitsgeschichte deutlich zu erkennen, daß das Menschliche in dem Jesus von Nazareth zurückgeführt werden soll bis zu dem Zeitpunkt, wo der Mensch sich erst hervorgebildet hat seinem Ursprunge nach aus göttlich-geistigen Wesenheiten. Also bis zu jenem Zeitpunkt werden wir im Lukas-Evangelium zurückgeführt, der den Menschen nicht mehr als ein im Fleische verkörpertes Erdenwesen antrifft, sondern ihn antrifft als ein geistiges Wesen, welches gleichsam eben hervorgeht aus dem Schoße göttlicher Geistigkeit. Dann werden wir im Johannes-Evangelium so vor die große Tatsache gestellt, daß wir wieder ohne alle Kindheitsgeschichte, ohne alle Besprechung der Schicksale des Jesus von Nazareth sogleich – und nun in einem ganz besonders tiefen Sinne – zu dem Wesen des Christus hingeführt werden.

Wir selber haben nun im Laufe der geisteswissenschaftlichen Entwickelung, die wir in den letzten Jahren zu absolvieren hatten, einen gewissen Gang bei der Betrachtung der Evangelien eingeschlagen, indem wir zuerst an dasjenige Evangelium herangetreten sind, welches uns die höchsten Ausblicke in die abstrakte Geistigkeit des Christus geben konnte, an das Johannes-Evangelium. Wir haben dann das Lukas-Evangelium betrachtet, um zu zeigen, wie dieses höchste Geistige, im Menschen sich auslebend, dargestellt wird, wenn dieser Mensch zurückverfolgt wird bis zu dem Zeitpunkt, wo er selbst hervorgegangen ist als irdischer Mensch aus der Göttlichkeit. Und wir haben dann das Matthäus-Evangelium betrachtet, um den Christus-Impuls als hervorgehend aus dem althebräischen Volke zu verstehen. Das Markus-Evangelium haben wir uns gewissermaßen bis zuletzt aufgespart. Warum wir das getan haben, werden wir nur recht verstehen, wenn wir manches von dem, was wir aus der allgemeinen Geisteswissenschaft in den letzten Zeiten berühren konnten, verbinden mit uns seit älteren Zeiten Bekanntem und mit manchem Neuen. Es ist deshalb in dem letzten Vortrage hier auf mancherlei im Menschenleben in der Zusammensetzung der menschlichen Wesensglieder aufmerksam gemacht worden, und es soll heute noch einmal eine ähnliche Betrachtung angestellt werden zur Einleitung, die uns wieder auf einzelnes in der Entwickelung des Menschen selber hinweisen kann. Denn es wird für die Menschheit immer notwendiger werden, daß die Entwickelungsbedingungen des Menschen erkannt – ja, nicht nur erkannt, sondern eingehalten werden.

Der Mensch wird, je weiter wir der Zukunft entgegenschreiten, immer selbständiger, immer individueller werden wollen. Der Glaube an äußere Autoritäten wird immer mehr und mehr ersetzt werden durch die Autorität der eigenen Seele. Das ist ein notwendiger Gang der Entwickelung. Damit aber dieser Gang von Heil und Segen werden kann, muß der Mensch seine eigene Wesenheit erkennen. Man kann nun nicht sagen, daß wir heute schon als gesamte Menschheit ganz besonders vorgeschritten wären in bezug auf die Schätzung und die Erkenntnis der menschlichen Wesenheit. Denn was geschieht heute unter vielem andern innerhalb unserer Zeitgeschichte? An allerlei Menschheitsprogrammen, an allerlei Menschheitsidealen und an dem, was man so nennt, fehlt es gewiß in unserer Zeit nicht. Man könnte fast sagen: Nicht nur jeder zweite Mensch, sondern jeder Mensch möchte heute auftreten als eine Art kleiner Messias mit einem Spezialideal, möchte aus seinem Kopfe und aus seinem Herzen heraus ein ideelles Bild von dem aufstellen, was der Menschheit zum Heile und zum Segen gereichen soll. – Und an Vereinen und Gesellschaften, die begründet werden, um dieses oder jenes, wovon die Menschen glauben, daß es das Notwendigste sei, in unsere Kultur einzuführen, daran fehlt es insbesondere heute nicht. Programme und ideelle Forderungen haben wir heute in Hülle und Fülle, und auch an Glauben für solche Programme fehlt es nicht. Denn die Kraft der Überzeugung bei denen, die solche Programme in unserer Zeit aufstellen, ist bis zu einem solchen Grade gediehen, daß es nächstens nötig wird, eine Art von Konzil abzuhalten, welches die Unfehlbarkeit eines jeden Menschen beschließen würde. Damit geben wir etwas an von dem, was im tiefsten Sinne charakteristisch ist für unsere Zeit.

Durch die Geisteswissenschaft werden wir nicht abgehalten, an unsere Zukunft zu denken. Aber wir werden darauf hingewiesen, daß Grundbedingungen und Gesetze da sind, die nicht ungestraft außer acht gelassen werden dürfen, wenn wir in bezug auf die Impulse etwas erreichen wollen. Denn was glaubt der heutige Mensch? Er geht mit sich zu Rate, es steigt in seiner Seele dieses oder jenes Ideal auf, und er hält sich für fähig, im weitesten Umkreise dieses Ideal in die Wirklichkeit einzuführen. Dabei denkt er nicht daran, daß etwa der Zeitpunkt, um dieses Ideal in die Wirklichkeit einzuführen, noch nicht gekommen sein könnte, und daß das Bild, das er sich von diesem Ideal macht, vielleicht nur eine Karikatur ist, und daß vielleicht erst eine mehr oder weniger ferne Zukunft ein solches Ideal ausreifen lassen könnte. Kurz, das kann der Mensch heute so schwer verstehen, daß in der Entwickelung ein jegliches Ereignis vorbereitet sein muß, daß ein jegliches Ereignis in einen bestimmten, durch die allgemeinen makrokosmischen Weltenverhältnisse bedingten Zeitpunkt hineinfallen muß. Es ist für den heutigen Menschen außerordentlich schwierig, so etwas zu fassen. Es ist das aber doch ein allgemeines Gesetz und gilt für jeden einzelnen Menschen, wie es gilt für das ganze Menschengeschlecht. Für den einzelnen Menschen können wir dieses Gesetz erkennen, wenn wir geistesforscherisch das Leben beobachten. Da können wir uns sozusagen an das Kleinste, Nächstliegendste halten, an irgend etwas, was aus unserer Seele selber entspringen soll.

Ich will Ihnen nun nicht allgemeine Ideen vordeklamieren, sondern mich mehr an die Beobachtung halten. Deshalb will ich zunächst einmal annehmen, irgend jemand komme in die Lage, eine Idee mit aller Intensität in seiner Seele zu fassen, so daß er für diese Idee entflammt ist, daß diese Idee in seiner Seele auch eine ganz bestimmte Gestalt annimmt, daß er durchdrungen ist von dem Willen, diese Idee in irgendeiner Weise zu verwirklichen. Also nehmen wir an, diese Idee taucht in seinem Kopfe auf und er ist durchdrungen von dem Empfindungsimpuls seines Herzens. Dann wird der Mensch der heutigen Zeit nicht recht warten können; er wird natürlich frisch darauf losgehen, diese Idee zu verwirklichen.

Nehmen wir an, diese Idee sei zunächst eine kleine Idee, die nur irgendwelche Mitteilungen über wissenschaftliche oder künstlerische

Fakta betreffe. Wird der Okkultist, der die Gesetze kennt, auch eine solche wildfremde Idee der Welt gleich entgegenbringen? – Nehmen wir an, daß es sich um eine kleine Idee handelt. Da weiß der Okkultist, daß die erste Art, wie diese Idee auftritt, zunächst ein Leben dieser Idee im menschlichen Astralleib ist. Das könnte man äußerlich schon daran beobachten, daß der Enthusiasmus in unserer Seele vorhanden ist. Der ist zunächst eine Kraft in unserem Astralleib. Es wird nun in der Regel von Unheil sein, wenn der Mensch die Idee in diesem Stadium nicht in sich ruhen läßt, sondern sie gleich vor seine Mitmenschen oder vor die Welt trägt, denn zunächst muß diese Idee einen ganz bestimmten Weg durchmachen. Sie muß nämlich den Astralleib immer tiefer und tiefer ergreifen und sich dann wie ein Siegelabdruck einprägen in den Ätherleib. Wenn diese Idee nun eine kleine Idee ist, so kann das ein Prozeß sein, der zum Beispiel in sieben Tagen verläuft. Aber diese Zeit ist notwendig. Und wenn der Mensch stürmisch darauf loswettert mit seiner Idee, so hat er immer die Tendenz, ein Wichtiges zu übersehen, nämlich, daß nach sieben Tagen ein ganz bestimmtes Erlebnis auftritt, das subtiler Art ist. Merkt man auf solche Dinge, so kann man dieses Erlebnis haben; wütet man darauf los mit seiner Idee und sagt: Herein damit in die Welt! – so ist die Folge die, daß die Seele gar nicht geneigt ist, auf das hinzuhorchen, was am siebenten Tage stattfindet. Am siebenten Tage findet nämlich bei einer kleinen Idee immer statt, daß man eigentlich nicht recht etwas damit anzufangen weiß, daß sie einem wieder in der Seele entschwindet. Man ist beunruhigt, innerlich vielleicht sogar gequält, mit allerlei Zweifeln durchsetzt, während man aber doch die Idee, trotzdem sie zu etwas Quälerischem geworden ist, liebgewonnen hat. Der Enthusiasmus hat sich verwandelt in ein intimes Gefühl der Liebe. So ist diese Idee jetzt im Ätherleib drinnen.

Wenn sie nun weiter gedeihen soll, muß sie die äußere Astralsubstanz, die uns immer umgibt, ergreifen. Also von unserem Astralleib muß sie zunächst in unsern Ätherleib wandern und von dort in die äußere Astralität. Zu diesem Wege braucht die Idee wieder sieben Tage. Und wenn man dann nicht ein solcher Zögling ist, daß man sagt: Wenn die Idee uns anfängt zu quälen, will man sie nicht mehr haben, also flugs hinunter mit ihr! – sondern wenn man achtgibt auf den Gang des Lebens, dann kann man nach dieser Zeit erkennen, daß etwas eintritt, was sich etwa so ausdrücken läßt: Ein äußeres Entgegenkommen findet man für seine Idee, so daß man sich sagt: Es ist gut, daß du vierzehn Tage gewartet hast, denn jetzt bist du mit deiner Idee nicht mehr allein. Es ist so, wie wenn du inspiriert wirst von dem Makrokosmos, so daß in deine Idee etwas eindringt von der äußeren Welt. – Man fühlt dann erst, daß man als Mensch im Zusammenklang ist mit der ganzen geistigen Welt, die einem etwas entgegenbringt, wenn man ihr etwas entgegenbringt. Das ist ein gewisses beseeligendes Gefühl, das dann auftritt nach einem Zeitraum von etwa zweimal sieben Tagen.

Dann muß diese Idee aber wieder den Weg zurück machen, und zwar zunächst wieder von der äußeren Astralität in den Ätherleib hinein. Dann spüren wir sie schon recht gegenständlich, und die Versuchung ist da eine recht große, sie der Welt zu übergeben. Da müssen wir nun wieder mit aller Kraft zurückhalten; denn es ist jetzt die Gefahr vorhanden, daß die Idee, weil sie noch in dem Ätherleibe ruht, in einer kalten Weise in die Welt eintreten würde und kalt, eisig der Welt mitgeteilt würde. Wenn wir aber einen weiteren Zeitraum von sieben Tagen abwarten, so geht das, was eisig ist, herauf und durchdringt sich mit der Wärme des eigenen astralischen Leibes wieder, gewinnt den Charakter des Persönlichen; so daß wir das, was wir erst geboren und von Göttern haben taufen lassen, nun der Welt übergeben dürfen als unser eigenes. Diese letzten drei Stadien müßte eigentlich jeder Impuls, den wir in unserer Seele fühlen, durchmachen, bis er reif wird in uns selber. Das gilt für eine kleine Idee.

Für eine Idee, die bedeutungsvoller sein kann, werden längere Zeiträume, aber immer solche, die im Rhythmus von sieben zu sieben ablaufen, notwendig sein. So bilden die Wochen, nicht Monate, dann aber wieder Jahre einen solchen Rhythmus, so daß wir einen Ablauf von sieben zu sieben Wochen und dann von sieben zu sieben Jahren haben können.

Daraus sehen wir also, daß es nicht bloß darauf ankommt, wie der heutige Mensch glaubt, irgend etwas als Impuls in seiner Seele zu haben, sondern daß man die Fähigkeit besitzen muß, diesen Impuls geduldig zu tragen, ihn taufen zu lassen vom Weltengeiste und ihn dann im reifen Zustande auszuleben. Man könnte noch andere solche Gesetze, die es gibt, hinzufügen; denn was man Entwickelung der Seele nennt, ist voll von solchen Gesetzmäßigkeiten. Wenn wir so zum Beispiel an einem Tage ganz besonders fühlen – und diese Tage sind für das Menschenleben recht verschieden – : Du bist heute wie vom Weltengeiste begünstigt, in dir steigen Ideen auf! – dann ist es gut, nicht etwa darauf loszurasen, sondern zu wissen, daß nach neunzehn Tagen ein ähnlicher Befruchtungsprozeß in der Seele vorhanden ist. Kurz, die menschliche Seelenentwickelung ist voller solcher Gesetzmäßigkeit. Nun hat ja der Mensch – man könnte sagen, Gott sei Dank – ein starkes instinktives Gefühl dafür, diese Dinge nicht gar zu übertreiben, sie nicht ganz außer acht zu lassen. Er beachtet sie schon. Insbesondere die Menschen, die darauf angewiesen sind, Höheres in sich auszubilden und es reifen zu lassen, die beachten es, ohne eigentlich die Gesetze zu kennen. So würde man leicht nachweisen können, wie künstlerische Naturen einen gewissen Rhythmus, eine gewisse Periodizität in ihrem Schaffen zeigen, einen gewissen Rhythmus nach Tagen, nach Wochen, nach Jahren und so weiter. Das kann gerade bei Künstlern allerersten Ranges recht leicht gezeigt werden, zum Beispiel an Goethe: daß tatsächlich in seiner Seele irgend etwas auftritt und nach viermal sieben Jahren eigentlich erst reif wird, und dann in einer anderen Gestalt, als wir es zuerst in der Seele Goethes haben auftreten sehen, herauskommt.

Man könnte nun leicht nach den Neigungen der heutigen Zeit sagen: Ja, mein lieber Geistesforscher, solche Gesetze mag es ja geben; aber warum soll sich der Mensch viel darum kümmern? Instinktiv wird er sie schon beobachten. – Ja, dieser Satz galt für die Vergangenheit. Weil aber die Menschen immer selbständiger werden, immer mehr und mehr hinhorchen auf die eigene Individualität, müssen sie auch immer mehr und mehr einen inneren Kalender in sich entwickeln lernen. Wie die Menschen einen äußeren Kalender haben, der seine große Bedeutung hat für die physischen Verrichtungen, so wird der Mensch für die Zukunft, wenn seine Seele an

Intensität wächst, zum Beispiel innere Wochen fühlen, wird ein auf- und abwogendes Lebensgefühl und innere Sonntage fühlen. Denn nach der Verinnerlichung hin rückt die Menschheit vor. Vieles von dem, was die Menschheit früher erlebt hat in der Einteilung des äußeren Lebens zahlenmäßig, das wird der Mensch später innerlich erleben, das wird eine Auferstehung des Makrokosmischen in der Seele erleben, je weiter wir der Zukunft entgegengehen. Es wird ihm eine selbstverständliche Pflicht sein, nicht Tumult und Rumor in der menschlichen Entwickelung anzurichten, indem er die heiligen Gesetze der Seelenentwickelung fortwährend übertritt. Die Menschen werden aufsteigen zu dem Verständnis, daß es nur einem raffinierten, höheren Egoismus entspricht, wenn sie immer gleich das, was in ihrer Seele Platz greift, mitteilen wollen. Und die Menschen werden selbstverständlich dazu kommen, den Geist in ihrer Seele zu fühlen, und zwar nicht abstrakt, wie sie es heute tun, sondern sie werden empfinden, wie dieser Geist in ihrer Seele regelmäßig und gesetzmäßig wirkt. Und sie werden, wenn ihnen etwas eingefallen ist, wenn sie selber ihr Seelisches mitteilen wollen, nicht darauf losstürzen wie ein wütender Stier auf die Menschheit, sondern darauf hinhorchen, was die geisterfüllte Natur im Innern des Menschen spricht.

Was wird es bedeuten für die Menschen, wenn immer mehr und mehr Geltung haben wird, was so aus der Gesetzmäßigkeit des inneren Geistigen in die Welt tritt, auf das wir hinhorchen sollen, von dem wir uns inspirieren lassen sollen? – Im weitesten Umfange haben die Menschen heute noch kein Gefühl für eine solche Sache. Sie glauben nicht daran, daß die Geister im Innern den Menschen ergreifen und gesetzmäßig wirken werden. Man wird es noch lange – auch dort, wo man es mit der menschlichen Kultur gut meint – als eine Torheit betrachten, wenn von diesem inneren gesetzmäßigen Wirken des Geistes gesprochen wird. Und an denjenigen, die aus der geisteswissenschaftlichen Erkenntnis heraus an den Geist glauben, wird sich durch die tiefe Antipathie der uns überkommenen Zeiten erfüllen, was gerade für unsere Zeiten im Markus-Evangelium gesagt ist: «Wenn sie euch nun abführen und überantworten werden, so sorget nicht voraus, was ihr reden sollt, und bedenket auch nicht zuvor; sondern was euch zu derselbigen Stunde gegeben wird, das redet. Denn nicht ihr seid es, die da reden, sondern der heilige Geist.»

Eine solche Stelle, die insbesondere auf unsere Zeit hindeutet, müssen wir so zu verstehen suchen, daß sie ihre Geltung durch das Stehen im ganzen Zusammenhange nicht allein des Markus-Evangeliums, sondern auch der anderen Evangelien erhält. Wenn Sie sich im Markus-Evangelium umschauen, werden Sie sehen, daß es Dinge enthält, die zum allergrößten Teil auch in den andern Evangelien zu finden sind. Aber eine Stelle im Markus-Evangelium ist doch ganz merkwürdig, die so in den andern Evangelien nicht vorkommt. Diese eine Stelle ist aus dem Grunde ganz besonders merkwürdig, weil die Evangelienforscher allerlei wirkliche große Torheiten gerade über diese Stelle gesprochen haben. Es ist, wo der Christus Jesus zu einer Predigt an das Volk heraustritt und wo gesagt wird, nachdem er seine Apostel gewählt hat: «Und sie kamen zu Hause; und da kam abermal das Volk zusammen, also daß sie nicht Raum hatten zu essen. Und da es die Seinen hörten, gingen sie aus und wollten ihn halten; denn sie sprachen: Er ist von Sinnen.»

Diese Stelle ist so in den andern Evangelien eigentlich nicht vorhanden. Wenn wir nun daran denken, daß die Entwickelung nach der Menschenzukunft hin so verlaufen wird, daß das paulinische Wort: Nicht ich, sondern der Christus in mir! – immer wahrer und wahrer werden wird, daß also dasjenige menschliche Ich allein fruchtbar werden kann, das den Christus-Impuls in sich aufnimmt, so dürfen wir gerade die angeführte Stelle im eminentesten Sinne auf unsere Zeit beziehen. Dies Schicksal, das der Christus Jesus vorbildlich während der palästinensischen Ereignisse gehabt hat, wird – wie alle Christus-Ereignisse – an der ganzen Menschheit im Laufe der Zeit sich ausleben. Immer mehr und mehr wird man in der nächsten Menschenzukunft verspüren, daß überall, wo im geisteswissenschaftlichen Sinne der Christus aus dem inneren Verständnisse heraus verkündigt wird, tiefste Antipathien sich geltend machen werden bei allen denjenigen, welche an die Geisteswissenschaft instinktiv nicht heran wollen. Man wird es im Grunde genommen nicht schwer haben einzusehen, daß in der

Zukunft sich das ausleben wird, was uns als vorbildliches Christus-Ereignis gerade im Markus-Evangelium geschildert ist. Die äußere Lebenspraxis vieler Menschen, wie auch vieles von dem, was sich als Kunst geltend machen wird, vor allem aber im weitesten Umfange das, was sich als Wissenschaft gebärden wird, wird in bezug auf diejenigen, welche den Geist im Christus-Sinne verkündigen werden, gerade von der nächsten Zukunft sagen: Es gehen aus ihr solche Menschen hervor, bei denen es scheint, als ob sie von Sinnen wären.

Denn das muß immer wieder und wieder gesagt werden, daß die wichtigsten Tatsachen des geistigen Lebens, wie sie von der Geisteswissenschaft dargestellt werden, gegen die Zukunft hin als Phantastereien und Narreteien bei dem größten Teil der Menschheit werden angesehen werden. Und wir sollen aus dem Markus-Evangelium die Stärkung schöpfen, die wir brauchen, um festzustehen gegen einen Widerspruch, der sich erheben wird gegenüber der Wahrheit, die auf spirituellem Felde wird gefunden werden können.

Wenn man eine Empfindung hat für die feineren stilistischen Unterschiede des Markus-Evangeliums von den andern Evangelien, so merkt man auch, daß geisteswissenschaftlich gerade im Markus-Evangelium manches anders enthalten ist als in den übrigen Evangelien. Man merkt, daß durch den Satzbau, durch die Auslassung manches Satzes, der in den andern Evangelien enthalten ist, manches, was leicht abstrakt genommen werden könnte, eine besondere Schattierung erhält. Hat man dafür eine Empfindung, dann wird man insbesondere auch merken, daß im Markus-Evangelium eine einschneidende, eine bedeutungsvolle Ich-Lehre gegeben ist, eine Lehre von der ganzen Bedeutung des menschlichen Ich. Um dies zu verstehen, beachte man nur eine einzige Stelle dieses Evangeliums mit allen ihren Eigenheiten, die sie dadurch hat, daß dieses oder jenes ausgelassen ist, was in den andern Evangelien innerhalb dieser Stelle vorkommt. Hat man nun eine Empfindung für solche Eigenheiten, dann wird man fühlen können das ganz Bedeutungsvolle, was in dieser Stelle des Markus-Evangeliums liegt. Führen wir sie uns vor Augen:

Und der Jesus zog aus, und seine Bekenner begleiteten ihn in die Orte, die waren in der Umgegend von Cäsarea Philippi. Und als sie des Weges gingen, sprach er zu denen, die um ihn herum waren: Was sagen die Leute darüber, was das Ich sei? Was erkennen die Leute als das Ich an? – Da antworteten die, welche um den Jesus waren: Die Leute sagen, es müsse im Ich leben, damit das Ich richtig sei, Johannes der Täufer. Andere aber auch sagen, es müsse dieses Ich durchzogen sein von Elias, und Elias müsse in dem Ich leben; andere wieder sagen, ein anderer der Propheten müsse so behandelt werden, daß das Ich sagt: Nicht ich, sondern dieser Prophet in mir wirkt. – Er aber sprach zu denen, die um ihn waren: Was sagt denn ihr, daß das Ich sei? – Da antwortete Petrus: Das Ich so gefaßt, daß wir es erkennen in seiner Geistigkeit als Du, das ist der Christus! – Und da antwortete er denen, die um ihn herum waren: Hütet euch davor, dies den gewöhnlichen Menschen zu sagen! Denn dies Geheimnis können sie noch nicht verstehen. – Diejenigen aber, die um ihn herum durch dieses Wort angeregt waren, fing er an, das Folgende zu lehren: Das im Menschen, was äußerlich physisch ausdrückt die Ichheit, das muß, wenn diese Ichheit im Menschen voll aufleben soll, vieles leiden; und so wie es war, muß es sich gefallen lassen, daß die ältesten Meister der Menschheit und diejenigen, die da wissen, was in der heiligsten Weisheit steht, daß diese sagen: In der Gestalt, in der es so vorhanden ist, ist es nicht zu brauchen; es muß in der Gestalt getötet werden und nach einem durch die Weltverhältnisse bedingten Rhythmus von drei Tagen wieder aufleben aus einer höheren Gestalt heraus. – Und bestürzt waren sie alle, als er diese Worte frei und offen redete.

Da muß ich eine Anmerkung machen. Ein solches Wort durfte bis dahin nur in den Mysterien gesprochen werden. Es war ein Geheimnis, das bis dahin nur innerhalb der Mysterientempel gesprochen war, das Geheimnis, daß der Mensch durchmachen mußte das «Stirb und Werde» in der Initiation und aufwachen mußte nach drei Tagen. Daraus erklärt es sich, wenn es heißt:

Petrus war bestürzt, nahm den Christus beiseite und bedeutete ihm, daß so etwas nicht frei und offen gesagt werden dürfe. Da wandte sich der Christus Jesus um und sagte: Sagst du so etwas, Petrus, dann gibt dir das der Satan ein; denn wie du diese Wahrheit sprichst, liegt sie hinter unserer Zeit, gehört der Vergangenheit an; da mußte sie in die Tempel eingeschlossen werden. In der Zukunft wird sie in dem Hinblick auf das Urmysterium von Golgatha nach und nach Eigentum der ganzen Menschheit werden können. So ist es bestimmt in der göttlichen Führung der Weltentwickelung. Und wer anderes sagt, der spricht nicht aus der göttlichen Weisheit heraus, sondern wandelt die göttliche Weisheit in die zeitliche Gestalt um, die sie beim Menschen in der Vergangenheit hatte.

So ungefähr müssen wir diese Stelle verstehen, die uns insbesondere in ihrer ganzen lapidaren Größe im Markus-Evangelium entgegentritt. Wir müssen uns klarmachen, daß der Christus-Impuls gerade im Sinne des Markus-Evangeliums darin besteht, daß wir den Christus aufnehmen in unser Ich und das Wort des Paulus: Nicht ich, sondern der Christus in mir! – immer mehr und mehr verwirklichen; und zwar nicht allein den abstrakten Christus, sondern den Christus, der den Heiligen Geist gesandt hat, den konkreten Geist, der in gesetzmäßiger Weise, wie es heute geschildert worden ist, inspirierend mit seinem inneren Kalender in der Menschenseele wirkt.

In der vorchristlichen Zeit kamen die Menschen zu dieser Wahrheit nur dadurch, daß sie sich in den Mysterien einweihen ließen und dreieinhalb Tage in einem todähnlichen Zustand waren, nachdem sie durchgemacht hatten die tragischen Leiden des Menschen, wie er auf dem physischen Plan ist, wenn er sich hinaufentwickeln soll zu geistigen Höhen; so daß sie kennengelernt hatten, daß dieser Mensch verworfen werden, getötet werden muß, und daß ein höherer Mensch in ihm auferstehen muß – das heißt, daß sie das «Stirb und Werde» durchgemacht hatten. Was aber vorher nur in den Mysterien erfahren werden konnte, das wurde ein geschichtliches Ereignis – ich verweise hier auf mein Buch «Das Christentum als mystische Tatsache» – durch das Mysterium von Golgatha, und die Menschen wurden dadurch alle in die Möglichkeit versetzt, Schüler dieser großen Weisheit zu sein, indem sie sich verbunden fühlten mit dem Mysterium von Golgatha. Was früher nur erlebt wurde in den Mysterienstätten, das kann jetzt erlebt werden im Hinblick auf die Stätte von Golgatha. So bedeutet das Verständnis des Christus-Impulses eben das bedeutsamste Verständnis, das sich der Mensch für seine Erdenwesenheit erwerben kann, für das, was nach dem Christus-Impuls immer mehr und mehr im menschlichen Ich erwachen soll.

Wir können uns nun selber in einer gewissen Weise durch die Evangelien inspirieren lassen. So war für die Zeit, in welche das Christus-Ereignis selber hineinfiel, das Matthäus-Evangelium ein gutes Inspirationsbuch. Für unsere Zeit gilt dies insbesondere von dem Markus-Evangelium. Wir wissen ja, wie unser Zeitalter dasjenige ist, welches die Bewußtseinsseele vorzugsweise herausarbeiten soll, die sich abtrennt in ihrer Isolation von ihrem Milieu. Wir wissen, daß wir jetzt berufen sind, nicht so sehr die Abstammung von einem einzelnen Volkstum ins Auge zu fassen, sondern dasjenige, was in uns leben soll nach dem Paulinischen Ausspruch: Nicht ich, sondern der Christus in mir! – So ist unser fünfter nachatlantischer Zeitraum derjenige, welcher insbesondere inspiriert sein wird durch das Markus-Evangelium. Dagegen wird die sechste nachatlantische Kulturperiode die Aufgabe haben, den ganzen Menschen nach und nach auszufüllen mit der Christus-Wesenheit. Während im fünften Kulturzeitraum die Christus-Wesenheit Gegenstand des Studiums, der Vertiefung, der inneren Versenkung sein wird, werden in der sechsten Kulturepoche die Menschen in ihre ganze Wesenheit die Christus-Wesenheit aufnehmen. Dazu werden sie das besondere Gut nehmen, was wir als die innere Wesenheit des Lukas-Evangeliums kennengelernt haben, das uns gezeigt hat den ganzen Ursprung des Jesus von Nazareth – sowohl desjenigen Jesus, den das Matthäus-Evangelium schildert und der zurückführt auf Zarathustra, wie auch des Jesus des Lukas-Evangeliums, der zurückführt auf Buddha und den Buddhismus. Denn so haben wir ja das Lukas-Evangelium betrachtet, daß uns der Jesus von Nazareth klar wurde seiner ganzen langen Entwickelung nach, so daß wir in der Tat zurückgehen konnten bis zum göttlich-geistigen Ursprung des Menschen. Und als göttlich-geistiges Wesen wird sich der Mensch immer mehr und mehr fühlen können und sich als solches durchdringen müssen mit dem Christus-Impuls. Das kann ihm als ein Ideal zwar voranleuchten, konkret aber wird es erst, wenn er sich an dem Lukas-Evangelium real herauferhebt bis zur Erfassung des physisch-sinnlichen Menschen mit seinem göttlichen Ursprung als einem Geistwesen.

Und für den siebenten nachatlantischen Kulturzeitraum bis zur nächsten großen Katastrophe hin wird das Johannes-Evangelium ein Inspirationsbuch sein, während es heute für das geistige Leben des Menschen eine Richtschnur sein kann. Da werden allerdings die Menschen noch manches nötig haben, was sie während des sechsten Zeitraumes als geistige Wesen gut begreifen lernen müssen. Vieles aber werden die Menschen verlernen müssen von dem, was sie heute glauben, werden es gründlich verlernen müssen. Das wird zwar nicht schwer sein, denn die wissenschaftlichen Tatsachen werden es beweisen, daß manches wird überwunden werden müssen.

So wird heute noch manches so angesehen werden, daß diejenigen «von Sinnen» sind, welche aufmerksam machen auf die selbstverständliche Weisheit, daß die heute gebräuchliche Einteilung der Nerven in motorische und sensorische ein Unding ist. Nerven, die motorische sein sollen, gibt es nicht. Es gibt nur Empfindungsnerven. Die motorischen Nerven sind auch Empfindungsnerven; nur sind sie dazu da, die entsprechenden Bewegungen in den Muskeln selbst zur Empfindung zu bringen. Es wird gar nicht viel Zeit dazu gehören, so werden die Menschen es einsehen, daß der Muskel allerdings nicht in Bewegung gebracht wird durch Nerven, sondern daß er in Bewegung kommt durch unsern astralischen Leib, und zwar durch das in unserem Astralleibe, was in diesem zunächst nicht unmittelbar so wahrgenommen wird, wie es ist. Denn das ist ein Gesetz, daß das, was wirken soll, nicht unmittelbar wahrgenommen wird. Was den Muskel in Bewegung bringt, was irgendeine Bewegung des Muskels hervorruft, das hängt zusammen mit dem Astralleib, und zwar so, daß im Astralleib selber zur Bewegung des Muskels eine Art Tonentwickelung, eine Art Schallentwickelung stattfindet. Etwas wie eine Art Musikalisches durchdringt unsern Astralleib, und der Ausdruck dieser Tonentwikkelung ist die Muskelbewegung. Es ist wirklich so, wie wenn wir bei den bekannten Chladnischen Klangfiguren leicht beweglichen Staub auf eine Metallplatte bringen und diese dann mit einem Violinbogen streichen: da bekommen wir eine Figur. Von lauter solchen Figuren

– die aber Tonfiguren sind – ist auch unser Astralleib durchzogen, die zusammen bewirken, daß unser Astralleib eine bestimmte Lage annimmt. Das ist eingeprägt in dem Astralleib. Ganz trivial können sich die Menschen davon überzeugen, wenn sie den Bizeps, den Oberarmmuskel, recht anspannen und ihn dann ans Ohr bringen: wenn sie sich einige Übung dafür aneignen, nur den Muskel recht anspannen und den Daumen anlegen, dann können sie den Ton hören. Es soll das kein Beweis sein, sondern nur etwas, wodurch man trivial illustrieren kann, was damit gemeint ist. – So sind wir musikalisch durchdrungen und leben es aus in unsern Muskelbewegungen. Und daß wir etwas von unsern Muskelbewegungen kennen, dazu haben wir die motorischen Nerven, wie man sie unrichtig nennt. Es spricht heute, wie die Dinge in der Physiologie gruppiert werden, noch vieles dagegen, aber nur scheinbar.

Dies ist jedoch nur eine Art von solchen Wahrheiten, die immer mehr und mehr die Menschen davon überzeugen werden, daß der Mensch wirklich ein geistiges Wesen ist, wirklich eingesponnen ist in die Weltensphärenharmonien, bis in seine Muskeln hinein. Und gerade die Geisteswissenschaft, die berufen ist, den sechsten Zeitraum in bezug auf die geistige Erfassung der Welt vorzubereiten, wird es mit allem einzelnen in bezug auf solche Wahrheiten vom Menschen als von einem Geistwesen zu tun haben. Gerade wie der Ton in einer gewissen Beziehung in eine höhere Sphäre heraufkommt, wenn er aus dem musikalischen Ton zum menschlichen gesprochenen Wort wird, so ist es auch im Weltenzusammenhange: die Sphärenharmonie wird etwas Höheres, wenn sie zum Weltenwort, zum Logos wird. Das wird sie, wenn alles, was als Sphärenharmonie wirkt, Wort, Logos wird. Nun haben wir in der physischen Organisation des Menschen als das nächst Höhere – physiologisch – das Blut. Gerade so nun, wie der Muskel eingespannt ist in die Sphärenharmonien, so ist das Blut eingespannt in den Logos und kann immer mehr und mehr Ausdruck des Logos werden, wie es dies unbewußt seit der Menschwerdung ist. Das heißt, es besteht auf dem physischen Plan die Tendenz, daß in seinem Blut, das der Ausdruck des Ich ist, vom Menschen bewußt der Ausdruck des Logos empfunden wird. Und wenn die Menschen im sechsten Kulturabschnitt sich als Geistwesen kennengelernt haben, werden sie nicht mehr an der Phantasterei festhalten, daß die Muskeln durch die motorischen Nerven in Bewegung kommen, sondern sie werden erkennen, daß die Muskeln aus der persönlich gewordenen Sphärenharmonie heraus bewegt werden. Und im siebenten Kulturzeitraum werden dann die Menschen bis in das Blut hinein sich durchsetzt fühlen können vom Logos und werden dann erst fühlen können, was eigentlich im Johannes-Evangelium ausgedrückt ist. Denn erst im siebenten Kulturzeitraum wird das Johannes-Evangelium erkannt werden können in seiner Wissenschaftlichkeit. Und dann wird man nach und nach fühlen, wenn man die Wissenschaftlichkeit des Johannes-Evangeliums erkannt haben wird, daß in jedem Buche über Physiologie die ersten Worte des Johannes-Evangeliums stehen müßten, daß alles in der Wissenschaft hintendieren müßte auf diese Worte. Am besten ist es, wenn man sagt: Man kann heute schon vieles davon begreifen, aber noch lange nicht alles. Man kann es als ein Ideal sich vorhalten.

Aus allem, was ich heute gesprochen habe, ersehen wir, daß man für die vierte nachatlantische Kulturepoche als besonders inspirierend das Matthäus-Evangelium anzusehen hatte, daß wir aber insbesondere für unsere Zeit als inspirierend das Markus-Evangelium anzusehen haben, daß für den nächsten, den sechsten Kulturzeitraum das Lukas-Evangelium wichtig wird, und daß wir uns darauf vorzubereiten haben, weil alles, was in der Zukunft eintreten soll, schon in der Vergangenheit seine Keime haben muß. Und alles, was im Laufe der Menschheitsentwickelung kommen muß, wird durch das Johannes-Evangelium, indem wir dasselbe begreifen, voll sein Ausleben finden gegen den siebenten Zeitraum, gegen das Hereinbrechen der neuen Katastrophe hin. Deshalb wird es ganz besonders wichtig sein, daß wir das Markus-Evangelium auffassen als ein Buch, das uns Anleitung geben kann für manches, was wir zu üben, und für manches, vor dem wir uns zu hüten haben. Gerade die Sätze des Markus-Evangeliums in ihrer Kürze und in ihrem lapidaren Stil geben uns die Bedeutung des Christus-Impulses für das menschliche Ich und das Einleben dieses Impulses in das menschliche Ich.

Wichtig ist es, daß wir einsehen, daß es unsere Aufgabe ist, den Christus im Geiste zu begreifen, daß wir begreifen müssen, wie sich für die verschiedenen Zeitpunkte in die Zukunft hinein der Christus offenbaren wird. Für unsere Zeit wurde versucht, diese Aufgabe anzugeben in den Stellen des Rosenkreuzermysteriums «Die Pforte der Einweihung» in den Worten, die der Seherin Theodora in den Mund gelegt werden. Hier haben wir etwas wie ein Wiederkehren des Ereignisses, das Paulus vor Damaskus erlebte. Und es wäre nur ein Ausdruck des Materialismus unserer Zeit, wenn man glauben wollte, daß sich der Christus-Impuls noch einmal materiell ausleben sollte in einem physischen Menschenleib. Daß wir uns davor zu hüten haben, das können wir aus dem Markus-Evangelium lernen, das wieder für unsern Zeitraum eine ganz besondere Mahnung darstellt. Und wenn auch manches, was im Markus-Evangelium enthalten ist, schon gegolten hat für die Vergangenheit, so gelten seine Sätze doch namentlich in dem angedeuteten hohen moralischen Sinne für unsere nächste Zukunft. Da werden wir auf dem geistigen Gebiete die Notwendigkeit sehen des spirituellen Einflusses, der von der Geisteswissenschaft ausgehen muß.

Wenn wir die folgenden Worte im richtigen Sinne geistig erfassen, werden wir sie gerade auf unser Zeitalter und seine nächste Zukunft beziehen können: «Denn diese Tage werden eine Drangsal bringen, wie sie nie gewesen ist bisher, vom Anfange der Kreatur, die Gott geschaffen, und wie sie auch nie wieder sein wird.» Auf das Verständnis des Menschen müssen wir diese Worte anwenden: alle Drangsal steht in Aussicht für die Zukunft, welche das Wahre in seiner spirituellen Wahrheit zum Ausdruck bringen wird. «Und wenn der Herr diese Tage nicht verkürzt, wird nichts gerettet werden für das, was geistige Nahrung sein wird; aber um der Auserwählten willen hat er die Tage dieser Auserwählten kürzer gemacht.» Und hierauf heißt es dann: «Wenn jemand zu der Zeit wird zu euch sagen: Siehe, hier ist der Christus! siehe, da ist er! so glaubet es nicht.» Damit weist das Markus-Evangelium hin auf eine eventuelle materialistische Auffassung des Christus. «Denn es werden sich erheben falsche Christi und falsche Propheten, die Zeichen und Wunder tun, daß sie auch die

Mk. 13, 13-23

Auserwählten verführen, wenn es möglich wäre. Ihr aber sehet euch vor! Seht, ich habe euch alles vorausgesagt!»

So stark wird der Anprall des Materialismus sein, daß es nötig sein wird für die Menschenseelen, die Festigkeit zu gewinnen, die wirklich das Wort wird aushalten können: Es werden falsche Christusse und falsche Propheten auftreten! – Aber wenn man dann sagen wird: Hier ist der Christus! – dann wird der, welcher sich unter den richtigen Einfluß der Geisteswissenschaft gestellt hat, auch die Mahnung befolgen können: Wenn man zu euch sprechen wird: Seht, hier ist der Christus! – so glaubet es nicht!

NEUNTER VORTRAG

Berlin, 13. März 1911

Wir stehen heute davor, die Betrachtungen, die wir im Laufe dieses Winters in einer ziemlich losen und ungeordneten Anlehnung an das Markus-Evangelium angestellt haben, wenigstens mit einem vorläufigen Abschluß zu bedenken. Es ist ja die Anknüpfung an das, was wir im Laufe des Winters an diesen Abenden vor unsere Seele treten lassen konnten, durch die Worte gegeben, welche in dem vorigen Vortrage hier gesprochen worden sind, die gewissermaßen darauf hinwiesen, wie wir in unserer Zeit in einer Übergangsepoche stehen. Schon der, welcher das geistige Leben heute, man möchte sagen, etwas äußerlich betrachtet, wird bemerken können, daß in vieler Beziehung eine Neuordnung von Begriffen und Ideen sich langsam und allmählich vollzieht, wenn auch die Menschen, welche in dieser Neuordnung mitten drinnen stehen, es selber eigentlich fast gar nicht recht wissen. Wir werden nun gut tun, wenn wir uns für die nächsten Wochen eine Art Gedankenmaterial mitnehmen, einiges von dem, woran wir uns dann orientieren können, wenn wir es weiter in uns verarbeiten. Deshalb sollen am heutigen Abend einige solcher Anregungen gegeben werden, die dann auf Grundlage des schon vorher gegebenen geisteswissenschaftlichen Materiales weiter verarbeitet werden können.

Da ist es nützlich, wenn von einer Übergangsepoche gesprochen wird, an die große Übergangsepoche zu erinnern, die wir in der Entwickelung der Menschheit erlebt haben und von der wir immer wieder und wieder gesprochen haben, zu erinnern an den einschneidenden Punkt der palästinensischen Ereignisse. Was dieser Punkt zu bedeuten hat, wissen wir aus mancherlei von dem, was schon gesagt worden ist. Wenn wir uns nun eine Vorstellung davon bilden wollen, wie diese wichtigste Idee – nennen wir es so –, die Christus-Idee, herausgewachsen ist aus den Gedanken und Empfindungen der unmittelbar vorhergehenden Zeit, so tun wir gut, uns daran zu erinnern, daß von demselben Wert, wie der Christus-Gedanke für diejenigen, die zu Bekennern des Christus wurden, vorher bei dem althebräischen Volke die Jahve- oder Jehova-Idee war. Wir wissen auch aus andern Vorträgen, daß Jahve oder Jehova sich für den, der tiefer in das Wesen des Christentums eindringt, eigentlich wesenhaft gar nicht unterscheidet von dem Christus selber. Wir müssen uns vielmehr klarmachen, daß ein inniger Zusammenhang der Jahve-Idee und der Christus-Idee besteht. Es ist schwierig, den ganzen großen Zusammenhang der Christus-Idee und der Jahve-Idee, der ja bis zu einem gewissen Grade in den verflossenen Jahren in den verschiedensten Vorträgen und Vortragszyklen entwickelt worden ist, hier mit ein paar Worten auseinanderzulegen. Aber in einem Bilde läßt sich schon darstellen, wie man sich das Verhältnis zwischen der Christus-Idee und der Jahve-Idee zu denken hat. Wir brauchen nur an ein Bild zu erinnern, auf das auch schon öfter aufmerksam gemacht worden ist, das Bild des Sonnenlichtes, wie es uns entweder direkt von der Sonne erscheint oder, in mondhellen Nächten besonders, vom Vollmonde zurückgestrahlt wird. Es ist ja Sonnenlicht, was uns vom Vollmond als Licht entgegenstrahlt, aber es ist reflektiertes Sonnenlicht, das doch wieder etwas anderes ist als das direkt empfangene Sonnenlicht. Würden wir uns, um einen Vergleich zu haben, den Christus symbolisieren durch das direkte Sonnenlicht, so müßten wir dann Jahve oder Jehova als Sonnenlicht symbolisieren, das vom Monde zurückgeworfen wird, und wir würden damit genau den Sinn, der gemeint ist in der Menschheitsentwickelung, treffen. Deshalb empfinden auch alle, die etwas von den Dingen wissen, diesen Übergang einer vorübergehenden Christus-Spiegelung in Jahve oder Jehova zum Christus selber so, wie der Mensch empfinden würde das Mondenlicht und das Sonnenlicht: ein indirektes Offenbaren ist Jahve oder Jehova, ein direktes Offenbaren derselben Wesenheit ist der Christus. Wir müssen uns nur, wenn wir an Entwickelung denken, dasjenige, was uns im Raume nebeneinander erscheint, hintereinander denken in der Zeit. Und die, welche über diese Dinge vom okkulten Gesichtspunkt aus sprechen, sagen: Wenn wir die Christus-Religion eine Sonnen-Religion nennen – und wenn wir uns an das über Zarathustra Gesagte erinnern, dürfen wir diesen Ausdruck gebrauchen –, dann können wir die Jahve-Religion, die vorübergehende Widerspiegelung der Christus-Religion, eine Mond-Religion nennen. So haben wir also in der dem Christentum vorangehenden Zeit die Sonnen-Religion vorbereitet durch eine Mond-Religion. Nun wird das, was jetzt gesagt sein soll, nur derjenige richtig würdigen, der weiß, daß Symbole nicht willkürlich gewählt werden, sondern tief in ihrer Bedeutung begründet sind. Wenn daher irgendeine Weltreligion oder Weltanschauung mit einem Symbol auftritt, so bedeutet dies Symbol für die, welche es wissend gebrauchen, etwas, was wesenhaft mit der betreffenden Weltanschauung zusammenhängt. Nun haben zwar die heutigen Menschen schon vielfach das Symbol des Mondenlichtes für die alte Jahve-Religion verloren, haben auch in gewisser Weise verloren die Bezeichnung der Christus-Religion durch das Sonnensymbol. Aber wo Weltanschauungen auftreten, die völlig durchdrungen sind von der Bedeutung ihrer Wesenheit mit ihren Symbolen, da müssen wir uns auch einen bewußten Zusammenhang mit den Symbolen denken.

Nun erinnern Sie sich, wie ich den Gesamtverlauf der Menschheitsentwickelung charakterisiert habe. Da haben wir zunächst eine absteigende Entwickelung von der Zeit an, wo die Menschen sozusagen herausgestoßen waren aus der geistigen Welt und immer tiefer und tiefer in die Materie herabstiegen. Das ist ein absteigender Weg. Und wir können uns, wenn wir uns im allgemeinen den Weg der Menschheitsentwickelung vorstellen, denken, daß der tiefste Punkt, zu dem die Menschheit herabgestiegen ist, der ist, wo der Christus-Impuls geschah, um nach und nach wieder den absteigenden Weg in einen aufsteigenden zu verwandeln. So haben wir die Menschheitsentwickelung in einem absteigenden und in einem aufsteigenden Weg, und da, wo der tiefste Punkt war, den Christus-Impuls, der dort angefangen hat zu wirken, und der fortwirken wird, bis die Erde am Ende ihrer Mission angelangt sein wird.

Nun geschieht aber die Entwickelung in einer komplizierten Weise, nämlich so, daß gewisse Entwickelungsvorgänge Fortsetzungen der früher gegebenen Impulse sind. Ein solcher Entwickelungsvorgang ist der, der durch den Christus-Impuls gegeben ist. Der Christus-Impuls ist einmal aufgegangen im Beginne unserer Zeitrechnung und wird sich gleichsam in gerader Linie, immer mächtiger und mächtiger werdend, bis zum Ziele der Menschheitsentwickelung in die Menschenseelen einleben und von dort aus das gesamte Erdenleben ergreifen. Das ist ein Impuls, der einmal gegeben wird und den wir zu verfolgen haben so, daß wir gleichsam eine fortschreitende Linie ziehen und uns sagen können: Alles, was später eintritt, zeigt uns die Entwickelung und den Einfluß dieses Impulses auf einer höheren, auf einer vollkommeneren Stufe. Solcher Impulse gibt es mehrere in der Welt. Aber es gibt auch Impulse und Entwickelungsfaktoren, die anders wirken und die sich nicht in gerader Linie verfolgen lassen. Auch solche andern Impulse haben wir schon genannt. Wir haben in der nachatlantischen Entwickelung unterschieden den uralt-indischen Kulturzeitraum, diesem folgend den urpersischen, den ägyptisch-chaldäischen, dann den griechisch-lateinischen, darauf den unsrigen und, den unsrigen ablösend, zwei weitere Kulturepochen, so daß in diesen sieben Zeiträumen der griechisch-lateinische, in welchen das Christus-Ereignis hereinfällt, mitten drinnen steht.

Nun ist es so, daß zum Beispiel in unserem fünften nachatlantischen Zeitraum, in dem wir jetzt leben, gewisse Vorgänge sich in einer andern Art wiederholen, die im dritten, im ägyptisch-chaldäischen Zeitraum da waren; so daß wir den Christus-Impuls in der Mitte drinnen stehend haben und der dritte Zeitraum im fünften in einer gewissen Beziehung enthalten ist. Ebenso wird im sechsten Zeitraum der zweite, der urpersische drinnen stecken, und im siebenten der erste, der uralt-indische. Da haben wir es mit übergreifenden Entwickelungsfaktoren zu tun, die sich so in der Entwickelung zeigen werden, daß wir das biblische Wort auf sie anwenden können: Die ersten werden die letzten sein. – Der urindische Zeitraum wird in einer andern Art, aber doch so, daß er erkennbar sein wird, im siebenten wieder aufleben.

Da haben wir eine andere Art, wie das Frühere in das Spätere eingreift. Wir haben diese andere Art aber dadurch gegeben, daß in der Entwickelung der Menschheit auch wieder noch kleinere Epochen sich bilden. In einer gewissen Weise ragt also das, was in der vorchristlichen Epoche während der althebräischen Kultur da war, auch wieder, den Christus-Impuls gleichsam überschneidend, in die nachchristliche Zeit hinein, so daß dasjenige, was sich in der Jahve- oder Jehova-Weltanschauung vorbereitet hat, in einer gewissen Weise nachher wieder aufgetreten ist und, trotzdem die andern Faktoren bestehen, dennoch in die späteren Faktoren hineinspielt.

Wenn wir das, was wir heute wegen der Kürze der Zeit nicht entsprechend ausführen können, durch ein Symbolum bezeichnen wollen, so können wir sagen: Empfinden wir die Jahve-Religion durch das Symbolum des Mondes im Gegensatz zur Sonne, so können wir erwarten, daß eine ähnliche Anschauung, übergreifend den Christus-Impuls, wie eine Art von Mond-Religion wieder hereinragt in die spätere Zeit. Das ist in der Tat der Fall. Und wer solche Dinge nicht äußerlich nimmt, wird nicht darüber lachen – denn es ist nicht zu lachen darüber, sondern es ist tatsächlich mit der Symbolik der betreffenden Religion und Weltanschauung zusammenhängend –, daß das Wiederauftauchen der alten Jahve-Mond-Religion zu sehen ist in der Religion des Halbmondes, die in der Zeit nach dem Christus-Ereignis wieder auftritt und die Impulse, die vorangingen, hineinwirft in die nachchristliche Zeit. So haben wir die Wiederholung eines früheren Zeitraumes in einem späteren in übergreifender Folge in dem letzten Drittel der griechisch-lateinischen Zeit, die wir ja okkult bis ins 12., bis 13. Jahrhundert hinein rechnen. Das heißt, wir haben – nachdem ein Zeitraum von sechs Jahrhunderten ausgesondert ist – vom 6. Jahrhundert angefangen, in die nächste Zeit hereinragend und alle Entwickelungsfaktoren mächtig beeinflussend, in der Religion, welche die Araber von Afrika bis nach Spanien hinübergetragen haben, diejenige Religion, die unter Nichtberücksichtigung des eigentlichen Christus-Impulses eine Art von Wiederaufrichtung der Jahve-Mond-Religion in einer andern Form darstellt. Es ist nun nicht möglich, alle Eigentümlichkeiten dessen auseinanderzusetzen, was da hinübergetragen worden ist. Aber bedeutsam ist es schon, wenn wir uns nur in die Seele schreiben, daß in dieser Weltanschauung des Mahomet zunächst unberücksichtigt geblieben ist der Christus-Impuls, daß diese Mahomet-Religion wirklich eine Art Wiederaufleben war dessen, was man im Einheitsgotte des Mosaismus finden konnte. Nur war dieser Einheitsgott hineingetragen in etwas, was sozusagen von der andern Seite her genommen war, zum Beispiel von der ägyptisch-chaldäischen Weltanschauung, die eine genaue Kunde gebracht hat von dem Zusammenhange der Vorgänge am Sternenhimmel mit den Weltgeschehnissen. Daher sehen wir, daß alle diejenigen Gedanken und Begriffe, die wir sowohl bei den Ägyptern wie auch bei den Chaldäern, Babyloniern und Assyrern finden, wieder auftreten in der Mahomet-Religion, aber jetzt bei ihr merkwürdig durchleuchtet und durchwellt von dem, was wir nennen können die Einheitsgottheit des Jahve oder Jehova. Es ist wie ein Zusammenschluß, wenn man wissenschaftlich sprechen wollte, wie eine Synthese alles dessen, was die ägyptisch-chaldäischen Priesterweisen gelehrt haben, was in Chaldäa gelehrt worden ist, mit dem, was die althebräische Jahve-Religion lehrte, was uns da im Arabertum entgegentritt.

Es geschieht nun aber bei einem solchen Zusammenfluß nicht bloß ein Zusammendrängen, sondern es wird auch immer etwas ausgesondert und abgetrennt. Es mußte nun ausgesondert sein alles, was auf hellseherische Beobachtung zurückgeführt war. Ein Kombinieren, ein bloßes intellektuelles Forschen war es, was blieb, so daß die Begriffe der ägyptischen Heilkunde, der chaldäischen Astronomie, die hervorgegangen waren sowohl bei den Ägyptern wie bei den Chaldäern aus altem Hellsehen, uns in intellektualisierter und individualisierter Form entgegentreten im Arabertum des Mahomet. Es wird uns da gleichsam auf dem Umwege durch die Araber etwas Durchgesiebtes in Europa hereingebracht – durchgesiebt, indem alle alten Begriffe, die bei den Ägyptern und Chaldäern geherrscht haben, ihrer hellseherischen Bildergehalte entkleidet und in abstrakte Formen gegossen, uns in der bewundernswürdigen Wissenschaft der Araber, die von Afrika über Spanien in Europa hereindrangen, wieder auftauchten. Hat das Christentum einen Impuls gebracht, der im wesentlichen für die menschliche Seele da war, so war der größte Impuls für den menschlichen Kopf, für den menschlichen Intellekt auf dem Umwege durch die Araber gekommen. Und die, welche nicht genau bekannt sind mit dem Gang der Menschheitsentwickelung, wissen gar nicht, was diese Weltanschauung, die erneut unter dem Symbol des Mondes auftrat, der gesamten Menschheit doch geliefert hat. Kepler und Kopernikus wären nicht möglich gewesen ohne die Impulse, welche durch das Arabertum nach Europa gebracht sind. Denn die ganze Art und Weise des Denkens und Kombinierens von Weltanschauungen mit Hinwegrechnung des alten Hellsehens sehen wir wieder auftreten in der Zeit, als die dritte Kulturperiode ihre Auferstehung feiert in unserem fünften Zeitraum in unserer heutigen Astronomie, in unserer heutigen Wissenschaft überhaupt.

So haben wir auf der einen Seite den Gang der Menschheitsentwikkelung so verlaufend, daß der Christus-Impuls in die europäischen Völker direkt hereindringt durch Griechenland und Italien, und wir haben einen andern Zug südlich davon, der einen Umweg macht, indem er an Griechenland und Italien vorübergeht und sich verbindet mit dem, was auf dem Umwege durch den arabischen Impuls zu uns gekommen ist.

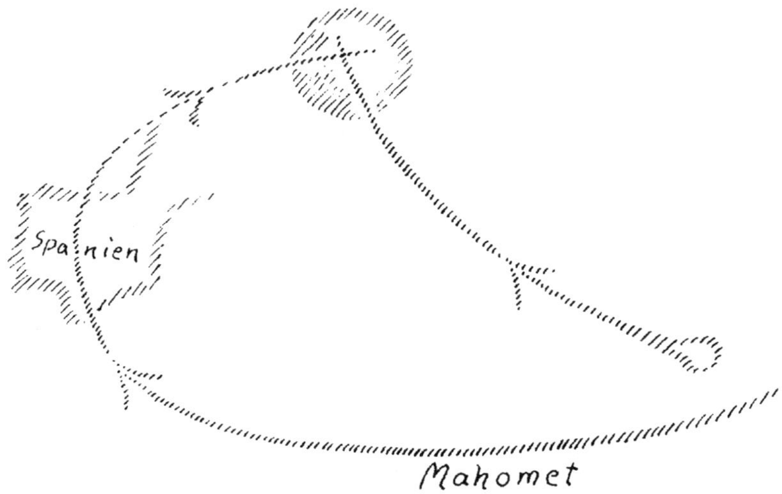

Nur aus dem Zusammenfluß der Christus-Religion und der Mahomet-Religion konnte in der Zeit, in welcher wir einen wichtigen

Einschnitt zu verzeichnen haben, das entstehen, was eigentlich unsere neuzeitliche Kultur ist. Aus Gründen, die heute nicht auseinandergesetzt werden sollen, müssen wir uns ungefähr sechs bis sechseinhalb Jahrhunderte lange Epochen denken gerade für solche Impulse, wie sie jetzt angeführt worden sind; so daß in der Tat sechs Jahrhunderte nach dem Christus-Ereignis der erneuerte Mondkultus, der arabische Mondkultus aufgeht, sich verbreitet und eindringt nach Europa und bis ins 13. Jahrhundert hinein die Christus-Kultur befruchtet, die ihre direkten Impulse auf andern Wegen erhalten hatte. Da gab es einen fortwährenden Austausch. Wer genau auch nur den äußerlichen Gang der Ereignisse kennt, wer weiß, wie selbst in den Mönchklöstern des westlichen Europas – mochten sie auch das Arabertum bekämpfen – die arabischen Gedanken hineinflossen in die Wissenschaft und sich darin verbreiteten, der weiß auch, daß bis zu dem Zeitpunkt in der Mitte des 13. Jahrhunderts, der wieder etwas Besonderes bedeutet, ein Zusammenströmen der zwei Impulse vorhanden war, des arabischen Impulses und des direkten Christus-Impulses.

Daraus werden Sie entnehmen können, daß in der Tat der direkte Christus-Impuls andere Wege macht als die Impulse, die gleichsam als Seitenströmungen hinfließen, um sich mit ihm zu verbinden. Sechs Jahrhunderte nach dem Christus-Impuls geht im Orient – durch Ereignisse, die nicht leicht zu schildern sind, obwohl sie jedem Okkultisten gut bekannt sind – eine neue Kulturwelle an, die sich dann durch Afrika über Spanien in das europäische Geistesleben hineinlebt und sich mit dem Christus-Impuls, der auf andern Wegen kommen mußte, vereinigt. Wir können also sagen, daß das Sonnensymbol mit dem Mondsymbol zusammengeschmolzen ist vom 6., 7. Jahrhundert bis ins 12., 13. Jahrhundert hinein, also wieder in einer Zeitepoche, die etwa sechs Jahrhunderte gedauert hat.

Nun gab es, nachdem diese unmittelbare Befruchtung gewissermaßen ihr Ziel erreicht hatte, etwas Neues, das sich allmählich eben seit dem 12., 13. Jahrhundert vorbereitet hat. Es ist interessant, daß selbst heute die äußere Wissenschaft anerkennt, daß damals etwas Unerklärliches durch die Seelen der europäischen Menschheit ging.

Die äußere Wissenschaft sagt: etwas Unerklärliches. Der Okkultismus aber sagt, daß in dieser Zeit, gleichsam nachströmend dem direkten Christus-Impuls, in die Seelen sich ergießt auf geistige Weise dasjenige, was der vierte Zeitraum der nachatlantischen Kultur selbst geboten hat; die griechische Zeit bildet eine nachströmende Welle. Das ist das, was wir die Zeit der Renaissancekultur nennen, die nun durch die nächsten Jahrhunderte alles, was schon da war, befruchtet. So sehen wir wieder ein solches Übergreifen nach einer sechshundertjährigen Epoche des Einfließens des Arabertums, sehen, wie dem Arabertum Zeit gelassen wurde, nachdem es eingeflossen war, nach und nach sich einzuleben. Das geschieht dadurch, daß die griechische Zeit, die in den sieben nachatlantischen Kulturepochen neutral mitten drinnen steht, nachläuft in der Renaissancekultur. Und es bedeutet wieder einen Zeitraum von sechs Jahrhunderten, das heißt bis in unsere Zeit herein, daß sozusagen diese griechische Welle sich auslebt. Darin lebt unsere Zeit auch heute noch. Wir leben gewissermaßen heute in einem Übergang, insofern, als wir wieder vor dem Beginn auch einer sechshundertjährigen Kulturwelle stehen, daß sich wieder etwas Neues hereindrängt, daß der Christus-Impuls sich mit etwas Neuem befruchten muß. Nachdem der wiedererneuerte Mondkultus im Halbmondtum Zeit hatte, sich auszuleben durch die Renaissancezeit, ist jetzt die Zeit gekommen, in welcher der Christus-Impuls, der sich eben als der direkte fortpflanzt, aufnehmen soll und muß eine Nebenströmung. Nach dieser Nebenströmung hat unsere Zeit einen ganz besonderen Zug. Nur müssen wir ganz genau dieses Zufließen einer Nebenströmung zu unserer Kultur verstehen. Alle diese Dinge entsprechen durchaus dem richtigen Gange einer okkulten Schematik – okkulten Systematik, könnten wir auch sagen.

Wenn wir im alten Stil – nicht in dem neuen – aufeinanderfolgend uns denken Mond, Merkur, Venus, Sonne, so würden wir, nachdem der wiedererneuerte Mond-Einfluß da war und die Mondwelle sich sozusagen während der Renaissancezeit ausgelebt hat, jetzt zu erwarten haben einen Einfluß, den wir in ganz richtigem Stil mit dem Symbol des Merkurius bezeichnen müßten. Wir könnten also theoretisch sagen, wir stünden, wenn die Symbolik zutrifft, vor der Perspektive, daß eine Art Merkur-Einfluß in unsere Kultur einströmte, eine Welle, die als Merkur-Einfluß symbolisiert werden kann, wie das Arabertum als Mond-Einfluß charakterisiert werden könnte.

Wenn wir Verständnis haben für die Zeitentwickelung, so dürfen wir als den letzten großen Geist, der die Fülle der Wissenschaft, die Fülle des Christentums und die Fülle der Renaissancekultur in seiner Seele vereinigte, Goethe bezeichnen, und wir könnten dann erwarten, daß Goethe uns in seiner Seele darstellen würde den schönen Zusammenschluß der Renaissancekultur, der Wissenschaft, das heißt des Intellektualismus, wie er durch das Arabertum befruchtet worden ist, und des Christentums. Wenn wir nun Goethe so betrachten, wie wir es seit Jahren gewohnt sind, dann kann man leicht erkennen, daß wirklich in Goethes Seele diese Elemente zusammengeflossen sind. Wir dürften aber auch nach den jetzt gemachten Zeitangaben von sechs zu sechs Jahrhunderten erwarten, daß von dem Merkur-Einfluß in Goethes Seele noch nichts vorhanden war und daß das etwas sein muß, was hinter Goethe als etwas Neues aufzutreten hatte. Da ist es interessant – Sie wissen das ja –, daß selbst der Schüler Goethes, Schopenhauer, bereits diesen Merkur-Einfluß zeigt. Sie kennen aus meinen Ausführungen, wie in Schopenhauers Philosophie morgenländische Weisheit eingedrungen ist, besonders in Form des Buddhismus. Da nun als das Symbol des Buddhismus der Merkur angesehen wird, so haben Sie entsprechend nach Goethes Zeit den Buddha-Einfluß – indem hier Buddha gleich Merkur und Merkur gleich Buddha ist – ebenso charakterisiert, wie Sie in dem Arabertum den Mondeinfluß charakterisiert haben; so daß wir nunmehr auch bezeichnen können, welches diese Nebenströmung ist, die hereinfließt in den geraden Weg des Christus-Impulses als eine neue Strömung am Beginne einer neuen sechshundertjährigen Epoche: Wir haben als den Nebenstrom anzusehen – wie eine Wiedererneuerung, in neuer Form – den Buddhismus, nur mit den Einschränkungen, die in meinem öffentlichen Vortrage über Buddha dargelegt worden sind.

Nun fragen wir uns einmal: Welches ist die direkte Strömung der

Kultur in die Zukunft hinein? Das ist die Christus-Strömung. Sie fließt in gerader Linie fort. Und welche Nebenströmungen haben wir zu verzeichnen? Zunächst haben wir die Araber-Strömung, die in die Hauptströmung hereinfließt und dann eine Ruhepause hat und eine Abklärung findet in der Renaissancekultur. Nun haben wir jetzt ein erneuertes Hereinfließen der Buddha-Strömung. Wer diese Tatsachen im rechten Lichte zu sehen vermag, der wird sich nun sagen: Wir haben also aufzunehmen diejenigen Elemente aus der Buddha-Strömung, die bisher nicht innerhalb unserer abendländischen Kultur enthalten waren. Da sehen wir auch schon, wie gewisse Elemente der Buddha-Strömung auch durch die abendländische Geistesentwickelung einströmen, wie zum Beispiel die Ideen von Reinkarnation und Karma. Diese fließen ein. Wohl aber müssen wir uns etwas anderes nun streng in die Seele schreiben: Alle diese Nebenströmungen werden uns niemals Aufschluß geben können über das Zentrale unserer Weltanschauung, unserer Geisteswissenschaft. Den Buddhismus oder irgendeinen vorchristlichen Orientalismus, die in unsere Zeit hereinragen als sich wiedererneuernde Weltanschauungen, etwa zu fragen über das Wesen des Christus, das wäre heute ebenso gescheit, als wenn die christlichen Europäer die Araber, die nach Spanien gekommen waren, über das Wesen des Christus gefragt hätten. Das wußten damals die Menschen in Europa, daß die Christus-Idee ihnen nicht von den Arabern kommen kann, daß die ihnen nichts zu sagen hatten über den Christus. Und wenn sie ihnen etwas sagten, dann waren es solche Ideen, die nicht der wirklichen Christus-Idee entsprachen. Und die verschiedenen Propheten, die als falsche Messiasse aufgetreten sind, die sind im Grunde genommen, ohne Verständnis für den Christus-Impuls zu haben, aus dem Arabertum heraus aufgetaucht, bis auf Sabbatai Zewi. Es muß uns also klar sein, daß diese Nebenströmung des Arabertums zu befruchten hatte durch ganz andere Elemente – und keineswegs durch einen Aufschluß über das Zentralgeheimnis des Christus.

In genau derselben Weise müssen wir uns stellen zu jener Strömung, die uns heute als Nebenwelle zufließen muß, als eine alte erneuerte Welle, die Verständnis bringen wird für Reinkarnation und Karma, aber unmöglich ein Verständnis für den Christus-Impuls bringen kann. Denn das wäre ebenso absurd, als wenn die Araber den Europäern die richtige Christus-Idee hätten beibringen wollen. Die Araber aber vermochten viele Ideen von falschen Messiassen den Europäern beizubringen, eben bis auf Sabbatai Zewi. Solche Dinge werden sich wieder erneuern. Denn die Entwickelung der Menschheit kann nur vorwärtsgehen, wenn die Menschen die Stärke haben, diese Dinge zu durchschauen. Und wir müssen die Verhältnisse immer klarer und eindringlicher bewußt durchschauen.

Daher wird sich die Tatsache ergeben, daß diejenige Geisteswissenschaft mit der Zentralidee des Christus, die durch das europäische Rosenkreuzertum begründet worden ist, sich durchsetzen wird gegen alle äußeren Widerstände, und gegen alle Versuchungen von außen in die Gemüter der Menschen einziehen wird. Wie die Zentralidee des Christus hineinziehen muß in die Gemüter der Menschen, wie der Christus in die Gesamtevolution nicht nur der Menschheit, sondern der ganzen Welt hineinverwoben ist, das können Sie aus meiner «Geheimwissenschaft im Umriß» entnehmen. Daraus ergibt sich, welches der gerade sich fortentwickelnde Weg ist. Auf diese gerade sich fortentwickelnde Geisteswissenschaft zu hören, werden alle diejenigen die Möglichkeit haben, die ein solches Wort verstehen wie das Wort des Markus-Evangeliums, das am Schlusse der letzten Stunde angeführt worden ist: «Es werden sich erheben falsche Christusse und falsche Propheten ... Wenn nun jemand zu der Zeit wird zu euch sagen: Siehe, hier ist Christus! siehe, da ist er! so glaubet ihnen nicht!» – Neben diese Strömung aber stellt sich eine andere weiter außen hin, welche glauben wird, über die Natur des Christus besser noch unterrichtet zu sein als die rosenkreuzerische abendländische Geisteswissenschaft. Da werden dann allerlei Ideen und Lehren in die Welt hineingebracht werden von Anschauungen, die ganz natürlich auf dem Boden der Nebenströmung des orientalisierenden Buddhismus erwachsen werden. Aber es wäre das Zeugnis ärgster Schwäche für europäische Seelen, wenn diese europäischen Seelen nicht imstande wären, den Gedanken zu fassen: in der direkten Verfolgung der Christus-Idee habe auch die Merkur- oder Buddha-Strömung ebensowenig Licht zu bringen, wie das

Arabertum Licht gebracht hat in der direkten Verfolgung der Christus-Idee. Das wird hier nicht aus irgendeinem Glauben, aus irgendwelchen Dogmen oder Phantasmen herausgeholt, sondern aus dem objektiven Gang der Weltentwickelung. Mit Zahlen oder Kulturströmungen, die Sie verfolgen können, wenn Sie wollen, wird Ihnen belegt, daß die Dinge so sein müssen, wie es die okkulte Wissenschaft lehrt.

Nun wird aber verknüpft sein mit dem, was da eintritt, die Notwendigkeit, zu unterscheiden zwischen einem orthodoxen altorientalischen Buddhismus, der sozusagen den stehengebliebenen Buddhismus hereinverpflanzen will nach Europa und aus dem stehengebliebenen Buddhismus heraus eine «Christus-Idee» erkennen will, und einem wirklich fortentwickelten Buddhismus. Das heißt, es wird Leute geben, die von Buddha so sprechen werden: Seht hin auf Buddha, wie er ungefähr fünf bis sechs Jahrhunderte vor unserer Zeitrechnung gelebt hat! Das sind seine Lehren! – Was diese Leute sagen werden, das ist zu vergleichen mit dem, was die Geisteswissenschaft im rosenkreuzerischen Sinne sagen muß: Es liegt an euch, nicht an Buddha, daß ihr heute so sprecht, als ob Buddha auf dem Standpunkt stehengeblieben wäre, wo er war fünf bis sechs Jahrhunderte vor unserer Zeitrechnung! Glaubt ihr, Buddha sei nicht fortgeschritten? Wenn ihr so sprecht, redet ihr von einer Lehre, die für die damalige Zeit richtig war. Redet immerhin von einer Lehre des Buddha, wie er sie gegeben hat, richtig berechnet für die Zeit fünf bis sechs Jahrhunderte vor unserer Zeitrechnung! Wir aber schauen hinauf zu dem Buddha, der fortgeschritten ist, und der aus geistigen Höhen seinen fortdauernden Einfluß auf die Menschheitskultur ausübt. Wir schauen hin auf jenen Buddha, den wir bei der Betrachtung des Lukas-Evangeliums darstellen konnten, der seinen Einfluß gewonnen hat auf den Jesus aus der nathanischen Linie des Hauses David; schauen auf den Buddha, wie er sich im Reiche des Geistes weiterentwickelt hat, und der uns heute die maßgebenden Wahrheiten zu sagen hat, auf die es ankommt.

Es ist dem Christentum als dogmatischem Christentum im Abendlande etwas ganz Kurioses passiert, das man dadurch charakterisieren könnte, daß man sagt: Es ist durch eine sonderbare Verkettung der Umstände geschehen, daß eine buddhaähnliche Gestalt unter die christlichen Heiligen geraten ist. Sie werden sich erinnern, daß ich einmal von einer Legende gesprochen habe, die in der Zeit des Mittelalters über ganz Europa hin erzählt worden ist: die Legende von Barlaam und Josaphat. Sie erzählt uns ungefähr: Es war einmal ein indischer König, der hatte einen Sohn. Diesen Sohn erzog er zunächst so, daß er weit weg lebte von allem menschlichen Elend, von allem äußeren Erdenleben. Er erzog ihn im Königspalaste, wo er nur dasjenige sah, was zum Glück und Segen der Menschheit führt. Josaphat hieß er; der Name ist mehrfach verändert worden und hat die verschiedensten Formen angenommen: Josaphat, Judasaph, Budasaph. Josaphat lebte bis zu einem bestimmten Alter im königlichen Palast, ohne die Welt kennenzulernen. Dann geschah es eines Tages, daß er hinausgeführt wurde aus dem Palaste seines Vaters, und nun lernte er das Leben kennen. Da sah er zunächst einen aussätzigen Menschen, dann einen Blinden und dann einen Greis. Dann wird weiter erzählt, daß er einen christlichen Einsiedler findet mit Namen Barlaam; der brachte es dahin, daß Josaphat das Christentum begriff und zum Christentum übertrat.

Sie werden nicht verkennen, daß in dem Zug, daß einem indischen Könige ein Sohn geboren wird, der fernab von der Welt lebt, dann hinausgeführt wird, einen Aussätzigen, einen Blinden und einen Greis erblickt, Anklänge an die Buddha-Legende selber gegeben sind. Und Sie können auf der andern Seite leicht erkennen, daß im Mittelalter diese Legende fortgeführt wurde, daß ihr aber etwas eingefügt wurde, was dem Buddha nicht zur Last gelegt werden darf: daß er sich zum Christentum bekehren ließ. Das könnte nicht von Buddha gesagt werden.

Diese Legende hat ein gewisses Bewußtsein bei den Christen hervorgerufen, bei einzelnen Christen wenigstens, besonders aber bei denen, welche die Verzeichnisse von Heiligen gemacht haben. Man hatte gewußt, daß der Name Josaphat, Jodasaph zusammenhängt mit dem, was wir einen Bodhisattva nennen: Jodasaph, Budasaph geht in gerader Linie in Bodhisattva über. Wir sehen also hier eine merkwürdige, recht tiefe Verbindung einer christlichen Legende mit der Buddha-Gestalt. Wir wissen ja, daß uns die orientalische Legende den Buddha darstellt als übergehend in das Nirwana, und daß er die Krone des Bodhisattva übergeben hatte an seinen Nachfolger, den Maitreya-Buddha, der jetzt ein Bodhisattva ist und später der Buddha der Zukunft sein wird. Als Josaphat scheint uns der Buddha in der Legende wieder. Und die Verbindung des Buddhismus mit dem Christentum wird uns in wunderbarer Weise dadurch charakterisiert, daß einer gesagt hat: Der Josaphat ist ein Heiliger; denn Buddha selber war so heilig, daß er sich im Sinne der Legende vom indischen Königssohn zum Christentum bekehrt hat, so daß man ihn unter die Heiligen einreihen kann – obwohl er wieder von anderer Seite verfolgt worden ist.

Daraus sehen Sie, daß man wußte, wo die spätere Gestalt des Buddhismus beziehungsweise des Buddha zu suchen ist. In den verborgenen Welten ist mittlerweile der Buddhismus mit dem Christentum zusammengeflossen. Und Barlaam, diese merkwürdige Gestalt, hat den Bodhisattva mit dem Christentum bekanntgemacht, so daß wir also den Buddhismus, wenn wir ihn jetzt auch im Sinne dieser Legende als eine fortlebende Weltenströmung verfolgen, nur in der Gestalt wiederaufleben lassen können, in der er jetzt verändert vorhanden ist. Wir müssen von Buddha so reden, wie er heute für uns vorhanden ist, wenn wir hellseherisch seine Eingebungen verstehen. Ebenso wie das Arabertum nicht ein Judentum war, wie der Jehova-Mond nicht im Arabertum in alter Form und Gestalt wieder aufgetaucht ist, so wird auch der Buddhismus, insofern er in der abendländischen Kultur fruchtbar werden kann, nicht in der alten Gestalt auftauchen, sondern er wird auftauchen in veränderter Gestalt, weil das Spätere nicht bloß als Abklatsch des Früheren wieder auftritt.

Das sind kurze, abgerissene Sätze, die Anregungen sein sollen für die Entwickelungsgedanken der Menschheit, die Sie ausbauen können. Und ich kann Ihnen die Versicherung geben, wenn Sie alles nehmen an geschichtlichen Erkenntnissen, was Sie nur auffinden können, und die geisteswissenschaftliche Entwickelung Europas wirklich verfolgen, so können Sie sehen, daß wir jetzt an dem Punkt eines

Zusammenfließens des Christentums mit dem Buddhismus stehen. Ebenso wie in der charakterisierten Zeit ein Zusammenfließen der Jahve-Religion mit dem Christentum geschah, so stehen wir heute an einem Zusammenfluß des Buddhismus mit dem Christentum. Prüfen Sie das, indem Sie alles nehmen, was Ihnen die Historiker Europas geben können! Prüfen Sie es aber nicht so, wie die Historiker Europas es gewohnt sind, sondern so, daß alle Faktoren dabei in Betracht gezogen werden; dann werden Sie sehen, daß sich alles bewahrheitet, was ich gesagt habe. Nur müßten wir dabei wochenlang davon reden, was uns zuströmen kann aus dem, was uns als rosenkreuzerische Geistesrichtung innerhalb Europas gegeben wird.

Aber nicht nur in der Geschichte können Sie die Belege dafür finden, sondern, wenn Sie die Sache richtig anstellen, auch in der Naturwissenschaft der Gegenwart und den verwandten Gebieten. Sie müssen nur in richtiger Weise suchen, dann können Sie finden, daß in der Tat überall die neuen Begriffe sich gleichsam krampfhaft hereindrängen in die Gegenwart und alte Begriffe unbrauchbar werden und verschwinden. Es arbeiten in einer gewissen Beziehung unsere Forscher, unsere Denker mit unbrauchbar gewordenen Begriffen, weil sie im weitesten Maße noch nicht imstande sind, in der richtigen Weise die Nebenströmung aufzunehmen und zu verarbeiten, die sich vorzugsweise charakterisiert in den Ideen von Reinkarnation und Karma und in dem, was die Geisteswissenschaft sonst zu geben vermag. Mit unbrauchbar gewordenen Begriffen arbeiten unsere Forscher. Sie können die Literatur der Gegenwart auf den Gebieten der verschiedensten Wissenschaften durchgehen, da werden Sie sehen, daß es manchmal für den Kenner dieser Sachen geradezu jammervoll ist, wie Tatsachen auf Tatsachen hervorsprießen im wissenschaftlichen Leben und wie die Begriffe überall nicht ausreichen, um diese Tatsachen zu verstehen. So haben wir einen Begriff – diese Dinge können heute hier nur angedeutet werden –, der heute noch eine große Rolle spielt im weitesten Umfange unserer Wissenschaft: der Begriff der Vererbung. So wie dieser Begriff der Vererbung heute noch in den verschiedenen Wissenschaften figuriert und sogar in das populäre Leben eintritt, so ist er einfach nicht zu brauchen. Die

Tatsachen werden die Menschen lehren, daß sie zu ihrem Verständnis andere Begriffe erfordern als zum Beispiel den ganz unbrauchbaren Begriff von Vererbung, den man heute im weitesten Umfange der Wissenschaften hat. In bezug auf Vererbung beim Menschen und auch bei verwandten Wesen wird es sich zeigen, daß gewisse Tatsachen, die heute durchaus schon bekannt sind, erst verstanden werden können, wenn ganz andere Begriffe vorhanden sind. Spricht man heute beim Menschen von Vererbung in aufeinanderfolgenden Generationen, so hat man den Glauben, als ob man alles, was an Fähigkeiten beim Menschen auftritt, verfolgen könnte in der Vererbungslinie bei den unmittelbaren Vorfahren. Aber erst der Begriff von Reinkarnation und Karma wird es möglich machen, daß klare Begriffe darüber an Stelle der jetzigen verworrenen treten können. So wird es sich zeigen, daß ein großer Teil dessen, was heute in der Menschennatur ist – ich kann das hier nur andeuten –, überhaupt nichts zu tun hat mit dem, was man den gegenseitigen Einfluß der Geschlechter nennt; während eine verworrene Wissenschaft heute noch lehrt, daß alles, was am Menschen ist, seinen Anfang nimmt von der Empfängnis durch das Zusammentreten des Männlichen und des Weiblichen. Denn es ist gar nicht wahr, daß alles, was im Menschen auftritt, irgend etwas zu tun hat mit dem, was sozusagen unmittelbar physisch zusammentritt in der Verbindung der Geschlechter. Sie werden über diese Sache genauer nachdenken müssen; ich will es ja nur als eine Anregung geben.

Wenn Sie den physischen Leib des Menschen betrachten, so wissen Sie, daß derselbe eine alte Geschichte hat: Er hat eine Saturnepoche durchgemacht, eine Sonnenepoche, eine Mondepoche und macht jetzt die Erdepoche durch. Erst während der Mondepoche tritt der Einfluß des Astralleibes auf. Der war vorher nicht da. Dieser Astralleib veränderte natürlich auch den physischen Leib des Menschen. Deshalb erscheint uns der physische Leib heute nicht nur so, wie er durch die Kräfte aus der Saturn- und Sonnenzeit geworden ist, sondern wie er geworden ist unter diesen Kräften und unter den Kräften des Astralleibes und des Ich. Vererbbar durch das Zusammenwirken der Geschlechter ist nur das am physischen Leibe, was mit dem Einfluß des Astralleibes auf den physischen Leib zusammenhängt; während alles, was Gesetze sind, die auf die Saturn- und Sonnenzeit zurückgeführt werden müssen, überhaupt nichts zu tun hat mit dem Zusammenwirken der Geschlechter. Unmittelbar wird ein Teil der Menschennatur empfangen – nicht von dem andern Geschlecht, sondern unmittelbar aus dem Makrokosmos herein. Das heißt, was wir in uns tragen, das stammt gar nicht etwa umfänglich von dem Zusammenwirken der Geschlechter her. Nur das stammt davon her, was von unserem Astralleib an uns abhängt, während wir einen großen Teil der Menschennatur so in uns tragen, daß er empfangen wird – von der Mutter zum Beispiel – unmittelbar aus dem Makrokosmos herein, gar nicht auf dem Umwege durch das andere Geschlecht. Deshalb müssen wir in der menschlichen Natur unterscheiden einen solchen Teil, der auf das Zusammenwirken der Geschlechter zurückgeht, und einen solchen, der unmittelbar von der Mutter empfangen wird vom Makrokosmos herein. Denken Sie einmal, daß ja über diese Dinge erst Klarheit herrschen kann, wenn man einmal reinlich wird scheiden können zwischen den einzelnen Gliedern der Menschennatur, während heute alles durcheinandergeworfen wird. Denn im physischen Leib hat man nicht etwas Abgeschlossenes, sondern das Hereinwirken der Kräfte vom Ätherleib, Astralleib und Ich, und man muß nun wieder unterscheiden solche Kräfte, die direkt dem Einfluß des Makrokosmos zu verdanken sind, und solche, die dem Zusammenwirken der Geschlechter zuzuschreiben sind.

Aber auch durch die väterliche Natur wird etwas aufgenommen, was nichts zu tun hat mit dem Zusammenwirken der Geschlechter. Während gewisse Werkzeuge und Gesetze, die gar nicht auf geschlechtlicher Vererbung beruhen, aufgenommen werden und direkt eingepflanzt werden auf dem Umwege durch den mütterlichen Organismus aus dem Makrokosmos herein, werden auch auf dem Umwege durch den väterlichen Organismus Gesetze aus dem Makrokosmos eingepflanzt, die einen geistigen Weg nehmen. Bei dem, was auf dem Umwege durch den mütterlichen Organismus aufgenommen wird, kann man sich noch sagen: Der mütterliche Organismus ist ein Angriffsmoment. Aber was in bezug auf den Organismus der Mutter gar nicht dem Zusammenwirken der Geschlechter entstammt, das wirkt zusammen mit etwas, was wieder nicht dem Zusammenwirken der Geschlechter, sondern dem Väterlichen entstammt. Es findet also ein Weltenvorgang, ein makrokosmischer Vorgang statt, der sich in den Leibesgliedern und -formen zum Ausdruck bringt. Daher geht man völlig fehl, wenn man heute die Entwickelung des Menschenkeimes einfach so darstellt, daß alles auf Vererbung zurückgeführt wird, während Dinge direkt aus dem Makrokosmos herein aufgenommen werden.

Da haben Sie etwas, wo gegenwärtig die Tatsachen weit hinausgehen über das, was die Wissenschaft an Begriffen hat; denn deren Begriffe rühren noch von älteren Epochen her. Nun können Sie fragen: Zeigt sich denn das irgendwie? – Populäre Bücher sprechen wenig davon, aber auf dem Felde des okkulten Betriebes tritt es klar hervor. Ich möchte Sie da auf etwas aufmerksam machen. Ich kann es zwar nur andeuten, möchte aber anführen, daß es einen sehr merkwürdigen Gegensatz gibt zwischen zwei Naturforschern und Denkern der Gegenwart, der aber auch weitere Kreise gezogen hat und andere ergriffen hat. Und wie die Charaktere der beiden Naturforscher sind, das redet bezeichnend für die ganze Sachlage. Da haben Sie Haeckel, der, weil er seine bewunderungswürdigen Tatsachen mit den urältesten Begriffen verarbeitet, alles auf Vererbung zurückführt und die ganze Keimesgeschichte als auf Vererbung beruhend darstellt. Und ihm steht gegenüber der Forscher, der sich eigentlich nun mehr an die Tatsachen hält und dem daher mit einem gewissen Recht vorgeworfen werden kann, daß er zu wenig denkt, His, der Zoologe und Naturforscher. His war genötigt durch die eigentümliche Art, wie er die Tatsachen verfolgt hat, gegen die Vererbungsidee bei Haeckel aufzutreten und darauf aufmerksam zu machen, daß gewisse Organe und Organformen im Menschen nur zu erklären sind, wenn man davon absieht, daß sie ihren Ursprung dem Zusammenwirken der Geschlechter verdanken; worüber dann Haeckel spottete: Also schreibt Herr His die Entstehung des Menschenleibes einer gewissen jungfräulichen Einwirkung zu, die nicht auf einem Zusammenwirken der Geschlechter beruht! – Das ist aber auch ganz richtig. Denn die wissenschaftlichen Tatsachen drängen heute dazu, daß das, was auf das Zusammenwirken der Geschlechter zurückgeführt werden kann, abzutrennen ist von dem, was direkt vom Makrokosmos hereinkommt – was natürlich für weite Kreise heute eine ganz absurde Idee ist. Daraus sehen Sie, daß heute schon auf dem Boden der Wissenschaft hingedrängt wird zu neuen Begriffen. Wir stehen mitten drinnen in einer Entwickelung, die da sagt: Wollt ihr die Tatsachen, die euch gegeben werden, richtig begreifen, so müßt ihr eine Reihe ganz neuer Begriffe aufnehmen; denn ihr reicht nicht mehr aus mit dem, was ihr als Begriffe aus alten Zeiten überkommen habt.

Daraus sehen wir, wie mit unserer Kultur zusammenfließen muß eine Nebenströmung. Das ist die Merkurströmung, die sich dadurch kundgibt, daß der, welcher heute eine okkulte Entwickelung durchmacht, wie sie in den verschiedenen Vorträgen geschildert worden ist, hineinwächst in die geistige Welt und dadurch gewisse neue Tatsachen erlebt. Die fließen ihm zu, strömen in seine Seele hinein. Wir können ja in einer gewissen Weise dieses Sichhineinleben des Menschen in eine andere Welt bezeichnen oder vergleichen mit dem Fisch, der aus dem Wasser in die Luft versetzt wird, der sich aber zuerst dafür vorbereitet hätte, indem er seine Schwimmblase in Lungen verwandelt hätte. Wir können damit vergleichen das Übergehen eines Menschen von der sinnlichen Anschauung in die geistige Anschauung, indem die Seele sich fähig gemacht hat, gewisse Kräfte in einem andern Element zu gebrauchen. Da zeigt sich dann Verschiedenstes. Heute ist die Luft gerade durchsetzt von denjenigen Gedanken, die es uns nötig machen, die neuen, auf dem physischen Plan auftretenden Tatsachen der Wissenschaft so recht zu begreifen. Man lebt sich hinein als übersinnlicher Forscher in das, was von allen Seiten als Tatsachen herandrängt. Das war noch nicht so, bevor die Nebenströmung aufgetreten ist, von der ich heute sprach. Wir sehen also: Wo wir auch die Sachen anfassen, wir leben in einer außerordentlich wichtigen Epoche, in einer Zeit, in welcher es gar nicht möglich sein wird, weiterzuleben, wenn nicht eben solche Umwälzungen eintreten im menschlichen Denken und Empfinden, wie sie als notwendig erklärt worden sind.

Ich sagte, wie der Fisch, der gewohnt ist, im Wasser zu leben, sich in ein neues Element hineinleben müßte, so müßte der Mensch sich hineinleben in ein neues Element. Aber der Mensch muß sich auch in seinem Denken hineinleben in die Tatsachen, die einmal der physische Plan hervorbringt. Die Menschen, die sich gegen das neue Denken stemmen wollten, wären in einer solchen Lage wie ein Fisch, der einfach aus dem Wasser herausgenommen wird. Man kann nämlich nicht im Wasser bleiben! Und Sie werden dann sehen, in welchem Luftmangel solche Menschen später leben werden in bezug auf geistige Begriffe. Oh, sie werden schnappen nach Luft! Und die Menschen, die in dem heutigen Monismus weiterleben wollen, gleichen solchen Fischen, die den Aufenthalt im Wasser mit dem Aufenthalt in der Luft vertauschen wollten, die aber ihre Kiemen behalten möchten. Einzig und allein die Menschenseelen, die ihre Fähigkeiten verwandeln, die gewachsen sind einer neuen Auffassung der Tatsachen mit den Gedanken, die werden begreifen, was die Zukunft bringen wird.

So fühlen wir uns mit vollem Verständnisse stehend an einem Zusammenfluß zweier Weltanschauungsströmungen. Die eine soll uns bringen eine vertiefte Auffassung des Christus-Problems, des Mysteriums von Golgatha, und die andere soll bringen neue Begriffe und Ideen über die Wirklichkeit. Beide sind in die Notwendigkeit versetzt, zusammenzuströmen in unserer Zeit. Es wird nicht abgehen ohne die schlimmsten Hindernisse. Denn solche Zeiten, in welchen sich Weltanschauungsströmungen begegnen, treffen viele Hemmungen und Hindernisse. Und es wird in einer gewissen Beziehung die der Geisteswissenschaft anhängende Menschheit mitten hineingestellt sein auf den Platz, wo ganz notwendig sich ergeben wird das Verständnis für solche Dinge. Mancher von denjenigen, die sozusagen unsere Mitglieder sind, könnte vielleicht sagen mit Bezug auf eine Auseinandersetzung, wie sie heute gepflogen worden ist: Was du da sagst, ist schwer verständlich, und wir müssen uns erst lange hineinarbeiten. Warum gibst du uns nicht bequemere Kost, die uns von der Spiritualität der Welt überzeugen könnte, die uns bequemer munden könnte? Warum stellst du solche Anforderungen an das Verständnis der Welt? – Mancher könnte so sprechen und sagen: Wie viel schöner wäre es, wenn wir daran glauben dürften, was uns ein aus dem Altertum unmittelbar übertragener Buddhismus sagen kann: daß wir nicht das Christus-Ereignis so zu denken hätten wie den einen Punkt, an dem die Waage hängt, und daß es neben diesem keinen zweiten solchen geben kann, sondern daß eine Wesenheit wie der Christus sich, wie andere Menschen auch, immer wieder und wieder inkarniert. Warum sagst du nicht: Es wird da oder dort einer im Fleische kommen! – statt so etwas zu sagen, daß sich die Menschen fähig machen müssen, die Wiedererneuerung des Ereignisses vor Damaskus zu erleben? Denn wenn uns gesagt wird: Es wird einer im Fleische kommen –, dann können wir sagen: Da, seht hin, da ist er! wir können ihn mit physischen Augen sehen! – Das ist viel leichter verständlich.

Daß so etwas gesagt wird, dafür werden schon andere sorgen. Daß die Wahrheit gesagt werde, das ist die Aufgabe der abendländischen Geisteswissenschaft. Die Wahrheit unter voller Verantwortung aller Vorbedingungen, welche in der Entwickelung liegen, die bis zu unserem heutigen Tag geführt hat. Und wer Bequemlichkeit in der spirituellen Welt will, der mag auf andern Wegen die Spiritualität suchen. Wer aber die Wahrheit finden will, die Wahrheit, wie sie unsere Zeit braucht, nämlich so, daß wir für diese Wahrheit alle Intellektualität benützen, die wir zum alten Hellsehen hinzugewonnen haben bis zu dem Tage, wo das neue Hellsehen wieder anbricht, und wer diese Intellektualität verstehen will, wie sie heute verstanden werden muß, von dem bin ich mir klar, daß er den Weg gehen wird, der mit den Worten, die heute und schon öfter hier gesprochen worden sind, vorgezeichnet ist. Denn nicht darum handelt es sich, daß wir erst sagen, wie wir die Wahrheit haben wollen, sondern daß wir aus dem ganzen Gange der Menschheitsentwickelung in einer bestimmten Epoche wissen, wie diese Wahrheit notwendigerweise in einem bestimmten Zeitpunkt gesagt werden muß. Oh, es wird mancherlei anderes gesagt werden! Sie aber sollen nicht unvorbereitet sein auf mancherlei anderes, was gesagt werden könnte. Deshalb wird nicht verfehlt werden innerhalb der rosenkreuzerischen Geistesentwickelung, immer wieder und wieder auf das hinzuweisen, was auf der vollen Höhe des geistigen Erkennens unserer Zeit stehen kann. Und Sie haben ein Mittel, um das, was an diesem Orte oder sonstwo gesagt werden wird, nicht in einem blinden Glauben aufzunehmen; denn an einen solchen blinden Glauben wird hier, in dieser Geistesströmung, nie appelliert. Sie haben dieses Mittel in dem Gebrauch Ihrer Vernunft, Ihrer Intellektualität, Ihres eigenen Verstandes, und Sie können die Worte hören, die immer wiederholt werden: Nehmen Sie das ganze Leben, die ganze Wissenschaft, alles, was Sie erfahren können, zusammen, und prüfen Sie, was innerhalb der rosenkreuzerischen Geistesströmung gegeben wird! Versäumen Sie nicht, alles zu prüfen, und Sie werden sehen, daß es der Prüfung standhält! Die, welche in der rosenkreuzerischen Geistesrichtung leben werden, die werden wissen, daß es der Prüfung standhält. Aber versäumen Sie nicht, die Prüfung anzulegen! Denn gerade auf dem Boden, wo sich die Gegensätze am meisten berühren, wenn vielleicht das glatte Gegenteil irgendwo auftritt, auf dem Boden der wirklichen Spiritualität darf überhaupt kein Glaube maßgebend sein. Unfruchtbar und totgeboren wird alles sein, was auf einem blinden Glauben beruht. Leicht wäre es, auf einen blinden Glauben zu bauen. Darauf verzichtet der, welcher in den Reihen des abendländischen Geisteslebens steht. Dafür aber baut er auf das, was geprüft werden kann an der Vernunft, an dem Verstand, an der menschlichen Intellektualität. Denn diejenigen, welche da verbunden sind mit den Quellen unserer rosenkreuzerischen Geistesrichtung, die sagen, indem sie aus dieser Geistesrichtung heraus sprechen: So liegen die Dinge nach gewissenhafter Prüfung, und auf dem Boden der Wahrheit soll das Gebäude der Geisteswissenschaft aufgerichtet werden. Der Boden eines leichten Glaubens ist nicht unser Boden. Auf dem Boden sorgfältig geprüfter, wenn vielleicht auch schwieriger Wahrheit wird aufgerichtet sein das Gebäude der Geisteswissenschaft, und die Propheten eines blinden, eines bequemen Glaubens werden das Gebäude der Geisteswissenschaft nicht erschüttern.

ZEHNTER VORTRAG

Berlin, 10. Juni 1911

Es ist in unserer Zeit zweifellos zu bemerken, daß jener Geist geisteswissenschaftlicher Weltanschauung, von welchem in diesem Zweige und überhaupt innerhalb unserer deutschen Sektion seit Jahren nun schon gesprochen werden konnte, sich immer mehr und mehr in der Welt einzuleben beginnt, Verständnis zu finden beginnt in den Herzen und in den Gemütern unserer Zeitgenossen. Es ist natürlich nicht möglich – was vielleicht zuweilen ganz wünschenswert wäre zur gegenseitigen Verständigung –, ab und zu von der Einführung unserer geisteswissenschaftlichen Empfindungen und Gefühle und Erkenntnisse in die gegenwärtige Welt zu sprechen. Gewiß wollte mancher von Ihnen gern wissen, wie das, was er selbst in seine Seele als seine geistige Nahrung aufnimmt, in unserer Gegenwart auf andere Herzen, andere Persönlichkeiten wirkt. Es kann ja nur bei gewissen Gelegenheiten von dieser äußeren Verbreitung unserer geisteswissenschaftlichen Anschauung gesprochen werden. Aber es kann Sie vielleicht doch mit einer gewissen Befriedigung erfüllen, wenn ich einleitungsweise sage, daß wir immer wieder und wieder sehen können, wie in den verschiedenen Landesgebieten, unter den verschiedenen Himmelsstrichen der Geist, von dem wir alle beseelt sind, seinen Einzug hält, dort mehr, dort weniger. Als ich vor einiger Zeit an einem südlicheren Punkte Österreichs, in Triest, für unsere Ideen Verständnis zu erwecken suchte, da war zu sehen, wie die Anschauungen, die wir hegen, anfangen, auch dort schon Fuß zu fassen. Und wenn wir von diesem südlicheren Punkte heraufgehen nach Kopenhagen, wo in den letzten Tagen in einer Anzahl von Vorträgen an die Herzen das herangebracht werden konnte, was wir als Geist anerkennen, so konnten wir auch dort bei unsern nördlichen Freunden sehen, wie immer mehr und mehr der Geist einzieht, der von uns gepflegt wird unter der Signatur des Rosenkreuzes. Wenn man einzelne von solchen äußeren Tatsachen zusammennimmt, dann zeigt es sich, daß Bedürfnis und Sehnsucht vorhanden ist nach dem, was wir Geisteswissenschaft nennen in unserer Gegenwart.

Es ist ja nun wahrhaftig der innerste Nerv jener Gesinnung, die unsere geistige Richtung durchdringt, nicht in einem äußeren Sinne irgendwelche Agitation oder Propaganda zu treiben, sondern lediglich hinzuhorchen auf das, was von den großen umfassenden Weistümern der Welt die Herzen und die Seelen der Gegenwartsmenschen brauchen – brauchen, um die Möglichkeit und Sicherheit des Lebens in unserer Zeit zu haben. Da können wir eben, mit dem Gedanken einer allgemeineren Betrachtung anknüpfend, uns darauf besinnen, daß es für uns in unserer Zeit gewissermaßen eine Art von Verpflichtung ist, diese spirituelle Gesinnung zur Nahrung unserer Seele zu machen. Das hängt ja zusammen mit der ganzen Art und Weise, wie wir hereingewachsen sind in unsere Zeit. Wir haben gewiß schon alle genügend aufgenommen von dem großen Gesetz des Karma, um zu wissen, daß es nicht eine Zufälligkeit ist, nicht eine Nebensächlichkeit, wenn diese oder jene Individualität gerade in dieser ganz bestimmten Zeit sich gedrängt fühlt, herunterzusteigen in die physische Welt, um einen physischen Leib anzunehmen. Und alle diejenigen Seelen, die hier sitzen, haben die Sehnsucht empfunden, einen physischen Leib anzunehmen um die Wende des 19., 20. Jahrhunderts, weil das, was innerhalb der physischen Umgebung während dieser Zeit gepflegt und getan werden kann, erlebt werden will von diesen Seelen – von Ihren Seelen.

Betrachten wir einmal unsere Zeit, wie sie sich darstellt geistig für die Seelen, die eben – wie die unsrigen – in unsere Zeit hineingeboren worden sind. Es ist wirklich recht anders um die Wende des 19., 20. Jahrhunderts, in der geistigen Umwelt wie auch draußen in der exoterischen Welt, als es selbst noch vor fünfzig, sechzig Jahren war. Der Mensch, der heute heranwächst – und Sie waren ja alle in dieser Lage –, er versucht da oder dort von dem zu hören, was der Geist, die geistige Führung, die geistige Leitung der Welt ist, was die Außenwelt durchdringt in den Schöpfungen der verschiedenen Naturreiche und was in unsere Seele einzieht. Und wir dürfen sagen, seit einem halben Jahrhundert findet eine nach dem Geistigen sehnsüchtige Seele überall da, wo sie wirklich echte, geistige, spirituelle Nahrung zu empfangen sucht, außerordentlich wenig. Ja, im tiefsten Innern der Seele ist diese Sehnsucht vorhanden, die höchstens übertäubt werden kann, wenn sie nicht laut zu sprechen scheint; da ist diese Sehnsucht, und da will ein jeglicher, wo er auch steht im Leben, was er auch tun soll, geistige, wirkliche spirituelle Nahrung empfangen. Ob man sich heute auf dem Gebiete irgendeiner Wissenschaft umtut – man lernt ja nur die äußeren materiellen Tatsachen kennen, die zwar in kluger, großartiger, scharfsinniger Weise zu den großen Kulturfortschritten der Gegenwart verwertet werden, denen aber nicht abgelauscht wird, was man durch den Geist offenbaren will. Ob man als Künstler in der Welt tätig ist oder in einem praktischeren Lebenszweige steht: man findet überall wenig von dem, was man braucht, damit es in Geist, in Kopf und Hände gehen kann, damit wir nicht nur Kraft und Impulse zur Arbeit haben, sondern auch Sicherheit und Trost und Kraft im Leben. Und die Menschen am Anfange des 19. Jahrhunderts ahnten in einer gewissen Weise schon, daß in einer nahen Zukunft wenig davon vorhanden sein würde. Mancher Mensch in der ersten Hälfte des 19. Jahrhunderts, da noch Reste eines alten geistigen Lebens, wenn auch in einer andern Form, vorhanden waren, sagte sich: Es ist so etwas in der Luft wie ein vollständiges Verschwinden der alten Geistesschätze, die durch Tradition aus alten Zeiten heruntergekommen sind. Aber gerade die berechtigten Kulturfortschritte des 19. Jahrhunderts werden völlig auslöschen, was an geistigen Überlieferungen aus alten Zeiten zu uns gekommen ist.

Manche solche Stimme hören wir. Und ich möchte zum Zeugnis dafür, wie solche Stimmen in der ersten Hälfte des 19. Jahrhunderts ertönten, einiges jetzt hier anführen. Es soll die Stimme eines Mannes hier unter uns gehört werden, der in der ersten Hälfte des 19. Jahrhunderts viel in der alten Art von Theosophie, kann man sagen, wußte, der auch wußte, daß nun die alte Art vollends unter dem Gang der Ereignisse des 19. Jahrhunderts verschwinden müsse, der aber zugleich fest davon überzeugt war, daß es eine Zukunft geben müsse, wo die alte Theosophie wieder kommen müsse. Die Worte, die ich jetzt vorlesen will, sind im Jahre 1847 niedergeschrieben, also als die erste Hälfte des 19. Jahrhunderts zu Ende ging. Und der sie niedergeschrieben hat, war einer derjenigen Denker, die es heute nicht mehr gibt, die eben die letzten Nachklänge jener alten Überlieferungen noch fühlten, die allerdings vor noch längerer Zeit abhanden gekommen sind:

«Was die Theosophie eigentlich will, das ist bei den älteren Theosophen oft schwer zu erkennen, ... nicht minder deutlich aber auch, daß es die Theosophie auf ihrem bisherigen Wege zu keiner wissenschaftlichen Existenz und mithin auch zu keiner ins Größere gehenden Wirkung bringen kann. Sehr voreilig würde man daraus schließen, daß sie überhaupt ein wissenschaftlich unberechtigtes und nur ephemeres Phänomen sei. Dagegen zeugt schon die Geschichte laut genug. Sie erzählt uns, wie diese rätselhafte Erscheinung nie durchdringen konnte, und dessen ungeachtet immer wieder von neuem hervorbrach, ja, durch die Kette einer nie aussterbenden Tradition in ihren verschiedenartigsten Formen zusammengehalten wird. ... Es gibt vollends zu allen Zeiten wenige, in denen dieses lebendige spekulative Bedürfnis mit lebendigem religiösen Bedürfnis zusammen ist. Nur für diese letzteren aber ist die Theosophie. ... Und was die Hauptsache ist, wenn sie nur erst einmal eigentliche Wissenschaft geworden ist, und also auch deutlich bestimmte Resultate abgesetzt hat, so werden diese schon nach und nach in die allgemeine Überzeugung übergehen oder populär werden, und sich so auch als gemeingültige Wahrheiten für diejenigen vererben, die sich in die Wege nicht finden können, auf denen sie entdeckt wurden und allein entdeckt werden konnten.

Doch dies ruht im Schoße der Zukunft, der wir nicht vorgreifen wollen; für jetzt mögen wir uns der schönen Darstellung des lieben Oetingers dankbar erfreuen, die gewiß in einem weiten Kreise auf Teilnahme rechnen darf.»

So sehen wir, wie der theosophische Geist empfunden wurde im Jahre 1847 von einem Manne wie Rothe in Heidelberg, der sich in seinem Vorwort beruft auf einen Theosophen, Oetinger, von der zweiten Hälfte des 18. Jahrhunderts.

Was ist denn der theosophische Geist eigentlich für ein Geist? Das ist ein Geist, ohne den in der Welt niemals überhaupt die wahren Kulturtaten hätten geschehen können. Und wenn wir an das Größte denken: es ist der Geist, ohne den es nie einen Homer, einen Pindar, Raffael, Michelangelo, ohne den es keine religiöse Vertiefung der Menschen gäbe, aber auch kein geistiges Leben und auch keine äußere Kultur. Denn alles, was der Mensch schaffen will, muß er aus dem Geiste heraus schaffen. Und wenn er ohne den Geist glaubt schaffen zu können, so weiß er nicht, daß das ganze geistige Streben in Verfall kommt für gewisse Zeiten und daß etwas, was in geringerem Maße aus dem Geiste heraus stammt, auch um so mehr eher dem Tode geweiht ist als dasjenige, was aus dem Geiste heraus geschaffen ist. Was ewigen Wert hat, das stammt aus dem Geiste, und kein Schaffen bleibt, das nicht aus dem Geiste stammt. Aber auch das kleinste Schaffen, selbst wenn es für den Alltag geschieht, hat einen Ewigkeitswert und verbindet uns mit einem Geistigen, denn es steht alles, was der Mensch tut, unter der Führung des geistigen Lebens. Wir in unserem theosophischen Leben, wie wir es pflegen, wissen, daß diesem Leben die Strömung zugrundeliegt, die wir die Rosenkreuzerströmung nennen, und wir haben es öfter betont, daß die Meister der Rosenkreuzerweisheit seit dem 11., 12., 13. Jahrhundert vorbereitet haben, was seit dem Ende des 19. Jahrhunderts begonnen hat zu geschehen und was im 20. weiter geschehen wird. Was Rothe in Heidelberg zum Beispiel als eine Zukunft bezeichnet, was er ersehnt und erhofft, das soll ja für uns schon Gegenwart sein. Und es wird für uns immer mehr und mehr Gegenwart. Aber das haben seit langen Zeiten diejenigen vorbereitet, welche diese geistige Strömung zuerst auf eine dem Menschen unwahrnehmbare Weise in die Seelen haben einfließen lassen. In spezifischem Sinne ist dasjenige, was wir den Rosenkreuzerweg nennen seit dem 12., 13., 14. Jahrhundert, in unserer theosophischen Bewegung in bewußterer Gestalt vorhanden – was seit dem 11., 12., 13., 14. Jahrhundert einströmte in die Herzen, in die Wissenschaft, was den Geist der Menschen Europas geprägt hat.

Kann man sich denn aus den Vorgängen, die sich in unserer Kultur abgespielt haben, eine Vorstellung davon machen, wie dieser Geist eigentlich gewirkt hat? Ich sagte, seit dem 11., 12., 13., 14. Jahrhundert hat er als eigentlicher Rosenkreuzergeist gewirkt; aber er war immer da, hat nur die letzte Rosenkreuzerform angenommen seit dem genannten Zeitraum. Dieser Geist, der jetzt als Rosenkreuzergeist wirkt, geht zurück bis in alte Menschheitszeiten. Er hat schon in der alten atlantischen Zeit seine Mysterien gehabt. Und was in der neueren Zeit seine Wirksamkeit entfaltet, das strömte, immer bewußter und bewußter werdend, in älteren Zeiten, in Zeiten, die gar nicht lange hinter den unsrigen liegen, unbewußt in die Herzen und Seelen der Menschen herein.

Machen wir uns eine Vorstellung, wie dieser Geist unbewußt in die Menschheit hereinströmte. Sie sitzen hier zusammen. Wir pflegen miteinander das, was uns zeigt: In dieser oder jener Weise entwickelt sich die Menschenseele, um nach und nach hinaufzukommen in die Regionen, wo sie verstehen kann das geistige Leben, wo sie vielleicht auch schauen kann das geistige Leben. Viele von Ihnen haben sich schon seit Jahren bemüht, die Begriffe und Ideen, die uns das geistige Leben abbilden, in die Seele hereinfließen zu lassen, um aus diesen Begriffen und Ideen ihre geistige Nahrung zu haben. Sie kennen die Art und Weise, wie wir uns verständigen über die Rätsel der Welt. Oftmals ist es von mir gesagt worden, wie die verschiedenen Stufen der Entwickelung der Seele vor sich gehen, wie die Seele sich hinauflebt in die höheren Welten. Es ist gesagt worden, wie der Mensch einen höheren Teil seines Selbst von einem niederen Teil zu unterscheiden hat, es ist geschildert worden, wie der Mensch herübergekommen ist von anderen planetarischen Zuständen, wie er durchgemacht hat eine Saturn-, eine Sonnen- und eine Mondentwickelung, in der sich sein physischer Leib, sein Ätherleib und sein Astralleib ausbildete, und wie er dann seine Erdenentwickelung angetreten hat. Es ist gesagt worden, wie etwas in uns wohnt, das hier seine Schulung haben soll, um zu einem Höheren aufzusteigen. Auch das ist gesagt worden, daß gewisse Wesenheiten auf dem Monde als luziferische Wesenheiten zurückgeblieben sind, die sich dann später als Verführer heranmachten an den menschlichen Astralleib, um dem Menschen das zu geben, was sie ihm geben konnten. Dann haben wir oftmals davon gesprochen, wie der Mensch zu überwinden hat in seinem niederen Selbst dieses oder jenes, wie er zu besiegen hat dieses oder jenes, um hinaufzukommen in die Sphären, denen sein höheres Selbst angehört, wie er, um hinaufzukommen in die höheren Regionen des geistigen Lebens, das Goethe-Wort zu erfüllen hat:

> Und so lang du das nicht hast,
> Dieses Stirb und Werde,
> Bist du nur ein trüber Gast
> Auf der dunklen Erde!

Wir haben weiter gesagt, daß die menschliche Entwickelung, die heute möglich ist, und die uns Kraft und Sicherheit und wirklichen Lebensinhalt geben kann, dadurch zu erreichen ist, daß wir uns aneignen zum Beispiel die Kenntnis von der Mehrgliedrigkeit der Menschennatur, daß wir verstehen lernen, daß dieser Mensch nicht chaotisch zusammengefügt ist, sondern aus physischem Leib, Ätherleib, Astralleib und Ich besteht. Wir haben das damit Gemeinte nicht als bloße Worte empfunden, sondern durch die Charakterisierung der verschiedenen Temperamente, durch die Betrachtung der Erziehung des Menschen, wie sie verläuft als Entwickelung des physischen Leibes bis zum siebenten Jahr, des Ätherleibes bis zum vierzehnten Jahr, des Astralleibes bis zum einundzwanzigsten Jahr, da haben wir diese Dinge zu bestimmten Vorstellungen gebracht. Und aus Betrachtungen über die Mission der Wahrheit, der Andacht, des Zornes und so weiter haben wir ersehen, wie es nicht abstrakte Begriffe bleiben, was wir als physischen Leib, Ätherleib, Astralleib, Empfindungsseele, Verstandes- oder Gemütsseele und Bewußtseinsseele kennengelernt haben, sondern wie sie die Anschauungen vom Leben beleben, wie sie uns durchsichtig, klar und inhaltvoll unsere Umgebung machen.

So verständigen wir uns über die Rätsel der Welt. Wir können uns heute darüber verständigen. Und wenn es auch draußen noch viele Menschen gibt, die, bewußt oder unbewußt, im Materialismus verharren, so ist doch eine gewisse Anzahl von Seelen vorhanden, welche es als eine Notwendigkeit des Lebens empfinden, auf solche Darstellungen, wie sie gegeben werden können, hinzuhorchen. Viele von Ihnen würden nicht seit Jahren hier sitzen, mitleben und mitempfinden, was wir hier treiben, wenn es nicht eine Notwendigkeit des Lebens für sie wäre. Warum gibt es heute Seelen, die dies so verstehen, die in den Begriffen und Anschauungen, die wir hier entwickeln, den menschlichen Lebensweg verfolgen können? Das ist aus folgendem Grunde der Fall. Wie Sie heute mit solchen Sehnsuchten hereingeboren wurden in eine Welt, wie ich sie gerade vorhin zu schildern versuchte, so wurden unsere Vorfahren in Europa, das heißt eine große Anzahl von den heute hier anwesenden Seelen, durch die verflossenen Jahrhunderte hereingeboren in eine andere Umgebung, in eine andere Welt, als es die des 19. Jahrhunderts ist. Blicken wir zurück auf das 6., 7. oder auch auf das 12., 13. Jahrhundert, wo viele von den hier sitzenden Seelen damals inkarniert waren, und schauen wir auf das, was solche Seelen damals erlebten.

In jenen Zeiten gab es allerdings keine Theosophische Gesellschaft, wo man so über alles redete, wie wir es heute tun; sondern damals hörte die Seele etwas ganz anderes von ihrer Umgebung. Versuchen wir uns zu vergegenwärtigen, was damals die Seelen hörten – von denen hörten, die nicht herumreisten, um geisteswissenschaftliche Vorträge zu halten, sondern die als Rhapsoden vortrugen oder in einer andern Weise von Dorf zu Dorf, von Stadt zu Stadt zogen, um vom Geiste zu künden. Was sprachen solche Leute damals für Worte? Wir wollen es einmal in einem einzelnen Falle vor uns hintreten lassen. Damals sagte man noch nicht: Es gibt eine Theosophie, eine Lehre vom niederen und höheren Ich; der Mensch hat einen physischen Leib, Ätherleib, Astralleib und so weiter; sondern da zogen Rhapsoden herum, das heißt solche Menschen, die berufen waren, vom Geiste zu künden, und erzählten etwa folgendes – und ich will einiges von dem, was damals durch Mittel- und Osteuropa besonders vorgetragen wurde, jetzt einmal wiederholen:

Es war einmal ein Königssohn. Der ritt hinaus und kam an einen Graben und hörte dort, wie es aus dem Graben herauf wimmerte. Er folgte dem Lauf des Grabens, um zu sehen, was da wimmerte, und fand darin eine alte Frau. Da ließ er sein Pferd stehen, stieg herunter in den Graben und half der alten Frau herauf, denn sie war hinuntergefallen in den Graben. Als er nun sah, daß sie nicht gehen konnte, weil sie sich das Bein verletzt hatte, fragte er sie, wie sie zu diesem Unfall gekommen wäre. Da erzählte ihm die Frau: Ich bin eine alte Frau und muß früh nach Mitternacht fort in die Stadt, um Eier zu verkaufen; da bin ich in den Graben gefallen. Da sagte der Königssohn zu ihr: Sieh, du kannst jetzt nicht in deine Wohnung gehen, da will ich dich auf mein Pferd setzen und in deine Wohnung bringen. Und das tat er. Da sagte ihm die Frau: Du bist, trotzdem du von hoher Geburt bist, doch ein lieber und guter Mensch, und du sollst, weil du mir geholfen hast, von mir eine Belohnung erhalten. Und er ahnte jetzt, daß sie mehr als eine alte Frau war, denn sie sagte: Weil du solche Güte an mir bewiesen hast, sollst du den Lohn bekommen, der deiner guten Seele gebührt. Willst du die Tochter der Blumenkönigin heiraten? – Ja! sagte er. Und sie sprach weiter: Dazu brauchst du, was ich dir leicht geben kann. Und da gab sie ihm ein Glöckchen mit den Worten: Wenn du es einmal läuten wirst, kommt der Adlerkönig mit seinen Scharen und hilft dir in einer Lage, in welche du schon kommen wirst; wenn du es zweimal läutest, kommt der Fuchskönig mit seinen Scharen und hilft dir in einer Lage, in welche du schon kommen wirst; und wenn du es dreimal läutest, kommt der Fischkönig mit seinen Scharen und hilft dir in einer Lage, in die du schon kommen wirst. – Der Königssohn nahm das Glöckchen und ging nach Hause und sagte dort, daß er die Tochter der Blumenkönigin aufsuchen wolle, und ritt davon. Er ritt lange und lange, und niemand konnte ihm sagen, wo die Blumenkönigin mit ihrer Tochter wohnte. Da war dann sein Pferd schon unbrauchbar geworden und ging vollends zugrunde, so daß er die Wanderung zu Fuß fortsetzen mußte. Da kam er zu einem Greis, den er fragte, wo die Wohnung der Blumenkönigin sei. Ich kann es dir nicht sagen, gab ihm dieser zur Antwort, aber gehe nur fort, weiter und immer weiter, und du wirst meinen Vater finden, der wird es dir vielleicht sagen können. Der Königssohn ging also weiter, viele, viele Jahre, und fand einen uralten Greis. Den fragte er: Kannst du mir sagen, wo die Wohnung der Blumenkönigin ist? Der aber antwortete ihm: Ich kann es dir nicht sagen. Aber gehe nur weiter, immer weiter, durch lange Jahre noch; da wirst du meinen Vater finden, und der wird dir ganz gewiß sagen können, wo die Wohnung der Blumenkönigin ist. Der Königssohn ging also weiter und fand endlich einen uralten Greis, den er fragte, ob er ihm sagen könne, wo die Blumenkönigin mit ihrer Tochter wohne. Da sagte ihm der Greis: Die Blumenkönigin wohnt fern in einem Berge, den du hier von weitem siehst. Sie wird aber bewacht von einem wilden Drachen. Du kannst zunächst nicht heran, denn der Drache schläft nie in dieser Zeit; er hat nur eine gewisse Zeit, wo er schläft, und jetzt ist gerade Wachenszeit. Aber du mußt ein Stück weitergehen, zu dem andern Berg; da lebt die Drachenmutter, durch die wirst du dein Ziel erreichen. – Mutig ging er also weiter, kam zum ersten Berg, kam zum zweiten Berg und fand dort die Drachenmutter, das Urbild der Häßlichkeit. Er aber wußte, daß es von ihr abhing, ob er die Tochter der Blumenkönigin finden könnte. Da sah er in ihrer Umgebung sieben andere Drachen, die alle gierig darnach waren, die Blumenkönigin und ihre Tochter zu bewachen, die in alter Gefangenschaft waren und durch den Königssohn erlöst werden sollten. Da sagte er zu der Drachenmutter: O ich erkenne, daß ich dein Knecht werden muß, wenn ich die Blumenkönigin finden will! – Ja, sagte sie, du mußt mein Knecht werden, aber du mußt einen Dienst tun, der nicht leicht ist. Hier ist ein Pferd, das mußt du auf die Weide führen, den ersten Tag, den zweiten Tag und den dritten Tag. Wenn du es gesund nach Hause bringst, dann kannst du vielleicht nach drei Tagen erreichen, was du willst. Bringst du es aber nicht gesund nach Hause, so fressen dich die Drachen auf – wir alle fressen dich auf! – Der Königssohn ging darauf ein, und am nächsten Morgen wurde ihm das Pferd übergeben. Er wollte es auf die Weide führen, aber bald war es verschwunden. Er suchte es, aber er konnte es nicht finden und wurde darüber ganz unglücklich. Da erinnerte er sich an das Glöckchen, das ihm die alte Frau gegeben hatte, zog es heraus und läutete es einmal. Da versammelten sich viele Adler, geführt vom Adlerkönig, die suchten das Pferd, und er konnte es so der Drachenmutter wiederbringen. Die sagte zu ihm: Weil du das Pferd zurückgebracht hast, gebe ich dir einen kupfernen Mantel, damit kannst du an dem Ball teilnehmen, der heute Nacht in dem Kreise der Blumenkönigin und ihrer Tochter stattfindet. – Am zweiten Tage sollte er dann das Pferd wieder auf die Weide führen. Es wurde ihm wieder übergeben, bald aber war es wieder verschwunden, und er konnte es nirgends finden. Da zog er sein Glöckchen heraus und läutete es zweimal. Alsbald erschien der Fuchskönig, gefolgt von vielen seiner Heeresfolge, die suchten das Pferd, und er konnte es wieder der Drachenmutter überbringen. Da sagte sie ihm: Heute bekommst du einen silbernen Mantel, damit kannst du wieder zu dem Ball gehen, der heute Nacht im Kreise der Blumenkönigin und ihrer Tochter stattfindet. – Auf dem Balle aber sagte ihm die Blumenkönigin: Verlange am dritten Tage ein Füllen von diesem Pferde! Mit diesem Füllen kannst du mich erlösen, und wir werden vereinigt sein. – Am dritten Tage wurde ihm dann wieder das Pferd übergeben, um es auf die Weide zu führen. Bald war es wieder verschwunden, denn es war sehr wild. Er zog daher das Glöckchen heraus, läutete es dreimal, und es kam der Fischkönig mit seiner Heeresfolge, die suchten ihm das Pferd, und er brachte es so zum dritten Mal nach Hause. Glücklich hatte er seine Aufgabe vollendet. Da gab ihm die Drachenmutter als Lohn einen goldenen Mantel, als seine dritte Hülle, damit konnte er am dritten Tage an dem Ball bei der Blumenkönigin teilnehmen. Und außerdem konnte er als sein ihm gebührendes Geschenk das Füllen jenes Pferdes bekommen, das er gehütet hatte. Mit dem konnte er dann die Blumenkönigin und ihre Tochter hinführen zu ihrer eigenen Burg. Und um die Burg herum, da alle die andern die Tochter rauben wollten, ließ sie eine dichte Mauer von Gesträuchwerk wachsen, so daß die Burg nicht eingenommen werden konnte. Und da sagte dann die Blumenkönigin zu dem Königssohn: Du hast dir meine Tochter erworben; du sollst sie fernerhin haben, aber nur unter einer Bedingung: du darfst sie nur ein halbes Jahr haben, das andere halbe Jahr muß sie zurück unter die Oberfläche der Erde, damit sie mit mir vereint sein kann, denn nur so ist es möglich, daß du mit ihr vereinigt sein kannst. – So also bekam er die Tochter der Blumenkönigin und lebte mit ihr immer ein halbes Jahr, während sie die andere Hälfte des Jahres bei ihrer Mutter war.

In viele, viele Seelen zogen diese und andere Geschichten damals ein. Die Seelen horchten hin und nahmen es auf – nahmen es aber nicht auf, um es etwa nach der Weise von sonderbaren Theosophen der Neuzeit allegorisch auszulegen, denn als symbolische und allegorische Auslegungen sind diese Dinge nichts wert. Nein, die Menschen nahmen es auf, weil sie ihre Lust und ihr Vergnügen daran hatten, weil sie das warme Leben bei solchen Erzählungen durch ihre Seele ziehen fühlten. Und nichts weiter wollten sie, wenn dies durch ihre Seele zog, wenn ihnen erzählt wurde von dem Königssohn, von seinen Taten mit dem Glöckchen und seiner Erwerbung der Tochter der Blumenkönigin. Und viele Seelen leben jetzt, die damals so etwas gehört und in Lust und Freude aufgenommen haben. Und wenn so etwas aufgenommen wird zum Entzücken und zur Befriedigung der Seele, so lebt es weiter in der Seele. Dann nehmen solche Seelen Gedankenformen in Gefühlen und Empfindungen auf, und dann sind sie etwas anderes geworden, als sie vorher waren. Das bringt Früchte, das gibt Kräfte den Seelen, und diese Kräfte verwandeln sich, werden zu etwas anderem. Was sind sie denn geworden? Zu dem sind sie geworden, was jetzt in den Seelen ist als Sehnsucht nach einer höheren Auslegung derselben Geheimnisse, als Sehnsucht nach der Geisteswissenschaft. Damals haben die Rhapsoden nicht erzählt: Es gibt einen Menschen, der strebt zum höheren Selbst hinauf und muß dazu überwinden, was ihn herunterdrücken will als sein niederes Selbst. Sondern sie haben erzählt: Einen Königssohn gab es; der zog aus und fand einen Graben, aus dem es herauf wimmerte, und tat das, was eine gute Tat war. Heute sagen wir: Der Mensch muß etwas tun, was eine gute Tat, eine Tat der Liebe, des Opfers ist. Damals erzählte man ein solches Tun im Bilde. Heute sagen wir: Der Mensch muß in sich jene Stimmung des Geistes bekommen, durch die er eine Ahnung erhält von der geistigen Welt, einen Zusammenhang mit ihr und durch die er fähig wird, seine Kräfte so zu entwickeln, daß er mit der geistigen Welt in eine Beziehung kommen kann. Damals sagte man das im Bilde: Die alte Frau gab dem Königssohn ein Glöckchen, das läutete er. Heute wird gesagt: Der Mensch hat in sich aufgenommen die übrigen Naturreiche; was da ausgebreitet vorhanden ist, das hat der Mensch in sich harmonisch vereinigt. Er muß aber verstehen, wie das in ihm lebt, was draußen ausgebreitet ist, und kann seine niedere Natur nur dadurch überwinden, daß er das, was in den Naturreichen wirkt, in das rechte Verhältnis zu sich bringt, so daß es ihm zu Hilfe kommen kann.

Wie oft haben wir gesprochen von der Entwickelung des Menschen durch die Saturn-, Sonnen- und Mondenzeit hinauf, wie er zurückgelassen hat die andern Reiche und das, was das Beste ist, aus ihnen herausgezogen hat, um hinaufzusteigen zu einer Höhe. Wozu hat er sich da entwickelt? Zu dem, wofür schon Plato ein Bild gebraucht, um hinzudeuten auf das, was in des Menschen Seele lebt: das Bild des Pferdes, mit dem er dahinreitet von Inkarnation zu Inkarnation. Damals stellte man das Bild hin von dem Glöckchen, das geläutet wurde, damit die Naturreiche in ihren Repräsentanten, dem Adlerkönig, dem Fuchskönig und dem Fischkönig, kamen, um das, was Beherrscher der drei Naturreiche werden soll, in das rechte Verhältnis zu bringen.

Die Seele des Menschen ist wild, und nur dadurch, daß Liebe und Weisheit sie ergreifen und glätten, kommt der Mensch in das rechte Verhältnis. Damals trat es in bildhafter Weise vor die Menschen hin. Gelenkt wurde die Seele dahin, daß sie das, was wir heute anders erzählen, verstehen kann. Damals wurde erzählt: Wenn er das Glöckchen einmal läutete, kam der Adlerkönig, wenn er es zweimal läutete, kam der Fuchskönig, und wenn er es dreimal läutete, kam der Fischkönig; die brachten das Pferd zurück. Das heißt, die Stürme der Menschenseele, die wild dahinstürmt, müssen erkannt werden, und wenn wir sie erkennen, kann auch die Seele von dem Niederen befreit und in Ordnung gebracht werden.

Wir sagen: Der Mensch muß kennenlernen, wie seine eigenen Leidenschaften, Zorn und so weiter, in seiner eigenen Entwickelung zusammenhängen mit seiner Entwickelung von sieben zu sieben Jahren, das heißt, wie wir in dem menschlichen Leben kennenlernen müssen die dreifache Hüllennatur des Menschen. Damals stellte man das grandiose Bild hin: Jedesmal wenn der Königssohn mit dem Glöckchen geläutet hatte, das heißt, wenn er eines der Reiche in seine Macht gezwungen hatte, so bekam er eine Hülle. – Wir sagen heute: Wir studieren die Natur des physischen Leibes. Damals brauchte man das Bild: Die Drachenmutter gab ihm einen Mantel aus Kupfer. Wir sagen: Wir lernen kennen die Natur unseres Ätherleibes. Damals: Die Drachenmutter gab ihm das zweitemal einen silbernen Mantel. Wir sagen weiter: Wir lernen unsern Astralleib kennen mit allen auf- und abwogenden Leidenschaften und so weiter. Damals sagte man im Bilde: Die Drachenmutter gab ihm am dritten Tage einen goldenen Mantel. – Was wir heute in unsern Begriffen über die dreifache Hüllennatur des Menschen lernen, das wurde damals angeregt durch das Bild vom kupfernen, silbernen und goldenen Mantel. Und für die Seelen, die damals die Gedankenformen von dem kupfernen, dem silbernen und dem goldenen Mantel aufgenommen haben, sagen wir heute dasjenige, was ihnen Verständnis erwecken kann für den dichten physischen Leib, der sich zu den andern Hüllen des Menschen verhält wie das Erz des Kupfers zu Silber und Gold. – Wir sagen heute: Es sind auf dem Monde zurückgeblieben luziferische Wesenheiten, siebenerlei Arten, die machen sich an den Astralleib des Menschen heran. Damals sagte der Rhapsode: Als der Königssohn zu dem Berge kam, wo er die Vereinigung mit der Tochter der Blumenkönigin finden sollte, traf er sieben Drachen, die wollten ihn auffressen, wenn er sein Tagewerk nicht richtig erfüllte. Wir wissen: Wenn unsere Entwickelung nicht in der richtigen Weise geschieht, so wird durch die Kräfte der luziferischen Wesenheiten, die siebenfacher Art sind, unsere Entwikkelung eben verdorben. – Wir sagen heute: Indem wir eine geistige Entwickelung durchmachen, finden wir unser höheres Selbst. Damals stellte man das Bild hin: Der Königssohn vereinigte sich mit der Blumenkönigin. – Und wir sagen: Die menschliche Seele muß in einen gewissen Rhythmus hineinkommen.

Vor einigen Wochen habe ich gesagt: Die menschliche Seele muß, wenn in ihr irgendeine Idee aufgestiegen ist, diese in der Zeit ausreifen lassen, und sie wird dabei einen gewissen Rhythmus beobachten können, denn nach sieben Tagen ist die Idee in die Tiefe der Seele eingedrungen, nach vierzehn Tagen kann die reifer gewordene Idee die äußere Astralsubstanz ergreifen und sich vom Weltengeiste taufen lassen; nach einundzwanzig Tagen ist sie wieder reifer geworden, und erst nach viermal sieben Tagen ist sie so weit, daß wir sie als unser Persönliches der Welt übergeben können. Das ist ein innerer Rhythmus der Seele. Und nur der kann in günstigem Sinne schaffen, der nicht gierig das, was ihm einfällt, in die Welt hineinpreßt, sondern der da weiß, daß sich die Regelmäßigkeit der äußeren Welt in seiner eigenen Seele wiederholt, daß wir so leben müssen, daß wir in uns mikrokosmisch den Makrokosmos wiederholen. – Der Rhapsode sagte: Der Mensch muß seine Seelenkräfte in Einklang versetzen, muß die Tochter der Blumenkönigin suchen und mit ihr eine Ehe eingehen, wo er den einen Teil des Jahres mit der Tochter lebt und sie den andern Teil des Jahres der Mutter überläßt, die in den Tiefen wirkt. Das heißt, der Mensch setzt sich in einen Rhythmus, und der Rhythmus seines Lebens verläuft wie der Rhythmus des Makrokosmos.

Diese Bilder – und wir könnten Hunderte solcher Bilder anführen – regten durch ihre Gedankenformen die Seelenkräfte an, so daß heute die entsprechenden Seelen reif geworden sind, die andere Form, die wir in der Geisteswissenschaft pflegen, zu hören. Aber es mußte so kommen, daß, man möchte sagen, durch die Entbehrung die Sehnsucht erst recht groß wurde; erst mußte gleichsam alles, was in der Seele an geistiger Sehnsucht lebte, in der physischen Welt verschwinden. In der ersten Hälfte des 19. Jahrhunderts ist so vieles verschwunden. Mit der zweiten Hälfte des 19. Jahrhunderts kam dann die materialistische Kultur, und öde wurde es in bezug auf das geistige Leben. Um so größer aber wurde die Sehnsucht und um so bedeutungsvoller das Ideal der spirituellen Bewegung. Nur wenige Menschen gab es, die wie in einem stillen Martyrium in der ersten Hälfte des 19. Jahrhunderts noch empfanden, wie die Ideen, die einmal erschaut worden sind, die dann erzählt wurden, fortlebten, aber im Untergange waren.

Da war im Jahre 1803 ein Mensch geboren worden. In seiner Seele war noch so recht etwas von dem Nachklang der alten Weistümer der Vorzeit lebendig. Es lebte etwas in ihm, was ganz verwandt war mit unserer theosophischen Idee. Seine Seele war voll von dem, was wir heute nennen die geisteswissenschaftliche Lösung der Weltenrätsel: es ist Julius Mosen. Seine Seele konnte nur dadurch bestehen, daß sein Leib während des größten Teiles seines Lebens an das Bett gefesselt war. Es paßte die Seele nicht mehr zusammen mit dem Leibe, denn durch die Art und Weise, wie er diese Dinge gefaßt hatte und sie doch wieder nicht spirituell durchdringen konnte, hatte er seinen Ätherleib aus dem physischen Leib herausgezogen, der dadurch gelähmt war. Die Seele aber erhob sich in die geistigen Höhen. Im Jahre 1831 schrieb er ein merkwürdiges Werk, «Ritter Wahn». Er war gewahr geworden, daß in Italien eine wunderbare Sage lebte, eine alte italienische Volkssage vom Ritter Wahn, und indem er diese Sage betrachtete, sagte er sich: Darin lebt Geist vom Weltengeist; diese Volkssage ist so entstanden, diese Bilder sind dadurch geformt worden, daß diejenigen, welche sie geformt haben, durchdrungen waren von dem lebendigen Spirituellen der Weltenführung. – Und was brachte er damit zustande? 1831 schrieb er ein Werk, wunderbar und hinreißend groß. Es ist natürlich vergessen worden – wie alle Dinge, die so dem geistig Großen entstammen.

Ritter Wahn geht aus, den Tod zu überwinden. Auf seinem Wege findet er drei Greise. Es ist Julius Mosen nun gelungen, in merkwürdiger Weise den Namen des einen Greises, il mondo, zu übersetzen mit Ird; denn er wußte, daß etwas Eigentümliches darin liegt, um es in die deutsche Sprache herüberzubringen. Ird, Zeit und Raum sind die drei Greise, die Ritter Wahn findet, als er auszieht, um den Tod zu überwinden. Aber er kann diese drei Greise nicht brauchen, denn sie sind dem Tode unterworfen. Ird ist alles das, was unterworfen ist den Gesetzen des physischen Leibes und somit dem Tode. Zeit, der Ätherleib, unterliegt der Vergänglichkeit. Und der dritte, der niedere Astralleib, der uns die Anschauung des Raumes gibt, ist auch dem Tode unterworfen. Unsere Individualität geht von Inkarnation zu Inkarnation; worinnen wir aber als in unserer dreifachen Hülle stekken, das lebt nach der italienischen Volkssage in Ird, Zeit und Raum.

Was ist Ritter Wahn? Wir haben oft von dem gesprochen, was als Maya in uns einzieht. Wir sind es selbst, wir Menschen, die von Inkarnation zu Inkarnation schreiten und hinausschauen in die Welt und die große Täuschung empfangen. Wir sind ein jeder der Ritter Wahn und gehen ein jeder aus, indem wir ein Leben im Geiste führen, den Tod zu besiegen. Da treffen wir auf die drei Greise, unsere Hüllen. Alt sind sie! Der physische Leib besteht seit der Saturnzeit, der Ätherleib seit der Sonnenzeit, der Astralleib seit der Mondenzeit, und was als Ich im Menschen lebt, hat sich während der Erdenzeit eingefügt. Julius Mosen stellt es nun so dar, daß Ritter Wahn mit der Seele, durch die er den Tod besiegen will, zunächst dahinzustürmen sucht als Reiter – nach dem platonischen Bilde, das in ganz Mitteleuropa und weit darüber hinaus gelebt hat. So stürmt Ritter Wahn heran und will den Himmel erobern mit dem materialistischen Denken – wie die Menschen, die sich an den Sinnenschein hängen, weil sie befangen bleiben in Täuschung und Maya. Wenn sie aber dann auch eintreten in die geistige Welt mit dem Tode, dann geschieht, was Julius Mosen so schön dargestellt hat: Sie haben ihr Leben nicht ausgelebt, sie sehnen sich wieder herunter auf die Erde zur Weiterentwickelung der Seele. Und Ritter Wahn kommt wieder herunter. Und als er die schöne Morgane erblickt, die Seele, die angeregt werden soll durch alles Irdische und – wie die Tochter der Blumenkönigin – darstellen soll die Vereinigung mit alledem, was uns nur durch die Erdenschule gegeben werden kann, da, als er so verbunden ist mit der schönen Morgane, als er wieder mit der Erde verbunden ist, da verfällt er auch dem Tode – das heißt, er geht durch den Tod hindurch, um diese eigene Seele, die als Morgane auftritt, immer weiter emporzubringen während einer jeden Inkarnation.

Aus diesen Bildern, die den Stempel von Jahrtausenden an sich tragen, fließen die Ideen herein, die sich ausleben in Künstlern wie bei Julius Mosen, bei dem sie sich herausrangen aus einer Seele, die zu groß war, um während der heranrückenden materialistischen Zeit in einem Leibe gesund zu leben, so daß er das stille Martyrium auf sich nehmen mußte für die Größe seiner glühenden Seele. Das war 1831. Das lebte in einem Menschen der ersten Hälfte des 19. Jahrhunderts. Das soll wieder auferstehen, aber jetzt so, daß es der Menschen Stärke, der Menschen Kräfte befeuert. Und es wird wieder auferstehen!

Und das gibt uns das Bewußtsein von der Bedeutung dessen, was wir als theosophischen Geist erkennen und was als Rosenkreuzergeist in die Menschen einziehen soll.

Jetzt ahnen wir, daß immer vorhanden war, was wir selbst pflegen. Wir verfallen den Täuschungen des Ritters Wahn, wenn wir annehmen wollten, daß irgend etwas in der Welt gedeihen kann, ohne daß dieser Geist durch die Adern der Menschen wirkt. Woher kamen denn die Rhapsoden des 7., 8. oder des 12. Jahrhunderts, die hinauszogen in die Welt, um die Gedankenformen zu erregen, damit die Seelen jetzt etwas anderes fassen können? Wo war das Zentrum dieser Rhapsoden? Wo hatten sie gelernt, solche Bilder vor die Menschen hinzustellen? – In denselben Tempeln hatten sie es gelernt, die wir als die Schulen der Rosenkreuzer anzusehen haben. Sie waren Schüler der Rosenkreuzer, und ihnen sagten die Lehrer: Heute könnt ihr noch nicht hinausziehen und in Ideen zu den Menschen sprechen, wie dies später der Fall sein wird; heute müßt ihr von dem Königssohn, von der Blumenkönigin und von dem dreifachen Mantel erzählen, damit die Gedankenformen sich bilden, die in den Seelen leben sollen. Und wenn die Seelen wiederkommen werden, dann werden sie verstehen, was sie dann brauchen zum weiteren Fortschritt. – Immerzu senden die geistigen Zentren ihre Abgesandten in die Welt, damit in einem jeden Zeitalter das, was in den Tiefen des Geistes ruht, an die Menschenseelen herangebracht werden kann.

Es ist eine triviale Anschauung, wenn heute die Menschen glauben, aus ihren Phantasien heraus Märchen formen zu können. Die alten Märchen, die Ausdruck sind der alten geistigen Geheimnisse der Welt, sind so entstanden, daß die, welche sie für die Welt geformt haben, hinhorchten und lauschten bei denen, die ihnen die geistigen Geheimnisse erzählen konnten, so daß die Zusammenfügung, die Komposition gemäß den geistigen Geheimnissen ist. Deshalb können wir sagen: Es lebt in ihnen der Geist der ganzen Menschheit, des Mikrokosmos und des Makrokosmos.

Von denselben Tempeln heraus wurden die Rhapsoden geschickt, um inhaltsvolle Märchen zu erzählen, und aus denselben Tempeln stammen die Erkenntnislehren der heutigen Zeit, die eintreten in die

Seelen und Herzen der Menschen, um die Kultur möglich zu machen, welche die Menschheit braucht. So schreitet der Geist, welcher der Menschheit zugrundeliegt, von Epoche zu Epoche. Diejenigen Wesenheiten, welche in der vorchristlichen Zeit die Individualitäten, die in den heiligen Tempeln saßen, unterwiesen und das lehrten, was sie sich selbst aus früheren planetarischen Zuständen mitgebracht hatten, unterstellten sich der Führung des Christus, dieser einzigartigen Individualität, um in dessen Sinne weiterzuwirken. Der große Lehrer, der Menschenführer ist der Christus geworden. Und wenn ich Ihnen heute noch erzählen könnte, daß die Märchen, die seit Jahrhunderten leben, auf dieselbe Weise entstanden sind, und daß sie innerhalb der ganzen westlichen Kultur Gedankenformen angeregt haben, die dasselbe ausdrücken, nur im Bilde, wie das, was wir heute vom Christus zur Welt sprechen, dann würden Sie sehen, wie in der Zeit nach dem Mysterium von Golgatha die geistige Führung der Menschheit an ihren zentralen Stätten sich in der Tat unterstellt hat der Führung des Christus. So steht alles in der geistigen Führung im Zusammenhange mit dem Christus. Werden wir uns dieses Zusammenhanges bewußt, dann blicken wir auf zu dem Lichte, das wir haben müssen, das wir insbesondere ausnützen müssen in bezug auf das, wonach sich die Seelen gesehnt haben, als sie sich im 19. Jahrhundert inkarnierten.

Lassen wir solche Gestalten auf uns wirken, die uns bekannt-machen mit den Sehnsuchten früherer Zeiten, dann fühlen wir mit ganzer Verantwortung auf unseren Seelen ruhen: Die andern haben gewartet, damit wir das vollbringen können, wonach sie sich gesehnt haben! Was diese Geister wie zum Beispiel Julius Mosen, der einen «Ritter Wahn» und einen «Ahasver» geschaffen hat wie ein letzter Prophet des Abendlandes, ersehnten, weil in ihnen lebendig wurde, was die Abgesandten der heiligen Tempel erzählt hatten in Bildern, in Hunderten und Hunderten von Bildern, um die Seelen für die spätere Zeit vorzubereiten – was diese Geister ersehnten, das zeigt sich in den Worten, die Rothe in Heidelberg im Jahre 1847 hinschrieb: «Wenn sie nur erst einmal eigentliche Wissenschaft geworden ist, und also auch deutlich bestimmte Resultate abgesetzt hat, so werden diese schon nach und nach in die allgemeine Überzeugung übergehen oder populär werden, und sich so auch als gemeingültige Wahrheiten für diejenigen vererben, die sich in die Wege nicht finden können, auf denen sie entdeckt wurden und allein entdeckt werden konnten!» Damals mußte ein Mann, der die Sehnsucht hatte, nicht nur für sich, sondern auch für seine Zeitgenossen, sich in die resignierten Worte finden: «Doch dies ruht im Schoße der Zukunft, der wir nicht vorgreifen wollen!» 1847 hatten in einer äußerlich vernehmbaren Weise diejenigen, welche die Geheimnisse der Rosenkreuzertempel kennen, nicht gesprochen. Was aber im Schoße der Zukunft ruht, das kann lebendig werden, wenn sich genügend viele Seelen finden, die da wissen, daß Erkenntnis Pflicht ist, weil wir unsere Seele nicht unentwickelt an den Weltengeist zurückgeben dürfen; denn sonst haben wir dem Weltengeiste selber etwas entzogen, was er uns an Kräften einverleibt hat. Wenn sich solche Seelen finden, die wissen, was sie dem Weltengeiste schuldig sind, indem sie nach Erkenntnis der Weltenrätsel streben, dann werden sich die Hoffnungen erfüllen, welche die besten Leute der alten Zeiten hegten. Ja, sie sahen auf uns, als auf die Nachgeborenen, hin und sagten: Wenn sie nur erst einmal Wissenschaft geworden sein wird, dann müßte sie populär werden, dann müßte sie die Herzen ergreifen! – Diese Herzen müssen nur erst einmal da sein, müssen erscheinen! Von denen hängt es ab, die mit richtigem Verständnis in unserer nach dem Spirituellen strebenden Vereinigung sind, um zu wissen: Ich muß sie haben, diese geistige Beleuchtung der Daseinsrätsel! Von jeder einzelnen Seele, die in unserer Vereinigung ist, hängt es ab, ob solche charakterisierten Sehnsuchten nur ein eitler Traum derer waren, die auf unser Bestes gehofft haben, oder ob es wertvolle Träume waren, die wir ihnen erfüllen.

Wenn wir in unserer Zeit die wissenschaftliche Öde sehen, die Öde in der Kunst, im gesellschaftlichen Leben und überall, dann müssen wir uns sagen: Wir brauchen nicht aufzugehen in dieser Öde; wir können heraus aus ihr. Denn wieder ist eine Zeit angebrochen, in welcher die heiligen Tempel sprechen – und jetzt nicht bloß in Bildern und Märchen, sondern in solchen Wahrheiten, die zwar von vielen heute noch als Theorien genommen werden, die aber immer mehr und mehr lebendige Lebenssäfte, Blut der Seelen werden können und werden müssen. Es kann jeder einzelne sich entschließen, mit dem Besten, was er in seiner Seele hat, dieses Lebensblut aufzunehmen.

So ist ein Gedanke, der wie ein Ergebnis hervorgeht aus dem, was wir uns aus der Betrachtung der Zeiten haben bilden können. Und so soll der Gedanke sein, den wir jetzt in unsere Seele senken, der die Zusammenprägung ist von dem eigentlichen Sinn und Geist der Leitung und Führung der ganzen Menschheit. Wenn wir diesen Gedanken in unserer Seele wirksam sein lassen, haben wir reichliche Seelenanregung wieder für Monate, können durch Monate hindurch diesen Gedanken wieder verarbeiten. Denn wir werden sehen, daß viel in ihm ist, daß er zu einem Bau erwachsen kann – nicht etwa deswegen, weil er mit diesen oder jenen Worten ausgesprochen ist. Meine Worte mögen noch so unvollkommen sein: nicht wie der Gedanke ausgesprochen, sondern was er in Realität ist, darauf kommt es an. Und was er in Realität ist, kann in jeder einzelnen Seele leben. Denn alle Summe der Wahrheit ist in jeder einzelnen Seele als Keim vorhanden und kann erblühen, wenn sich die Seele diesem Keim hingibt.

ELFTER VORTRAG

München, 12. Dezember 1910

Im Laufe der Jahre sind in den verschiedenen Zweigen bei den verschiedenen Kursen, jedenfalls auch vor einem großen Teile der anthroposophischen Freunde, die hier sitzen, Betrachtungen über das Johannes-Evangelium, das Lukas-Evangelium, das Matthäus-Evangelium angestellt worden, und wir haben versucht, bei diesen Betrachtungen über die drei Evangelien vor unser geistiges Auge treten zu lassen von drei verschiedenen Seiten aus, gleichsam auf drei verschiedene Arten, das große Ereignis von Palästina, das Mysterium von Golgatha. Und es sind diese Betrachtungen vielleicht doch geeignet gewesen, eine immer steigende Hochschätzung dieser einzigartigen Ereignisse in unserer Seele zu begründen. Wir haben ja auch schon darauf aufmerksam gemacht, wie der Grund, warum wir vier Evangelien haben, im wesentlichen doch darin zu suchen ist, daß die Evangelienschreiber als inspirierte Okkultisten darstellen wollten das große Ereignis, jeder sozusagen von einer Seite aus, wie man irgend etwas Äußerliches abbildet oder photographiert von einem Standpunkte aus. Und wenn man Aufnahmen eines Dinges macht von verschiedenen Seiten her, so kann man durch Kombinationen dessen, was die Aufnahmen ergeben können, gleichsam durch Zusammenschauen vor die Seele rücken, was eigentliche Wirklichkeit, Realität ist. Jeder der Evangelisten gibt uns eigentlich Anlaß, das große Ereignis von Palästina von einer ganz besonderen Seite her zu betrachten.

Von einer Seite her, die wir zugleich nennen können die Eröffnung der höchsten menschlichen, okkulten und sonstigen Ziele, und neben diesem höchsten Menschlichen auch berücksichtigend das höchste Weltenprinzip, von dieser Seite her gibt uns das Johannes-Evangelium einen Einblick in die großen Ereignisse von Palästina.

Das Lukas-Evangelium eröffnet uns einen Ausblick auf die Geheimnisse, welche die Persönlichkeit des Jesus von Nazareth, des salomonischen und des nathanischen Jesus, umschweben bis zu dem

Moment, da die große Inspiration des Jesus von Nazareth durch den Christus eingetreten ist.

Das Matthäus-Evangelium hat für diejenigen, die den Zyklus entweder gehört haben, als er vorgetragen wurde, oder die ihn später lesen werden, zu zeigen, wie sozusagen aus dem Volkstum des alten Hebräertums heraus, aus den Volksgeheimnissen des hebräischen Volkes heraus, sich vorbereitet sozusagen das physische Leibesprinzip, in welches inkarniert werden sollte für drei Jahre das Christus-Prinzip.

In einer gewissen Beziehung ist nun eigentlich wiederum das Markus-Evangelium dasjenige, das uns in die höchsten Höhen geisteswissenschaftlicher christlicher Betrachtungsweise führen kann, und durch das Markus-Evangelium wird uns Gelegenheit geboten, in manches hineinzuschauen, was uns mitgeteilt werden soll gerade durch die Evangelien, was uns aber durch die anderen Evangelien nicht in solcher Weise nahegebracht wird, wie eben durch das Markus-Evangelium. Und einige Worte, weil gerade die Gelegenheit noch ist, in Anknüpfung an das Markus-Evangelium heute schon zu Ihnen zu sprechen, das habe ich mir für diesen Abend zur Aufgabe gesetzt.

Nun müssen wir allerdings, wenn wir darüber sprechen, uns klar werden, wie sehr es notwendig ist, in mancherlei hineinzublicken, in das hineinzublicken die oberflächliche Welt der Gegenwart keine rechte Neigung hat. Wenn man das Markus-Evangelium und alle seine Tiefen verstehen soll, dann muß man sich bekanntmachen mit der ganz andersartigen Ausdrucksweise des Menschen zu der Zeit, als der Christus Jesus noch auf Erden wandelte. Nehmen Sie es mir nicht übel, wenn ich versuche, durch eine deutliche Schattierung, ein deutliches Helldunkel, Ihnen das zu sagen, was ich Ihnen eigentlich mit diesem sagen will.

Wir drücken durch die Sprache das aus, was wir eben sagen wollen, und in den Worten der Sprache soll das in einer gewissen Weise veranschaulicht werden, was in unserer Seele lebt. In der Art, durch die Sprache auszudrücken, was in unserer Seele lebt, unterscheiden sich die verschiedenen Epochen der Menschheitsentwickelung gar sehr. Und wenn wir zurückgehen würden in die Epoche der althebräischen

Entwickelung, zu jener wunderbaren Ausdrucksweise, die noch möglich war in der althebräischen Tempelsprache, da würden wir eine ganz andere Art finden, die Geheimnisse unserer Seele in Worte zu kleiden, als die Menschen heute auch nur ahnen. Wenn ein Wort angeschlagen wurde in der althebräischen Sprache – es wurden ja nur die Konsonanten geschrieben, die Vokale wurden dann ergänzt –, so tönte in dieses Wort hinein nicht nur das, was heute hineintönt, ein ziemlich abstrakter Begriff, sondern eine ganze Welt. Und gerade deshalb wurden die Vokale nicht eigentlich ausgeschrieben, weil derjenige, der das sprach, gerade in der Art und Weise der Vokalisierung sein Innerstes gab, während in den Konsonanten mehr die Schilderung, die Abmalung dessen, was draußen ist, lag. Man darf sagen, daß zum Beispiel ein alter Hebräer, wenn er ein B hinzeichnete – das, was unserem heutigen B entspricht –, immer so etwas fühlte wie eine Abmalung von äußeren Verhältnissen, von etwas, das eine warme, hüttenartige Umschließung bildet. Der Buchstabe B rief immer hervor das Bild von etwas, was hausartig ein Wesen umschließen kann. Man konnte das B nicht aussprechen, ohne daß das in der Seele lebte. Und wenn man ein A vokalisierte, so konnte man das nicht, ohne daß in dem A etwas lebte von Stärke, von Kraft, ja selbst von hinstrahlender Kraft. So lebte die Seele weiter; es schwebte der Seeleninhalt mit den Worten hinaus und schwebte weiter in den Raum und schwebte zu den anderen Seelen hin. Also es war eine viel lebendigere Sache, das Sprachliche. Es ging viel mehr auf die Geheimnisse des Daseins ein als unsere Sprache.

Das ist das Licht, das ich Ihnen hinmalen möchte. Und den Schatten möchte ich dagegenstellen: daß wir in unserer Zeit in dieser Beziehung in hohem Grade Philister geworden sind. Unsere Sprache drückt nur noch Abstrakta, Allgemeinheiten aus. Das fühlen die Menschen gar nicht mehr. Sie drückt wirklich im Grunde genommen nur mehr Philiströses aus. Wie sollte es auch anders sein in einer Zeit, wo die Menschen anfangen, die Sprache sogar schriftstellerisch zu handhaben, lange bevor sie einen geistigen Inhalt haben; in einer Zeit, wo so unendlich viel als Druckware in die breite Masse hineingeht, wo jeder glaubt, etwas schreiben zu müssen, wo alles zum Gegenstand des Schreibens genommen wird. Ich habe erleben müssen, daß sich bei der Gründung unserer Gesellschaft Schriftsteller aus Neugierde einfanden, die die Absicht gehabt haben, vielleicht nur einen Roman herausziehen zu können aus dieser Sache. Warum sollte es da nicht Gestalten geben, die man verzapfen kann in öffentlicher Schriftstellerei? Also wir müssen uns klar sein, daß wir im Gegensatz zu der Art und Weise, wie man über Sprache dachte als über etwas Heiliges, demgegenüber man die Verantwortung hat, daß der Gott daraus sprechen soll –, daß wir eine Sprache haben, die abstrakt, leer, philiströs geworden ist. Daher ist es so unendlich schwierig, jene großen, gewaltigen Tatsachen, die uns mitgeteilt werden und anklingen zum Beispiel in den Evangelien, in heutige Worte hineinzupressen. Warum sollte auch der heutige Mensch nicht glauben, daß man alles in unserer Sprache geben kann! Er kann nicht verstehen, daß unsere Sprache irgend etwas sagt, was leer ist gegenüber dem, was selbst noch die griechische Sprache mit einem Worte meinte. Und wenn wir heute die Bibel lesen, lesen wir etwas, was gegenüber dem ursprünglichen Inhalte einmal gesiebt, zweimal gesiebt, dreimal gesiebt ist, aber so gesiebt ist, daß nicht das Beste, sondern daß immer das Schlechteste bleibt. Daher ist es natürlich billig, sich in einer gewissen Weise auf die heutigen Worte der Bibel zu berufen. Aber am schlechtesten kommen wir weg, wenn wir uns beim Markus-Evangelium auf die Bibel berufen, wie sie uns heute vorliegt. Das dürfen wir auf keinen Fall.

Nun wissen Sie, daß das Markus-Evangelium bei den ersten Worten zur Grundlage die Worte hat, welche die als vorzüglich geltende Übersetzung von Weizsäcker, die aber – man könnte sich das schon denken, weil sie eben heute als so vorzüglich angesehen wird – gar nicht so vorzüglich ist, folgendermaßen gibt: «Wie geschrieben steht in dem Propheten Jesajas: Siehe, ich sende meinen Boten vor dir her, der soll dir den Weg bereiten. Hört, wie es ruft in der Wüste: bereitet den Weg des Herrn, macht eben seine Pfade.»

Ehrliche Menschen müßten im Grunde genommen, wenn das Markus-Evangelium in dieser Weizsäckerschen Übersetzung so beginnt, sich sagen: Ich verstehe von alledem kein Wort, denn der, der das verstehen will, muß sich etwas vormachen. Wer ehrlich zu Werke geht, kann gar nichts verstehen, wenn gesagt wird: «Siehe, ich sende meinen Boten vor dir her, der soll dir den Weg bereiten, hört, wie es ruft in der Wüste: bereitet den Weg des Herrn, macht eben seine Pfade.» Denn entweder ist eine Trivialität gesagt, oder aber es ist irgend etwas gesagt, was man nicht verstehen kann. Nun muß man allerdings erst die Begriffe zusammentragen, die es möglich machen, zu verstehen einen solchen Ausspruch, wie der des Jesajas hier ist. Denn Jesajas wies hin auf das große gewaltige Ereignis, das das bedeutsamste Ereignis der Menschheitsentwickelung sein sollte. Auf was wies er eigentlich hin? Nun, wir können aus dem, was wir schon beschrieben haben, sehr wohl auf das hindeuten, was Jesajas voraussagte; wir können hindeuten, indem wir sagen:

In uralten Zeiten hatte der Mensch eine Art Hellsehen. Er hatte eine Möglichkeit, hineinzuwachsen mit seinen Seelenkräften in die geistig-göttliche Welt. Was war denn eigentlich mit dem Menschen der Fall, wenn er also hineinwuchs in die göttlich-geistige Welt? Das war der Fall, wenn er hineinwuchs in die göttlich-geistige Welt, daß er aufhörte, sein «Ich» zu gebrauchen, soweit es dazumal schon entwickelt war; er gebrauchte seinen astralischen Leib, und in diesem waren die Kräfte, welche Seherkräfte, Schaukräfte waren, während alle die Kräfte, die im Ich sitzen, an der Wahrnehmung der physischen Welt zunächst allmählich erweckt wurden. Das Ich ist es, das sich der sinnlichen Werkzeuge bedient. Der alte Mensch gebrauchte aber, wenn er Aufklärung sich verschaffen wollte über die Welt, seinen astralischen Leib. Also im Astralleib sah, nahm wahr der alte Mensch. Und darin besteht die Fortentwickelung, daß Sie finden den Übergang vom Astralleib zum Gebrauch des Ich. Und in bezug auf dieses Ich sollte der Christus-Impuls der intensivste Impuls sein. Wenn aufgenommen werden sollte in das Ich der Christus so, daß das Wort des Paulus wahr ist: Nicht ich, sondern der Christus in mir, – dann hat das Ich die Kraft, hineinzuwachsen in die geistige Welt durch sich selber. Früher konnte dies nur der Astralleib.

So haben wir eine Entwickelung der Menschheit also vor uns, so, daß wir sagen können: Der Mensch gebrauchte als Erkenntnisorgan seinen Astralleib, und immer mehr und mehr verlor er im Astralleib die Möglichkeit, überhaupt ein Erkenntnisorgan darin zu entwickeln. Es gab, gerade eben je mehr man sich dem Christus-Ereignis näherte, die Entwickelungsstufe, daß der Mensch sich sagen mußte: Mein Astralleib hat immer weniger und weniger die Möglichkeit, in die geistige Welt hineinzuschauen. Es wurde nichts mehr mit seiner Verbindung mit der geistigen Welt, und das Ich war noch nicht kraftvoll genug, um seinerseits irgend etwas an Aufklärung aus der Welt zu bekommen. Das war das Zeitalter, wo Christus sozusagen herannahte.

Nun handelt es sich in der wirklichen Entwickelung der Menschheit darum, daß gewisse große Fortschritte nach und nach vorbereitet werden und dann eben eintreten. So war es auch beim Christus-Impuls. Es mußte aber einen Übergang geben. Es konnte die Sache nicht so verlaufen, daß der Mensch sah, wie sein Astralleib nach und nach stumpf für die geistige Welt wurde, so daß er vollständige Öde und Wüstheit in sich gefühlt hätte, bis das Ich entzündet wurde durch den Christus-Impuls. So durfte es doch nicht kommen. Sondern bei einigen geschah es so, daß sie durch einen besonderen Einfluß der geistigen Welt schon im Astralleib etwas Ähnliches sahen, wie man es später durch das Ich erkennen und sehen sollte. Es wurde im Astralleib sozusagen die Ichheit vorbereitet. Das war eine Vorausnahme der Ichheit im Astralleib. Der Mensch war ja erst durch das Ich und durch seine Entwickelung Erdenmensch geworden. Der Astralleib gehörte eigentlich dem alten Monde an. Dazumal war der Angelos, der Engelmensch, auf der Menschheitsstufe. Der Engel war auf dem alten Mond Mensch, auf der Erde ist der Mensch Mensch. Das wissen wir. Für den Menschen schickte es sich auf dem Monde, seinen Astralleib zu gebrauchen. Alles übrige war nur Vorbereitung für die Ich-Entwickelung. Der Anfang unserer Erdenentwickelung war ein Wiederholen der Mondenentwickelung. Denn im astralischen Leib konnte der Mensch überhaupt nie völlig Mensch werden, sondern es konnte nur der Engel auf dem Monde Mensch werden im astralischen Leib. Ebenso wie im Erdenmenschen, um das Ich zu inspirieren, der Christus lebte, mußte daher zur Vorbereitung dieser Ichheit die Möglichkeit sein, daß von den Engeln des Mondes, von den Mondmenschen also, den Angeloi, Propheten da waren, die den Astralleib des Menschen inspirierten, damit sich die Ichheit schon vorbereiten konnte. Es mußte also das eintreten, was etwa ein Prophet so hätte charakterisieren können: Es wird in der Menschheitsentwickelung ein Zeitpunkt kommen, da wird die Menschheit reif werden zur Ich-Entwickelung. Im Astralleib haben sich zum Höchsten erhoben bloß die Angeloi des Mondes. Damit aber der Mensch vorbereitet werden kann zu dieser Ichheit, müssen gewisse Menschen, die das durch Gnade in Ausnahmezuständen erfahren, so inspiriert werden auf der Erde, daß sie wie Engel wirken, trotzdem sie Menschen sind, daß sie Engel in Menschengestalt sind.

Da kommen wir zu einem wichtigen okkulten Begriff, ohne den Sie überhaupt nicht verstehen können die Entwickelung der Menschheit im Sinne des Okkultismus. Äußerlich gesagt, ist es natürlich leicht, wenn man einfach davon spricht, daß alles Maya ist. Aber das ist ein Abstraktum. Das muß man wirklich ernst nehmen. Daher muß man sagen können: Nun ja, da steht ein Mensch vor mir, der ist aber Maya – wer weiß, ist der überhaupt ein Mensch? Vielleicht ist das Menschsein nur die äußere Hülle, und es benützt ein ganz anderes Wesen, als der Mensch es ist, diese äußere Hülle, um gerade etwas zu bewirken, was durch den Menschen noch nicht bewirkt werden kann. – Ich habe etwas davon angedeutet in meiner «Pforte der Einweihung».

In der Vorzeit wurde ein solches Ereignis aktuell für die Menschheit, als die Individualität, die im alten Elias gelebt hatte, in Johannes dem Täufer wiedergeboren wurde, und als in die Seele des Johannes des Täufers für seine damalige Inkarnation ein Engel einfuhr und die Leiblichkeit und auch die Seelenhaftigkeit Johannes' des Täufers benützte, um das zu bewirken, was kein Mensch hätte bewirken können. In Johannes lebt ein Angelos, der vorherzugehen und vorherzuverkündigen hat, was als wahre Ichheit im umfassendsten Sinne in Jesus von Nazareth leben sollte. Das ist außerordentlich wichtig zu wissen, daß Johannes der Täufer eine Maya ist und in ihm ein Angelos, ein Bote lebt. Im Griechischen steht auch: Siehe, ich sende meinen Boten, Angelos, Engel. – Daran denkt nur der Deutsche nicht mehr, daß im Griechischen an dieser Stelle Angelos steht: Siehe, ich sende meinen Engel vor ihm her. – Es ist also hingedeutet auf ein tiefes Weltenmysterium, das mit dem Täufer vorgegangen ist, das Jesajas vorausgesagt hat. Er charakterisiert den Johannes den Täufer als eine Maya, als eine Illusion, ihn, der in Wahrheit umschließt den Engel, den Angelos, der als Engel zu verkündigen hat, was der Mensch eigentlich werden soll durch die Aufnahme des Christus-Impulses, weil Engel vorher verkündigen müssen, was der Mensch erst später werden soll. Zu sagen wäre also an dieser Stelle: Siehe, das, was der Welt die Ichheit gibt, sendet den Angelos vor dir, dem die Ichheit gegeben werden soll, her.

Jetzt gehen wir zu dem dritten Satz. Was bedeutet er? Da muß man sich einmal die ganze welthistorische Situation vergegenwärtigen. Wie war es denn geworden in der Menschenbrust, da der Astralleib allmählich die Fähigkeit verloren hatte, seine Kräfte wie Fangarme auszustrecken und hellseherisch in die göttlich-geistige Welt hineinzuschauen? Früher, wenn der Astralleib in Tätigkeit versetzt worden war, konnte er hineinschauen in die göttlich-geistige Welt. Jetzt verschwand allmählich immer mehr und mehr diese Möglichkeit, und dunkel wurde es im Menschen. Der Mensch konnte früher ausbreiten seinen Astralleib über all die Wesenheiten der göttlich-geistigen Welt. Jetzt war er in sich einsam – einsam ist gleich ἔρημος. In der Einsamkeit lebte jetzt das, was Menschenseele war. Das steht auch da noch im griechischen Text: Siehe, wie es sich ausnimmt, wie es da drinnen spricht in der Einsamkeit der Seele – meinetwillen sagen Sie, in der Wüstheit der Seele –, als der Astralleib sich nicht mehr ausbreiten konnte zu der göttlich-geistigen Welt. Höre hin, wie es ruft in deiner Seelenwüste, in deiner Seeleneinsamkeit.

Was aber verkündet sich voraus? Da müssen wir uns jetzt klar werden, was ein ganz bestimmtes Wort bedeutete, wenn man es gebrauchte von Seelenerscheinungen, von geistigen Erscheinungen überhaupt, vor allen Dingen im Hebräischen, aber auch noch im Griechischen: das Wort Kyrios. Wenn man das übersetzt mit «der Herr», wie das gewöhnlich geschieht, so übersetzt man einen wahrhaftigen knüppeldicken Unsinn. Was ist damit gemeint? Jeder in alten Zeiten, der einen solchen Ausspruch in den Mund nahm, wußte, daß damit etwas gemeint ist, was mit dem Seelenfortschritt des Menschengeschlechtes zusammenhängt. Daher wußte er, daß das Wort Kyrios hindeutete auch auf Seelengeheimnisse. Wir haben in der Seele, wenn wir auf den Astralleib blicken, verschiedene Kräfte. Denken, Fühlen und Wollen nennen wir sie gewöhnlich. Die Seele denkt, fühlt, will. Das sind die drei Kräfte, die in der Seele wirken. Aber es sind die dienenden Kräfte der Seele. Indem der Mensch fortschritt in der Entwickelung, wurden diese Kräfte, die früher die Herren waren, denen der Mensch hingegeben war – denn der Mensch mußte warten, ob sein Denken, Fühlen, Wollen gerufen wurde –, diese einzelnen Seelenkräfte wurden unterstellt dem Kyrios, dem Herrn der Seelenkräfte, dem Ich. Und nichts anderes wurde verstanden unter dem Wort, wenn es auf die Seele bezüglich war, als das Ich, das nun nicht mehr im alten Sinne festhielt: das Göttlich-Geistige denkt, fühlt, will in mir, sondern: ich denke, ich fühle, ich will – der Herr macht sich geltend in den Seelenkräften. Bereitet euch vor, ihr Menschenseelen, solche Seelenwege zu gehen, daß ihr in eurer Seele erwecken laßt das starke Ich, Kyrios, den Herrn in eurer Seele. Hört, wie es ruft in der Seeleneinsamkeit. Bereitet die Kraft oder die Richtung des Seelenherrn, des Ich. Macht offen seine Kräfte! – So muß man ungefähr übersetzen: macht offen, daß es hereinkommen kann, daß es nicht der Sklave von Denken, Fühlen und Wollen ist, macht offen seine Kräfte! Und wenn Sie übersetzen diese Worte: Siehe, das, was die Ichheit ist, sendet her vor dir seinen Engel, der soll dir die Möglichkeit geben, zu verstehen, wie es ruft in der Einsamkeit der astralischen Seele; bereitet die Richtungen des Ich, macht offen für es, für das Ich, die Kräfte! – so haben Sie einen Sinn in diesen bedeutsamen Worten des Propheten Jesajas; so haben Sie den Hinweis auf das größte Ereignis der Menschheitsentwickelung; so verstehen Sie daraus, wie Jesajas von Johannes dem Täufer spricht, wie er hinweist darauf, daß die Menschenseeleneinsamkeit sich sehnt nach der Herankunft des Herrn in der Seele, des Ich. Und jetzt werden erst die Worte zu Mark und Erz, und so müssen wir solche Worte auffassen.

Und warum konnte Johannes der Täufer der Träger des Angelos sein? Er konnte es sein, weil er eine ganz bestimmte Initiation hatte. Die Initiationen spezialisieren sich nämlich. Diese Initiationen sind nicht etwas Allgemeines, sie spezialisieren sich. Bei denjenigen Individualitäten, die eine ganz besondere Aufgabe haben, muß eine Initiation eintreten nach einer ganz bestimmten Art. Nun ist für alles das, was überhaupt in der geistigen Welt vorgeht, vorgesorgt, so daß wirklich am Himmel sich in Sternenschrift das zeigt, was eigentlich geistige Tatsachen sind. Man kann die Sonnen-Initiation empfangen, das heißt in die Geheimnisse der geistigen Welt eintreten, die die Welt des Ahura Mazdao ist, für die die Sonne der äußere Ausdruck ist. Aber man kann auf zwölferlei Art eingeweiht werden in die Sonnen-Geheimnisse, und jede Initiation ist in gewisser Beziehung eine Sonnen-Initiation, aber sie ist doch verschieden ausgestaltet in bezug auf die anderen elf. Je nachdem der Mensch nun diese oder jene Aufgabe für die gesamte Menschheit hat, bekommt er eine Initiation, von der man sagen kann: Dies ist eine Sonnen-Initiation, aber eine solche, die man so ausdrücken muß, daß man sagt, die Kräfte fließen so hinein, als wenn die Sonne im Zeichen des Krebses steht. Das ist anders, als wenn man eine Sonnen-Initiation empfängt, die man ausdrücken muß, indem man sagt: Die Kräfte fließen so hinein, wie wenn die Sonne im Zeichen der Waage steht. Das sind die Ausdrücke für verschieden spezialisierte Initiationen. Und diejenigen Individualitäten eben, die eine so hohe Aufgabe, eine so hohe Mission haben wie die hier für Johannes den Täufer charakterisierte, müssen in ganz besonderer Weise in eine Spezial-Initiation eingeweiht sein, weil sie ja nur aus dieser heraus die starke Kraft haben können, um auch unter Umständen in ganz einseitiger Weise diese Mission in der Welt durchzuführen. Und da hatte denn Johannes der Täufer, damit er der Träger des Angelos werden konnte, diejenige Sonnen-Initiation, die man nennen kann die Initiation aus dem Zeichen des Wassermanns heraus. So wie die Sonne im Zeichen des Wassermanns steht, so ist das ein Symbolum für die Art der Initiation, die Johannes der Täufer bekommen hatte, um der Träger des Engels zu werden, indem er die Kraft der Sonne aufnahm, wie sie eben zufließt, wenn sie so steht zu den anderen Sternen, daß man es bezeichnet mit dem Ausdruck: Sie steht im Zeichen des Wassermanns. Das war das Symbolum. Johannes hatte die Wassermann-Initiation. Das Zeichen bekam sogar den Namen Wassermann, weil derjenige, der die Wassermann-Initiation hatte, als geistige Einweihung ganz besonders die Fähigkeit hatte, dasjenige mit dem Menschen vorzunehmen, was Johannes als der «Wassermann», als der Täufer vornahm: nämlich die Menschen wirklich dazu zu bringen, daß sie mit dem Untertauchen unter das Wasser ihren Ätherleib soweit frei bekamen, daß sie zu einer solchen Selbsterkenntnis kamen, die es möglich macht, einzusehen, was in der betreffenden Zeit das Wichtigste ist. Die Menschen wurden untergetaucht, und da wurde frei für einen Moment der Ätherleib. Durch die Jordantaufe konnte der Mensch die ganz besondere Wichtigkeit dieser welthistorischen Epoche empfinden. Deshalb war Johannes eingeweiht in eben die Tauf-Initiation. Und weil man das symbolisch ausdrücken muß mit dem Herfließen der Sonnenstrahlen aus dem Zeichen, in dem die Sonne steht, so nannte man dieses Zeichen auch den Wassermann. So ist die Benennung von der menschlichen Fähigkeit hinauf übertragen.

Heute machen eine ganze Anzahl gelehrter Nichtswisser den Versuch, sagen wir, die geistigen Ereignisse zu deuten, indem sie sozusagen den Himmel auf die Erde heruntertragen. Sie sagen: Nun, das bedeutet das Vorrücken der Sonne. – Alle gelehrten Herren, die im Grunde genommen nichts wissen, die deuten aus dem Himmel herein die Menschheitsereignisse. Umgekehrt war es: Was geistig im Menschen lebt, wurde auf den Himmel übertragen, indem man den Himmel als Ausdrucksmittel benutzte. So daß Johannes der Täufer sagen konnte: Ich bin der, der euch mit Wasser tauft. – Und das war dasselbe, wie wenn er gesagt hätte: Ich taufe euch mit Wasser, ich bin versehen mit der Initiation des Wassermanns. – Das wäre das Wort gewesen, das Johannes der Täufer hätte zu seinen intimen Schülern sagen können. Und so wie die Sonne entgegengesetzt vorrückt zu ihrem sinnlichen Gang, wenn Sie entgegengesetzt vom Wassermann gehen, so steht gegenüber die Jungfrau, dann geht es zur Waage. Wenn wir die Initiation aber nehmen, so müssen wir einen entgegengesetzten Gang auf der anderen Seite nehmen: von dem Wassermann zu den

Fischen. So konnte Johannes sagen: Es wird etwas kommen, das nicht mehr so wird wirken müssen, wie es entspricht dem Wirken der Sonne aus dem Wassermann heraus, sondern wie es entspricht dem Wirken der Sonne aus den Fischen heraus. Es wird einer kommen, der wird eine höhere Taufe bringen. Wenn die geistige Sonne höhersteigt, so wird aus der Wassermann-Taufe die Taufe aus dem geistigen Wasser heraus. Die Sonne steigt vom Wassermann im Geistigen zu den Fischen herauf. Daher das bekannte Fischzeichen für den Träger des Christus, das ein altes Symbolum ist. Denn ebenso wie in Johannes durch ganz besondere geistige Einflüsse eine Wassermann-Initiation war, so war die Initiation, von der ich Ihnen da und dort schon gesprochen habe, die auf geheimnisvolle Weise durch alle Mysterien zustande kam, die sich um den Jesus abgespielt haben, eine Fisch-Initiation. Ein Vorrücken der Sonne um ein Sternbild – das war das, was den Jesus von Nazareth hineinstellt in seine Zeit: daß er einer Fisch-Initiation zunächst unterworfen war.

Und im Evangelium des Markus wird uns das ja, man möchte sagen, genügend angedeutet; nur können solche Dinge nur bildhaft angedeutet werden. Der Christus Jesus zieht alle diejenigen an, die nach dem Fisch suchen. Daher sind seine ersten Apostel alle Fischer. Und wir können das, was ich gesagt habe, das Vorrücken zu den Fischen, handgreiflich finden, wenn uns gesagt wird: Ich habe euch mit Wasser getauft, Er wird euch mit Heiligem Geiste taufen.

Und da er am galiläischen See hinzog – das heißt, da die Sonne so weit gekommen war, daß man ihr Gegenbild hat kommen sehen von den Fischen herauf –, da finden sich inspiriert diejenigen, die genannt werden Simon und Simons Bruder, Jakobus und Jakobus' Bruder – Fischer, sie finden sich in der entsprechenden Weise inspiriert. Und wie können wir das alles verstehen? Wir können das nicht verstehen, wenn wir nicht noch ein wenig genauer auf die Ausdrucksweise der damaligen Zeit eingehen.

Philiströs ist unsere heutige Ausdrucksweise. Wenn ein Mensch vor uns steht, so sagen wir, das ist ein Mensch. Wenn ein zweiter vor uns steht, so sagen wir wieder, das ist ein Mensch. Ein dritter – wieder einer, und so weiter. Aber wir haben da bloß die Maya vor uns.

Wenn ein Wesen zwei Beine und ein menschliches Antlitz hat, so haben wir in unserer philiströsen Ausdrucksweise nur das eine Wort: Das ist ein Mensch. Aber was ist für den Okkultismus ein Mensch? Nichts als Maya, nichts zunächst, wie er da vor uns steht, ist der Mensch, wirklich nichts. Er ist ungefähr ebensoviel wie der Regenbogen, der am Himmel steht. Wie lange ist der Regenbogen etwas? Nur so lange, als die betreffenden Bedingungen zwischen Regen und Sonnenschein gegeben sind. Wenn die Sonne und der Regen ihr Verhältnis ändern, so ist er weg. Genauso ist es mit dem Menschen. Der ist nur ein Zusammenströmen von Kräften des Makrokosmos. Kräfte müssen wir suchen am Himmel, da oder dort im Makrokosmos. Da wo man vielleicht einen Menschen vermutet irgendwo auf der Erde, da ist nichts für den Okkultisten. Aber Kräfte strömen da oben herunter und da unten hinauf, und da schneiden sie sich. Und wie die eigentümliche Konstellation bei Regen und Sonnenschein den Regenbogen ergibt, so geben Kräfte, die von oben und unten aus dem Makrokosmos zusammenströmen, eine Erscheinung, und die sieht so aus wie der Mensch – das ist der Mensch. Nichts ist der Mensch so, wie er vor uns dasteht. In Wahrheit ist er ein Schemen, eine Maya, ein Scheinbild. Denn wirklich sind die kosmischen Kräfte, die sich da schneiden, wo unser Auge einen Menschen zu sehen glaubt. Versuchen Sie ernst zu nehmen den Ausdruck: Der Mensch ist nichts, so wie er vor uns steht. Er ist Schatten von vielen Kräften. Die Wesenheit aber, die sich offenbart im Menschen, die kann ganz woanders sein als an dem Punkt, wo gerade der Mensch mit seinen zwei Beinen herumgeht. Da sind drei Menschen: Der eine ist ein urpersischer Arbeiter, der mit dem Pflug in der altpersischen Landwirtschaft wirkt. Er sieht aus wie ein Mensch. In Wahrheit ist er eine der Seelen, die gespeist werden in ihren Kräften aus dieser oder jener Welt von unten oder oben. Der zweite ist vielleicht ein urpersischer Beamter. Er wird von einer anderen Welt aus durch Kräfte gebildet, die sich in ihm schneiden. Wollen wir ihn kennen, so müssen wir zu diesen Kräften aufsteigen. Sie alle, wie Sie hier sitzen, sind in Ihrer Wirklichkeit ganz woanders. Hier herein strahlen nur die Kräfte von Ihrer eigentlichen Wesenheit. Dann stand ein dritter Perser da, von dem mußte man sagen: Der ist erst recht ein rechtes Trugbild, der ist erst recht ein Schemen, das dasteht. Was war das in Wahrheit? Da muß man bis auf die Sonne hinauf gehen; da sind die Kräfte, die dieses Schemen speisten. Da oben findet man unter den Sonnen-Geheimnissen dasjenige, was man nennen kann Goldstern, Zarathustra. Das sendet die Strahlen herunter, und hier unten steht ein Schemen, das man Zarathustra nennt. In Wahrheit ist sein Wesen gar nicht da. Das ist der dritte.

Nun ist das Wichtige, daß man in alten Zeiten sich bewußt war, was mit solchen Bezeichnungen gemeint ist; daß man nicht Namen gab wie heute, sondern daß man die Menschen benannte nach dem, was in ihnen lebte, nicht nach ihrem äußeren Scheinbilde. Darüber müssen wir uns schon ganz klar sein. So daß man hätte sagen können: Es hätte ein alter Mensch zur Zeit Christi es sehr wohl verstanden, wenn man hingewiesen hätte auf Johannes den Täufer und gesagt hätte: hier ist der Angelos des Gottes. Man hätte nur Rücksicht genommen auf das, was da Platz genommen hatte; man sprach von der Hauptsache, nicht von der Nebensache. Und nehmen wir nun einmal an, dieselbe Ausdrucksweise wurde angewendet auf Christus Jesus selber. Wie mußte man da, als man solche Sachen verstand, von dem Christus Jesus sprechen? Ja, was da auf der Erde wandelte, diesen Leib im Fleische den Christus Jesus zu nennen, das wäre einem Menschen der damaligen Zeit nicht im Traume eingefallen; sondern das war das Zeichen, daß dasjenige, was aus der Sonne geistig herunterströmte, in diesem Punkte in ganz besonderer Weise aufgefangen wurde. Ging dieser Leib, der der Leib des Jesus war, von einem Ort zum anderen, so war das die Sichtbarmachung der Sonnenkraft, die von einem Ort zum anderen ging. Diese Sonnenkraft konnte auch allein gehen. Zuweilen wurde der Ausdruck so gebraucht, daß der Christus Jesus «im Heim», im Fleisch war, aber was in ihm war, bewegte sich auch ohne seinen Leib weiter. Namentlich im Johannes-Evangelium ist der Ausdruck so gebraucht, daß unter Umständen, wenn dieselbe Wesenheit sich rein geistig bewegt, der Evangelienschreiber ganz genau so spricht, wie wenn diese Sonnenkraft im fleischlichen Leibe wohnt.

Daher ist es so wichtig, daß die Taten des Christus Jesus immer in Beziehung gebracht werden zur physischen Sonne, die der äußere Ausdruck ist für die geistige Welt, die aufgefangen wird an dem Punkte, wo der fleischliche Leib herumwandelt. Wenn also der Christus Jesus zum Beispiel heilt, dann ist es die Sonnenkraft, die da heilt. Die muß aber an dem richtigen Orte des Himmels stehen: «Da es aber Abend geworden war, als die Sonne unterging, brachten sie zu ihm alle, die ein Leid hatten», Krankheiten und so weiter. – Es ist wichtig, daß man andeutet, daß diese Heilkraft herunterfließen kann, wenn die äußere Sonne untergegangen ist, wenn die Sonne nur noch geistig wirkt. Und als er wieder eine bestimmte Kraft braucht, um zu wirken, da mußte er diese auch noch aus der geistigen Sonne nehmen, nicht aus der physischen sichtbaren Sonne. «Und früh morgens, noch im Dunkeln stand er auf und ging hinaus.» – Der Weg der Sonne und der Sonnenkraft wird uns ausdrücklich angedeutet: daß diese Sonnenkraft wirkt, und daß im Grunde genommen der Jesus nur das äußere Zeichen ist, daß dieser Weg der Sonnenkraft auch dem bloßen äußeren Auge sichtbar werden konnte. Und überall, wo wir im Markus-Evangelium die Rede haben von dem Christus, ist gemeint die Sonnenkraft, die für jene Epoche unserer Erdenentwickelung ganz besonders wirksam geworden ist auf diesem Fleck der Erde, der da Palästina heißt. Und man konnte die Sonnenkraft sehen: In der oder jener Zeit ging der Christus von dem Ort zu dem Ort. Man könnte ebensogut sagen: In dieser Zeit bewegte sich die geistige Kraft der Sonne, wie in einem Brennpunkte gesammelt, von dem Ort zu jenem Ort. Und der Leib des Jesus war das äußere Zeichen, das den Augen sichtbar machte, wie sich die Sonnenkraft bewegte. Die Wege des Jesus in Palästina waren die Wege der auf die Erde herabgekommenen Sonnenkraft. Und zeichnen Sie die Schritte des Jesus als eine besondere Landkarte auf, dann haben Sie ein kosmisches Ereignis: das Hereinwirken der Sonnenkraft aus dem Makrokosmos in das Land Palästina. Und auf diese makrokosmische Sache kommt es an. Darauf deutet insbesondere der Schreiber des Markus-Evangeliums hin, der das wohl kannte, daß ein Leib, der der Träger eines solchen Prinzipes war, wie es das Christus-Prinzip ist, in einer ganz besonderen Weise von seinem Prinzip mußte überwunden werden. Es war also das Hinausweisen gerade in jene Welt, die Zarathustra so großartig hinter der sinnlichen Welt angekündigt hat, das Hinausweisen auf diese Welt, wie sie wieder hereinwirkt auf die Menschenwelt. So war jetzt durch Christus Jesus angedeutet, wie die Kräfte wieder hereinwirken auf die Erde. Daher mußte in dem Leib, der ja, wie wir gesehen haben, in einer gewissen Weise – wenn er auch jetzt schon der Leib des nathanischen Jesus war – doch beeinflußt war von der Zarathustra-Individualität, auch eine Art Wiederholung der Zarathustra-Vorgänge vor sich gehen.

Nun hören wir die große schöne Legende von Zarathustra. Als ihn seine Mutter geboren hatte, da zeigte Zarathustra als erstes Wunder das berühmte Zarathustra-Lächeln. Das zweite der Wunder war das, daß der damalige König jenes Distriktes, wo Zarathustra geboren worden war, Duransarun, den Beschluß faßte, zu ermorden den Zarathustra, von dem ihm die rückschrittlichen Magier besondere Dinge gesagt hatten, daß aber dem König, als er erschien, das Kind zu erdolchen, der Arm gelähmt wurde. Das war das zweite der Wunder nach der Geburt des Zarathustra. Und da ließ dieser König, der seinen Dolch nicht gebrauchen konnte gegenüber Zarathustra, das Kind hinausführen zu den wilden Tieren der Wüste. Das ist der Ausdruck dafür, daß jetzt schon in frühester Kindheit Zarathustra sehen mußte dasjenige, was der Mensch sehen muß, wenn er unrein hinaussieht. Er sieht statt der edlen Gruppenseele und der edlen, höheren geistigen Wesenheiten den Ausfluß seiner wilden Phantasie. Das ist das Hinausführen in die Wüste zu den wilden Tieren, von denen Zarathustra unversehrt bleibt. Das ist das dritte der Wunder. Das vierte war wieder ein Wunder bei den wilden Tieren und so weiter. Immer waren es die guten Geister des Ahura Mazdao, die dem Zarathustra dienten.

Jene Wunder finden wir im Markus-Evangelium wiederholt: «Und alsbald treibt ihn der Geist in die Wüste» – eigentlich heißt es Einsamkeit – «vierzig Tage lang, und wurde versucht vom Satan, und war bei den wilden Tieren, und die Engel dienten ihm.» Da wird uns gezeigt, daß der Leib vorbereitet wurde, sozusagen wie in einem Brennpunkte dasjenige aufzunehmen, was im Makrokosmos vorging.

Es mußte das wieder geschehen, was bei Zarathustra geschehen war: das Hinausführen zu den wilden Tieren. Der Leib nahm auf, was aus dem Makrokosmos hereinkam.

Das Markus-Evangelium stellt uns schon in den allerersten Zeilen in die größten Zusammenhänge hinein. Und ich wollte Ihnen zeigen, wie im Grunde genommen dieses Markus-Evangelium, wenn man nur erst die Worte im rechten Sinne versteht – nicht wie in dem der heutigen philiströsen Sprache, sondern in dem der alten Sprachen, wo jedes Wort hinter sich lebendige Welten hat –, wenn man es im Sinne dieser alten Sprachen versteht, dann bekommt das Markus-Evangelium neues Leben, neue Kraft. Aber man muß sagen: Unsere heutige Sprache kann erst mit vielen Umschreibungen das wiederum herausfinden, was für die alten Sprachen schon in den Worten gelegen hat. Das, was wir sprechen, wenn wir sagen: Der Mensch lebt auf der Erde und bildet sein Ich aus; der Mensch lebte früher auf dem Monde, da waren es die Engel, die ihre Menschheitsstufe durchmachten –, das liegt alles zugrunde, wenn es heißt: «Siehe, ich sende meinen Engel vor den Menschen her.» Diese Worte sind nicht zu verstehen ohne die Voraussetzung dessen, was in der Geisteswissenschaft geboten wird. Und die Leute in der Gegenwart sollten ehrlich sein und sollten sagen bei den Worten am Beginne des Markus-Evangeliums: Das ist unverständlich. – Statt dessen stehen sie im billigen Hochmut da und erklären, die Geisteswissenschaft sei eine Phantasterei, die allerlei hineinlegt in das, was sie in einfacher Weise wissen. Sie wissen es eben gar nicht, die Menschen der Gegenwart. Und man hat heute nicht mehr das Prinzip, das man zum Beispiel im alten Persien hatte, wo von Epoche zu Epoche die alte heilige Urkunde umgeschrieben wurde, um für jede Epoche neu eingekleidet zu werden. So wurde das göttlich-geistige Wort als Zend Avesta umgestaltet und wieder umgestaltet. Und was heute da ist, ist die letzte Gestalt. Siebenmal wurde die persische Bibel neu geschrieben. Und die Anthroposophie soll den Menschen lehren, wie notwendig es ist, daß die Bücher, in denen die heiligen Geheimnisse geschrieben werden, von Epoche zu Epoche umgeschrieben werden müssen. Denn gerade wenn man den großen alten Stil bewahren will, dann darf man nicht versuchen, sozusagen soviel als möglich bei den alten Worten zu verbleiben. Das kann man nicht, die versteht man nicht mehr, sondern man muß versuchen, in unmittelbares Verständnis der Gegenwart die alten Worte umzusetzen. Wir haben das versucht in bezug auf die Genesis im Sommer. Da haben Sie gesehen, wie manche der Worte umgesetzt werden müssen. Sie haben vielleicht heute einen kleinen Begriff davon bekommen, wie auch im Markus-Evangelium die Worte umgesetzt werden müssen.

ZWÖLFTER VORTRAG

Hannover, 18. Dezember 1910

Sie wissen, daß wir innerhalb der Entwickelung unserer Deutschen Sektion im Laufe der Jahre gesprochen haben über die eigentlichen tieferen Untergründe des Matthäus-, Lukas- und Johannes-Evangeliums, und manches von dem, was über die Geheimnisse des Christentums zu sagen ist, wurde auch hier in Hannover ausgesprochen. Sie werden dabei gesehen haben, daß ein jedes der Evangelien besonderen Anlaß gibt, in die christliche Verkündigung hineinzudringen. Mehr fast als für die anderen Evangelien ist es notwendig, daß eine ganz bestimmte Voraussetzung gemacht wird, wenn man sich dem Verständnis des Christentums nähern will in Anlehnung an das Markus-Evangelium. Da muß man sich ganz und gar versenken in die Eigenart, wie in abgelaufenen Zeiten der Menschheitsentwickelung die Ausdrucksweise der Menschen gehandhabt worden ist. Es braucht nur auf einiges hingewiesen zu werden: daß vor allen Dingen die althebräische Sprache einen unendlich weiten Horizont eröffnet durch ihre Ausdrucksweise. Wer in München in dem Vortragszyklus über die Geheimnisse des Schöpfungswerkes gesehen hat, wie es notwendig war, Übersetzungen der einzelnen Worte zu geben, um das Sechs- oder Sieben-Tagewerk zu verstehen, der wird ein Gefühl bekommen haben davon, wie notwendig es ist bei diesen Urkunden aus alten Zeiten, sie aus dem ganzen Geist und der ganzen Seele der Dinge selber heraus sozusagen neu zu schaffen. Das ist es, worauf es ankommt. In der hebräischen Sprache wurden die Vokale und die Konsonanten anders gehandhabt, als es heute Gebrauch ist. Wenn die hebräische Sprache hinwies auf dasjenige, was der Mensch um sich herum sah, da hatte sie den Ausdruck dafür in den Mitlauten, den Konsonanten. Die Vokale sind durch bloße Punkte angedeutet, da sie der Ausdruck waren für das, was in der Seele lebte, für alles Innerliche. Selbstlaute hatte die hebräische Sprache für alles, was inneres Erleben war, Mitlaute für das, was äußere Anschauung war. Und das fühlte man lebendig mit. Und in jenen alten Zeiten, auch beim Griechischen, war mit dem Wort verbunden eine Art Erregung für eine übersinnliche Hinweisung, und zwar in eindeutiger Weise, so daß jeder wußte, wenn dies oder jenes Wort ausgesprochen wurde in diesen oder jenen Lauten, daß er in seiner Seele erregen mußte eine ganze Summe von Vorstellungen, die bei einem Worte ganz andere waren als bei einem anderen Worte. In wenig Worten konnte ungeheuer viel gesagt werden, weil das alles mitwirkte. Und dessen müssen wir uns insbesondere erinnern beim Markus-Evangelium. Nicht ans Wort dürfen wir uns da halten, durch das Wort allein können wir nicht hineinkommen in die Mysterien und Geheimnisse des Markus-Evangeliums.

Da möchte ich ein paar Hinweise geben. Die Sprache war also früher Ausdrucksmittel für Seelisch-Geistiges. In unserer Zeit ist sie Ausdrucksmittel für ein abstraktes Denken, das weit entfernt ist von dem lebendigen Bilddenken, das allein hinaufweisen kann in die geistigen Welten. Damit wir wiederum kommen zu einem solchen lebendigen Denken, müssen die Ausdrucksmittel unserer Sprache wiederum lebendig gemacht werden. Die Sprache ist aber philiströs, pedantisch geworden und nur für Abstraktes dienlich. Alles Lebendige, was durch die Worte der Sprache hinaufführen kann in höhere Regionen und die Seele verbinden kann mit den Geheimnissen des Weltalls, das ist ganz und gar verlorengegangen. Und da möchte ich andeuten, wie im Rosenkreuzer-Mysterium Anfänge gemacht sind von dem, was Lebendigmachen der Sprache sein will. Da kommt es manchmal auf kleine Nuancen im Ausdruck an. Unsere Sprache ist ja grob, ungelenkig, und man muß ringen mit ihr, um die Feinheiten des geistigen Lebens zum Ausdruck zu bringen. Deshalb versuchte ich durch die Handhabung der Sprache auf Geheimnisse des Daseins hinzuweisen. In dem Mysteriendrama «Die Pforte der Einweihung» sollte versucht werden, mit anderen Mitteln vieles zum Ausdruck zu bringen, was man mit Worten nicht sagen kann. Da strebt ein Mensch hinauf zu den ersten Stufen der Einweihung. Er strebt nach dem Erklingen der geistigen Töne in der eigenen Seele. Was Johannes durchmacht, ist in diesem Drama geschildert. Tiefe Seelenerlebnisse macht er durch, um seine Seele zu entwickeln. Er ist so weit, daß er durch die bittersten und zu gleicher Zeit größten und gewaltigsten Seelenerlebnisse hinkommt zu der geistigen Welt, ins Devachan, und er soll nun eingeführt werden in das Leben und Weben der elementarischen Wesenheiten des Devachan. Diese Geheimnisse des Lebens und Webens der elementarischen Wesenheiten in Worten auszudrükken, gibt immer einen abstrakten, groben Sinn. Und da versuchte ich es so zu machen, daß lebende Personen diese Geheimnisse durch ihr eigenes Wesen ausdrückten, wie Licht und Finsternis ineinander weben. So versuchte ich, das eigene Weben der Worte und Laute durch die Geheimnisse des Weltalls hindurch anzudeuten. Dadurch konnte man manches für das Ohr hörbar machen, was, in heutigen Worten ausgesprochen, abstrakt klingt. Man muß hinhorchen auf den Klang der Worte, wie da an rechter Stelle der rechte Laut steht. Man muß fühlen den Ort, wo er hingehört und wo er nicht hingehört. Das ist etwas wie eine geistige Alchemie. Und das Durcheinanderweben und -leben der geistigen Kräfte im Weltall kann man durch solche Mittel andeuten.

Maria empfängt den Johannes im Devachan mit ihren Gefährtinnen Philia, Astrid und Luna. Philia ist der poetische Repräsentant für die Empfindungsseele, darum erklingt in ihrem Namen zweimal das I und ein A. Luna ist der Ausdruck für die Bewußtseinsseele, darum ist ein U und ein A in ihrem Namen. Astrid, der Ausdruck für die Verstandes- oder Gemütsseele, hat in ihrem Namen zuerst das A, dann das I. Da kann man ein Mannigfaltiges aussprechen, besser, als man es mit Worten vermag. Wenn man ein Gefühl dafür erwecken könnte, brauchte ich über viele Dinge nicht mehr zu sprechen. Aber man muß dahinter kommen, was es heißt: hier steht ein U – die Dumpfheit, das Tiefenartige des U muß man empfinden, ebenso die Helligkeit des I und die Verwunderung in die Seele gießende leise Hindeutung des Ai oder Ei. Das gibt eine andere Art des Verständnisses, als man es durch Worte gewinnen kann. Die Sprache ist wirklich in ihren Lauten ein ungeheuer wunderbares Instrument. Sie ist viel, viel gescheiter als die Menschen, und wir täten gut, hinzuhorchen auf ihre Weisheit. Die Menschen sind aber daran, sie zu verderben. Und wenn wir frühere Zeiten in ihrer eigentümlichen Ausdrucksweise überhaupt verstehen wollen, müssen wir uns versetzen in dasjenige, was in der Seele der betreffenden Menschen lebte.

Und da können wir schon, wenn wir einfach das Markus-Evangelium in den ersten Zeilen aufschlagen, die Notwendigkeit fühlen, so zu denken über die Sprache und ihre Geheimnisse. In der lutherischen Übersetzung, die ja noch in den meisten Fällen die beste ist – Weizsäcker ist viel schlechter –, steht die Jesajasstelle: «Siehe, ich sende meinen Engel vor dir her, der da bereite deinen Weg vor dir. Es ist die Stimme eines Predigers in der Wüste: Bereitet den Weg des Herrn, machet seine Steige richtig!»

Man möchte meinen, daß derjenige, der diese Stelle liest, wenn er ein ehrlicher Mensch ist, sich gestehen müßte: Ich weiß nichts aus dieser Stelle zu machen. Um dasjenige, was wirklich dasteht, zu verstehen, ist notwendig, daß man durch Geisteswissenschaft eindringt in dasjenige, was im Sinne des Propheten Jesajas, der in diese Dinge eingeweiht war, geschehen sollte durch das Ereignis von Palästina und das Mysterium von Golgatha. Unsere Zeit findet ja schon dies unmöglich, daß es wirklich Menschen gibt, die über die wichtigsten Impulse, die in der Weltentwickelung liegen, Auskunft geben können. Das gibt unsere Zeit nicht zu. Daher die grotesken Erklärungen der Apokalypse, so daß man sagt, daß der Schreiber der Apokalypse diese Ereignisse, die er da beschreibt, eben schon erlebt hätte. Man redet von objektiver Forschung, aber man macht von vornherein die Voraussetzung: Es darf niemand etwas wissen, was man selber nicht weiß. Der Prophet Jesajas will aber in diesen Worten zum Ausdruck bringen etwas, was er durch seine Einweihung weiß. Er will sagen: Es wird etwas kommen in der Menschheitsentwickelung, was von eminenter, fundamentaler Bedeutung ist für diese ganze Menschheitsentwickelung. – Warum sah er – und mit ihm alle anderen Initiierten – dies Ereignis, auf das er hinweisen wollte, als ein so bedeutungsvolles an? Er sah die Menschheitsentwickelung in rechter Weise an, er wußte: Die Menschen hatten früher ein elementares Hellsehen, sie sahen hinein in die geistigen Welten, sie konnten ihren Astralleib zum Schauen gebrauchen. Dieser Astralleib verlor dann aber die Kraft des Schauens und verfinsterte sich in sich selbst. Darin aber bestand der Fortschritt der Menschheit, daß sie diese hellsichtige Kraft des Astralleibes verlor. Sie sollte aber dafür immer mehr ihr Ich wirken lassen. Aus dem Wissen der Einweihung heraus hätte Jesajas sagen können: Die Menschen werden dann aber nur von ihrem Ich sprechen, und solange dieses Ich nicht erfüllt ist von dem Christus, ist es angewiesen auf dasjenige, was der Mensch nur über den physischen Plan mit den Sinnen und dem Verstand allein von der Welt zu sehen vermag. Sie werden verlassen sein von der Welt des Geistes. Aber dann wird ihnen Trost werden. Es wird kommen der Christus, und diese Seelen werden sich immer mehr durchdringen mit dem Impuls des Christus, so daß sie wiederum hinaufschauen können in die geistige Welt. Aber das werden sie erleben, daß vorher der Astralleib dunkel geworden ist.

Der Mensch hat die erste Anlage seines physischen Leibes auf dem Saturn erhalten, auf der alten Sonne erhielt er die Anlage zu seinem Ätherleib, auf dem alten Monde zu seinem Astralleib, und das Ich kommt auf der Erde zur Entwickelung. Bis dahin, wo der Astralleib in seiner hellsichtigen Kraft erloschen sein wird, wo er finster sein wird, muß dieses Ich sich zunächst in der Finsternis geltend machen. Bevor die eigentliche Erdenentwickelung begann, war eine Art Wiederholung der Mondenentwickelung. Da hat der Mensch seinen Astralleib entwickelt, so daß die Wirksamkeit der ganzen Welt bildhaft in seinem Astralleibe lebte. Bis dahin war also eine Wiederholung der Mondenentwickelung. Das Ich drängte sich dann hinein, und Jesajas sagt: Die Ichheit wird immer mehr Platz greifen auf der Erde.

Auf dem alten Monde gab es auch Wesenheiten mit der Menschennatur, auch auf Sonne und Saturn. Auf der Erde ist der Mensch Mensch. Der Engel war auf dem Monde Mensch, und der Erdenmensch ist der Nachfolger der Engel im Menschentum, so daß der Vorgänger des Menschen auf der Erde vorbereiten muß dasjenige, was mit dem Menschen geschehen soll. Das Engelhafte muß in den Astralleib hineinwirken, bevor das Ich hineinwirken kann. Soll die Erdenmission des Menschen vorbereitet werden, so muß das geschehen durch den Vorgänger des Menschen, den Engel. Daher griff zu einer gewissen Zeit ein Angelos in eine Menschennatur ein. Der Erdenmensch kann, wenn so etwas stattfindet, eine Maya sein. Seiner Seele bedient sich ein höheres Wesen. Der Mensch ist in Wahrheit das, als was er vor uns steht, und er kann doch Hülle sein für eine andere Wesenheit. Und so kam es denn, daß dieselbe Individualität, die einstmals als Elias lebte und bei der Wiederverkörperung als Johannes erschien, in sich aufnahm eine Engelnatur, die sich durch ihn ausdrückte. In meinem Mysteriendrama «Die Pforte der Einweihung» findet ein solcher Vorgang statt. Da ist es so, daß durch die Maria hindurchwirkt eine andere Wesenheit:

Es formt sich hier in diesem Kreise
Ein Knoten aus den Fäden,
Die Karma spinnt im Weltenwerden.
O Freundin, deine Leiden
Sind Glieder eines Schicksalsknotens,
In dem sich Göttertat verschlingt mit Menschenleben.

Göttertat verschlingt sich mit Menschenleben und formt Menschenschicksal.

So war Himmeltat mit Menschenschicksal verbunden in Johannes dem Täufer. Ein göttliches Wesen, ein Engelwesen, wirkte durch ihn. Was er tat, konnte nur dadurch geschehen, daß der Mensch Johannes eine Maya war, daß in ihm innerlich ein Wesen lebte, das vorherverkünden sollte dasjenige, was den Menschen auf der Erde werden sollte. Und nun müssen wir übersetzen, wenn wir sachgemäß übersetzen wollen, so, daß wir uns hineinfühlen in dasjenige, was wirklich in diesen Worten ausgedrückt werden soll: Nehmet wahr: Das Ich, das erscheinen soll in der Menschenwesenheit, sendet vor dem Ich her den vorbereitenden Engel.

Gemeint ist der Engel, der in der Persönlichkeit Johannes' des Täufers lebte. Der ist gemeint, und die ganze Lehre, die wir in der Theosophie kennenlernen vom Engel, liegt in diesem Satze: daß Mondeneingeweihte die Erdeneinweihungen vorbereiten müssen.

Nun müssen wir ein wenig hineinblicken in die menschliche Natur, wie sie sich gegen das Mysterium von Golgatha hin nach und nach entwickelt hat. Denken Sie, wie sich die Menschen haben fühlen können, wenn sie zurückgeschaut haben in die alten Zeiten, wo der Astralleib hellsichtig hineinschauen konnte in die geistige Welt; wie er dann immer dunkler und dunkler geworden ist. Die Menschen haben das von Inkarnation zu Inkarnation wahrnehmen können. Sie sagten sich: Früher, wenn sie etwas in der geistigen Welt wahrnehmen wollten, begannen sie mit dem Astralleib zu glänzen und zu leuchten. Dann hatte das immer mehr aufgehört, er wurde immer dunkler. Und dann war im Innern des Menschen eine dunkle Einsamkeit geworden, eine Wüste, *ἔρημος* – selbst noch im Griechischen findet das seinen Ausdruck. Und da wird in der Seele des Menschen eine Stimme wach wie ein Sehnsuchtsruf nach dem Herrn des Menschen, nach dem Ich, damit es wirklich einziehe in die Menschenseele. Das wurde gefühlt bei dem Worte *κύριος*, was mit dem flachen Worte «Herr» übersetzt ist. Man fühlte die Seele aus drei Kräften bestehend: Denken, Fühlen und Wollen. Dann kam die Zeit, wo das Ich, der *κύριος*, hereingenommen werden sollte. Das wollte Johannes zum Ausdruck bringen, als er sagte: Bereitet den Weg des Herrn! Machet seine Steige richtig!

Da haben Sie die ganze weisheitsvolle Lenkung der Menschheitsentwickelung zu dem Mysterium von Golgatha hin als einen Ausspruch des Jesajas am Anfang des Markus-Evangeliums. Und zu gleicher Zeit ist uns in diesem Ausspruch des Jesajas über Johannes dasjenige gesagt, was wir über ihn wissen. Ich habe gesagt, wie er beschaffen sein mußte, damit er einen Angelos aufnehmen konnte. Dazu war notwendig eine gewisse Einweihung. Diejenige Einweihung, die dazu notwendig war, gab einem solchen Menschen zu gleicher Zeit die Möglichkeit, andern Menschen zu zeigen: jetzt ist wirklich die Zeit da, welche die Zeit des Hereinbrechens des Ich ist.

Der das sagen konnte, das mußte derjenige Initiierte sein, welcher im Sinne der Initiationssprache der Wassermann-Initiierte seit alter Zeit war. Man bezeichnet die großen Geheimnisse der geistigen Welt, in die die Menschen hineinverflochten werden, dadurch, daß sie initiiert werden, in der Sprache des Himmels. Man mußte wählen die Schrift des Himmels, wenn man ausdrücken wollte, was mit der Menschenseele vorgeht, wenn sie eingeweiht wird in die großen Mysterien. Man kann das nicht mit menschlichen Worten ausdrücken. Und da sagte man: Oben am Himmel stehen in den Verhältnissen zueinander die Sterne. Wenn wir sie anschauen und aus diesen Verhältnissen der Sterne zueinander Ausdrucksformen bilden, dann können wir ausdrücken die Geheimnisse, die mit dem Menschen vorgehen bei einer solchen Initiation.

Zu dem großen Ahura Mazdao schauten die Menschen immer hinauf – gleichgültig, welchen Namen sie ihm gaben in den verschiedenen Kulturen. Sie schauten hinauf zu der göttlichen Wesenheit und ihrer Hierarchie in der Sonne. Der Christus ist der große Geist, der der Sonne zugrundeliegenden Wesen. Es gibt zwölf verschiedene Arten, in die heiligen Sonnen-Mysterien eingeweiht zu werden, und dies auszudrücken mit irdischen Worten ist kaum möglich. Aber wenn wir ins Auge fassen, wie die Sonne vor einem Sternbild steht und durch dieses ihre Strahlen der Erde zusendet und in Beziehung steht zu den anderen Sternen des Himmels, da haben wir eine Art Schrift, die Ausdruck sein kann dafür: Dieser Mensch ist eingeweiht so in die Sonnen-Mysterien, daß wir in ihm vor uns haben einen Eingeweihten des Wassermanns.

Nehmen wir an die sieben heiligen Rishis. Sie waren so eingeweiht in die Sonnen-Mysterien, daß uns das Sinnbild für ihre Einweihung das Stehen der Sonne im Sternbild des Stieres ist; und was wir schauen können am Firmament, wenn die Sonne im Sternbild des Stieres steht, das gibt tatsächlich das Mysterium der eigentümlichen Einweihung der Rishis, und diese Einweihung wirkte hindurch durch die sieben Persönlichkeiten, die die sieben heiligen Rishis waren. Das kommt dadurch zum Ausdruck, daß vom selben Orte herglänzt das Siebengestirn, die Plejaden. Das ist der Ort, an dem unser ganzes Sonnensystem in unser Weltall hineingekommen ist. So kann man die Einweihung in die verschiedenen Arten der Sonnen-Mysterien ausdrücken dadurch, daß man die Ausdrucksformen nimmt von dem Stehen der Sonne in einem Sternbild.

Die Einweihung des Johannes mußte eine solche sein, daß sie eine Wassermann-Einweihung war, die Ausdruck war für das Stehen der

Sonne im Sternbild des Wassermanns. Um das ein wenig zu verstehen, denken Sie daran, daß auf der Lichtseite des Zodiakus liegen: Widder, Stier, Zwillinge, Krebs, Löwe, Jungfrau, dann Waage. Dann kommen die Sternbilder, die auf der Winter- oder Nachtseite des Zodiakus liegen: Skorpion, Schütze, Steinbock, Wassermann und Fische. Wassermann und Fische liegen auf der Winter- oder Nachtseite des Zodiakus. Was heißt das? Ja, wenn da die Sonnenstrahlen fallen, müssen sie nicht bloß durch den physischen Raum fallen, sondern so, daß sie das geistige Licht der Sonne, welches durch die Erde durchgeht, durch den geistigen Raum schicken. Die Wassermann-Eingeweihten bekamen den Namen Wassermann-Eingeweihte deshalb, weil diejenigen, die so eingeweiht waren, imstande waren, die Wassertaufe zu verleihen, sich hinabzubeugen mit demjenigen, das diese geistige Sonnenkraft ihnen gab, mit ihr unterzutauchen unter das Wasser.

Die Namen für die Tierkreisbilder sind von den Tatsachen des geistigen Lebens, die hier auf der Erde geschehen sind, hinaufgetragen an den Himmel. Jetzt machen diese sonderbaren Käuze, unsere Wissenschafter, es so, daß sie, um solche Dinge zu erklären, sagen, man hätte eben die Namen der Sternbilder herabgetragen und mit ihrem Namen gewisse Persönlichkeiten auf der Erde belegt. Gerade das Umgekehrte ist der Fall. Heute sagen ja die Leute, Johannes der Täufer wurde Wassermann genannt, weil man den Namen des Sternbildes des Wassermanns auf ihn übertragen hätte. Was heute die weisen Gelehrten machen, ist wirklich dasselbe, als ob man einen Esel mit dem Kopf nach dem Wagen anschirren wollte. Bekannt ist ja auch der ironische Versuch eines Gelehrten, die Person Napoleons als nicht historisch hinzustellen. Es wird da gezeigt, wie leicht es ist, den Namen Napoleon von Apollo herzuleiten, das vorgesetzte N würde nur eine Art Komparativ des Namens bedeuten, gleichsam eine Art Über-Apollo. Die Geschwisterzahl sechs stimmt bei beiden, und der Stern Apollon wird zu den sieben Plejaden gezählt. Die zwölf Marschälle Napoleons sind die zwölf Sternbilder des Tierkreises. Die Mutter des Apoll, Läto, die des Napoleon Lätitia und so weiter.

Zeichnen wir uns den Himmelsbogen der Sonne, so entdecken wir: Während die physische Sonne heruntergeht, rückt ihr geistiges Gegenbild herauf. So müssen wir zeichnen den Tages- oder Sommerbogen der Sonne, da geht die Sonne vom Stier zum Widder und so weiter, und den Winter- oder Nachtbogen der Sonne, durch den wir bezeichnen können die Geheimnisse der Initiation des Wassermann und der Fische. Physisch geht es von der Jungfrau zu Löwe, Krebs, Zwillingen, Stier, Widder, geistig geht es von der Jungfrau zu Waage, Skorpion, Schütze, Steinbock, Wassermann und Fischen. Das geistige Gegenbild des physischen Sonnenganges ist der Gang der Sonne vom Wassermann zu den Fischen.

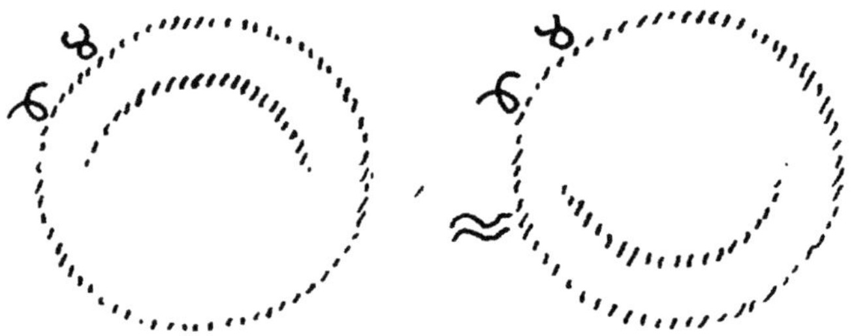

So konnte Johannes sagen: Er muß zunehmen, ich muß abnehmen. Meine Mission ist eine solche, daß ihr ein Bild davon bekommt, wenn die Sonne aus dem Sternbild des Wassermanns zum Sternbild der Fische geht. Ich bin Eingeweihter des Wassermanns, und ich bin nicht würdig, euch zu geben das Geheimnis der Sonnen-Fische. Ich bin nicht würdig, demjenigen die Schuhriemen zu lösen, den ich euch ankündigen soll.

In diesen Worten des Johannes haben wir sozusagen den handgreiflichen Beweis, wie er sich bildhaft als Wassermann-Eingeweihter charakterisiert. In den Bildern der alten Volkskalender ist ausgedrückt, was die Worte des Johannes bedeuten: Ich bin nicht würdig, ihm die Riemen seiner Schuhe zu lösen. Sehen Sie sich die alten Tierkreisbilder an, da kniet der Wassermann. Da hat er in der Gebärde, wie es nötig ist, Ehrfurcht vor dem zu haben, der als die vorbeigehende

Sonne, die hinaufgeht den Tierkreis zu den Fischen, das Kommende anzeigt. Das ist ein Bild für Johannes den Täufer. – Die Sonne geht weiter, er kann sie nicht halten, er kann sie nur vorausverkünden.

Der Prophet Jesajas wußte, wenn die Sonne weitergeht zu den Fischen, dann wird etwas anderes kommen. Menschen oder Wesen, die mit der Fisch-Einweihung zusammenhängen, das ist das Vorrükken der Sonne zu den Fischen. Daher auch das alte Zeichen für den Christus Jesus in den ältesten nachchristlichen Zeiten: die Fische. Man findet dieses Zeichen noch heute vielfach in den Katakomben Roms, die beiden Fische oder ein Fisch. Warum sagte Jesus zu den Jüngern: Ich will euch zu Menschen-Fischern machen? Johannes bereitet vor die Fisch-Initiation, die der Nazarener haben muß, damit er den Christus in sich aufnehmen kann. Dasjenige, was in Palästina geschehen ist als das größte Ereignis der ganzen Weltentwickelung, ist am Tierkreis in wunderbaren Zeichen eingeschrieben. Was sich wirklich Schritt für Schritt in Palästina zugetragen hat, ist in seinen Tiefen nicht durch Menschenschrift erklärt, sondern durch eine Himmelsschrift, die man zu Rate ziehen muß, wenn wir es in Wirklichkeit erkennen wollen, da es eben so erhaben ist, daß es in unmittelbarer Beziehung zum Makrokosmos steht. – War denn alles, was ein physisches Auge hat wandeln sehen in Palästina, in Fleisch und Blut des Jesus von Nazareth? Das war, wenn das alles zusammengenommen wird, was ich angedeutet habe, eine Illusion, eine Maya. In Wirklichkeit lebte in dieser Gestalt des Jesus von Nazareth, der da umherwandelte in Palästina, die ganze geistige Zentralkraft, Mittelpunktskraft der Sonne. Die wandelte in Palästina herum, und die äußere physische Erscheinung des Jesus war eine Maya. Daher hing alles, was er tat, zusammen mit den großen Ereignissen des Makrokosmos. Beachten wir folgendes: Wir finden überall im Markus-Evangelium die Tatsache erwähnt, daß der Christus heilte, als die Sonne untergegangen war, oder bevor die Sonne aufgegangen war. Wenn da steht im Markus-Evangelium I, 32: «Am Abend aber, da die Sonne untergegangen war, brachten sie zu ihm allerlei Kranke und Besessene» –, warum brachten sie da die Kranken und Besessenen? Weil die Sonne untergegangen war, weil die Kraft der Sonne nicht mehr physisch wirkte, weil die Kraft der Sonne in ihm geistig wirkte, und weil das, was er tun sollte, nicht zusammenhängt mit der physischen Sonnenkraft. Die physisch wirkende Sonne war untergegangen, aber die geistige Sonnenkraft wirkte durch sein Herz, durch seinen Leib. Und wenn er seine größten und gewaltigsten Kräfte entwickeln wollte, mußte er den Impuls dazu suchen, solange die Sonne nicht physisch am Himmel stand. Und wenn da steht: Bevor die Sonne aufgegangen war, – so hat das auch seine besondere Bedeutung. Jedes Wort im Markus-Evangelium schildert große kosmische Beziehungen zwischen den Vorgängen im Weltenall und jedem Schritt, jeder Tat des Christus im Leibe des Jesus von Nazareth hier auf der Erde. Wenn man eine Karte, wie eine geographische Karte, bilden wollte von seinen Wegen und Taten und dann die Himmelsvorgänge studieren würde, da würde man dasselbe Bild bekommen. Gleichsam herunterprojiziert auf die Erde würden sich die Himmelsvorgänge ausnehmen.

Woher nahm ein Mensch wie Kepler dasjenige, was er in seiner Astronomie geben konnte? Kepler nahm die Kräfte, um die Grundlage für diese Astronomie in seine drei großen astronomischen Gesetze zusammenzufassen, nicht aus dem, was er zunächst als Kepler war. Die drei Gesetze sind Ausdrücke der Wandelung der Planeten um ihren Fixstern. Sie konnten nur gefunden werden aus einem gewissen Enthusiasmus des Kepler heraus, durch den gewisse Erinnerungen in ihm auftauchten. Er war in einer vorhergehenden Inkarnation Schüler der altägyptischen Mysterien. Das tauchte auf in ihm und in manchen andern Menschen wiederum wie dunkle Instinkte. Solche Menschen hatten vieles in ihrem Seelenleben, was Ausdruck war von etwas, was die Sphärenharmonie selber ist. Kepler suchte zeit seines Lebens nach den wunderbaren Konstellationen der Gestirne am Himmel. Er blickte auf die Konjunktion von Saturn, Jupiter und Mond, und er suchte zu erklären dadurch den Stern, der den drei Weisen aus dem Morgenlande leuchtete. Die Menschen damals haben noch nicht daran gedacht, solche schauderhaften Abstraktionen zu ersinnen, wie die Kant-Laplacesche Theorie.

Im Markus-Evangelium haben wir die wunderbare Harmonie zwischen dem, was einmal auf unserer Erde geschehen sollte durch die Taten des Christus Jesus und durch das Mysterium von Golgatha und dem großen Kosmos draußen. Und nur wenn wir die Sternenschrift entziffern können, können wir das Markus-Evangelium verstehen. Dazu müssen wir eindringen in die Sprachgeheimnisse des Himmels. Und wenn es im Markus-Evangelium heißt: Die Sonne ist untergegangen, – so will das nicht nur sagen, die Sonne scheint eben nicht mehr, sondern es soll dadurch ausgedrückt werden die Tatsache: Alle die Geistwesen der Sonnenhierarchie haben sich in eine Welt stärkeren Geistes begeben, weil sie durchwirken müssen durch die Erde, durch die physische Substanz hindurch. All das Große, was darin ausgedrückt werden sollte, fühlte man nach, wenn man sagte: Es geschah etwas durch den Christus Jesus, wenn die Sonne untergegangen war oder beim Untergang der Sonne. Eine ganze Welt lag in solchen Worten darin.

So sollen uns die wenigen Hinweise dazu dienen, im Laufe der Zeit nach und nach immer tiefer einzudringen in die Geheimnisse der Evangelien. Und gerade an der Hand des Markus-Evangeliums können der Menschenseele wunderbare Mysterien des kosmischen Geschehens aufgehen. Ein jedes Wort im Markus-Evangelium ist von eminentester Bedeutung.

FRAGENBEANTWORTUNG

Zum Vortrag vom 18. Dezember 1910

Was bedeutet die Versuchung Jesu durch Satan? Ist Satan und Luzifer identisch? Und wie kann der Höchste versucht werden durch einen unter ihm Stehenden?

Satan ist Ahriman. Bei Lukas und Matthäus ist Luzifer gemeint, bei Markus Ahriman. Nur Markus spricht vom Satan. In grandioser Weise ist bei Markus geschildert, wie durch das Erscheinen häßlicher Tiergestalten der Mensch auf normale Weise in die geistige Welt eintritt. Es gibt Menschen, die glauben, durch gewisse Diät und durch sonstige materielle Vorgänge in die geistige Welt kommen zu können. Doch alles, was sie dann sehen, gerade wenn es die erhabensten Lichtgestalten sind, und wenn es noch so grandios erscheinen mag, ist doch nur Spiegelung des eigenen Selbst, ahrimanische Täuschung. Gewiß ist sowohl Luzifer wie Ahriman eine Versuchung für den Menschen, und der Christus im menschlichen Leibe mußte zeigen, wie man widersteht, wenn man anfängt, in die geistige Welt hineinzukommen.

Werden wir unsere Angehörigen wiedersehen in den höheren Welten?

Sehen im Geiste ist anders aufzufassen als physisches Sehen. Im geistigen Sinne ist ein Wiedersehen gewiß. Daß Maria von Magdala Jesus nicht gleich erkannte, weist darauf hin, daß der auferstandene Christus nicht von jedem erkannt werden kann; man muß eben gewisse Kräfte entwickelt haben. Maria bekommt diese besondere Gabe erst durch den Anruf. Es wird von den geisteswissenschaftlichen Lehren vieles als ketzerisch aufgefaßt, was gerade durch die Evangelien bewiesen werden kann. Nur mit dem hellsichtigen Auge konnte der Auferstandene erkannt werden.

Ist nicht der Inhalt der babylonischen Tafel fast derselbe wie der Inhalt der zehn Gebote?

Die Leute, die von Ähnlichkeiten sprechen, wissen nicht, worauf es ankommt. Am besten zeigt sich das bei der Bergpredigt. Es heißt in der Bibel zum Beispiel nicht: Denn das Himmelreich ist ihrer –, sondern: Denn sie werden in sich finden die Reiche der Himmel. – In dieser Beziehung sind auch die zehn Gebote grundverschieden von allem, was früher da war. Was durch den Hebräismus und das Christentum hinzukommt zu dem, was schon in älteren Religionssystemen vorhanden war, ist der Ich-bin-Impuls. Wenn man auf solche Dinge eingeht, sind sie ungeheuer lehrreich.

Wie verträgt sich die Wiederverkörperungslehre mit der Bibel?

Es ist heute noch nicht möglich, die Bibel ganz zu verstehen. Jede Zeit hat sie so übersetzt, wie es ihr gerade paßte. Die Bibel hat von der Wiederverkörperungslehre nichts zu fürchten. Man glaubte früher auch jedesmal, die Bibel sei gefährdet, wenn eine neue wissenschaftliche Wahrheit gefunden wurde.

Wie verhält es sich mit dem Zusammenhang zwischen Christus und Luzifer?

Es ist nicht so leicht, kurz darüber zu sprechen. Wir haben oft davon geredet, daß der Mensch von Inkarnation zu Inkarnation gegangen ist und daß verhältnismäßig früh die luziferische Macht in dem astralischen Leib verankert ist, Ahriman später im Ätherleib. Mit dem Erscheinen des Christus Jesus gewinnen alle diese Dinge eine andere Bedeutung. Wir stehen erst im Anfang der Christus-Entwickelung. Der Christus hat zu tun gehabt mit Luzifer und Ahriman; wenn man die Evangelien versteht, wird man das finden. Wer findet aber heute, daß die Versuchungs-Geschichten bei Matthäus, Markus und Lukas verschieden sind? Der Okkultist weiß, daß es nicht nur eine Versuchung des Luzifer durch Begierden, sondern auch eine durch Ahriman gibt – wenn man nämlich seine eigenen Leidenschaften in den Makrokosmos hinausträgt, indem man allerlei Gestalten sieht. Das Matthäus-Evangelium schildert eine luziferische Versuchung. Bei den Tieren der eigenen Menschennatur weilt Jesus im Markus-Evangelium. – In allen okkulten Schriften wird Luzifer geschildert als Schlange, Ahriman als Hund.

Diese Versuchungsgeschichten weisen auf tiefe Mysterien hin. So wie diese Mächte kommen mußten, um den Menschen selbständig zu machen, so muß er sich wieder losreißen durch den Christus in seiner Seele. Nach und nach werden sich Luzifer und Ahriman in ihr Gegenteil verwandeln. Den Christus-Impuls wird der Mensch in sich aufnehmen und den Ahriman draußen haben; früher und jetzt ist es umgekehrt. Solche Dinge können studiert werden in dem Drama «Pforte der Einweihung». Achten Sie auf den Gleichklang der Vokale. Es liegt in diesen Dingen eine innere Notwendigkeit. Die Verse im ersten Teil verwandeln sich im zweiten Teil in ihr Gegenteil; das ist Absicht.

Frage nicht notiert.

Es ist ein Faktum, daß Jesus nichts geschrieben hat. Ein Theologe diskutiert darüber, ob er überhaupt schreiben konnte. – Nach vier Jahrhunderten wird man auch von einer neuzeitlichen Mythologie sprechen, im Hinblick darauf, wie man heute von Kopernikus und Galilei spricht. Für Theosophen schickt es sich schlecht, von der «Ptolemäischen Kinderei» zu sprechen.

Frage nach der Echtheit der Dionysischen Schriften.

Es ist heutzutage üblich, die Schreiber für wichtiger zu halten als die geistigen Urheber (Rudolf Steiner verweist in diesem Zusammenhang auf seine Erfahrung als Goethe-Forscher mit dem Prosa-Hymmus: «Über die Natur», dessen Autorschaft von philologischer Seite als fraglich hingestellt wird). Der Apostelschüler Dionysios hat nichts niedergeschrieben, weil das dazumal als frivol galt. Aber seine Nachfolger, die nach dem damaligen Brauch auch wieder Dionysios genannt wurden, haben seine Lehre nach getreuer Tradition in den sogenannten pseudo-dionysischen Schriften aufgezeichnet.

Es genügt nicht, gutgläubig zu sein, sondern man sollte sich von der Wahrheit überzeugen. Man hat heute gar keinen Begriff davon, was möglich und was unmöglich ist. Tragisch wird die Sache bei der Bibelforschung, indem man sie so zerfasert. Gelehrsamkeit und Unsinn passen oft so ganz zusammen.

Kann der Christus Jesus Menschen auf Erden erscheinen?

In der Art, wie er dem Paulus erschienen, ist das möglich. Es ist dann eine Einweihung, die auch manchmal ohne vorhergehende Schulung eintreten kann. Von der Mitte unseres zwanzigsten Jahrhunderts an wird für viele Menschen diese Erfahrung eintreten.

DREIZEHNTER VORTRAG

Notizen aus dem Vortrag Koblenz, 2. Februar 1911

In welcher Art müssen wir an die Theosophie herantreten, wenn wir ihre tiefsten Wahrheiten verstehen wollen?

Zur Beantwortung dieser Frage wollen wir unsern Ausgangspunkt bei einem Ausspruch im Markus-Evangelium nehmen: «Siehe, ich sende meinen Engel vor dir her, der da bereite deinen Weg vor dir. – Es ist die Stimme eines Predigers in der Wüste.» – Im Urtext heißt es: Es ist eine Stimme des Rufers in der Einsamkeit.

Wenn ein unbefangener Mensch diese Worte liest und sie erklären sollte, so weiß er zunächst nicht viel damit anzufangen. Er betrachtet sie mehr oder weniger als eine Phrase oder höchstens als eine Allegorie. Denn was soll ein Prediger in einer Wüste verkündigen? Der geht doch gewöhnlich nicht in eine Wüste, sondern dorthin, wo viele Menschen sind.

Beleuchten wir nun einmal diese Stelle mit den Ergebnissen der Geistesforschung, so wird uns die ganze Tiefe der Weisheit offenbar, die in jedem Wort der Heiligen Schrift niedergelegt ist. Wir werden erfahren, daß jedes Wort im Urtext an seiner richtigen Stelle steht und auch nur dann verstanden werden kann.

Was soll nun gesagt werden mit den Worten: «Ich sende meinen Engel vor dir her, der da bereite deinen Weg vor dir»? – Wir wissen, daß hier die Bibel auf Johannes den Täufer weist. Nun müssen wir aber, um zu erklären, weshalb da der Ausdruck Engel steht, noch einmal zurückgehen in die früheren Entwickelungszustände unserer Erde und sehen, welche Wesenheiten ihren Anteil daran genommen haben. Wir wissen ja, daß es auf unserer physischen Erde auch eine hierarchische Gliederung auf verschiedenen Entwickelungsstufen gibt, wovon die unterste Stufe das Mineralreich ist; dann kommt die Pflanzenwelt, dann die Tierwelt und als oberste Stufe der Mensch. Höher hinauf über den Menschen ragt die Hierarchie der Engel oder Angeloi, der Erzengel oder Archangeloi, der Archai oder Geister der Persönlichkeit, der Exusiai oder Geister der Form oder Gewalten; weiter hinauf die der Mächte oder Dynamis, der Herrschaften; dann die der Throne, Cherubim, Seraphim.

Auch alle diese Hierarchien sind in einer steten Entwickelung begriffen. So nun, wie wir unsere Menschheits-Entwickelungsstufe auf unserer Erde durchmachen, so hat die Hierarchie der Engel, die gleich über uns steht, ihre Menschheitsstufe während des unserer Erde vorangehenden planetarischen Zustandes, während des Mondenzustandes, durchgemacht, wenn auch in anderer Form, als wir sie heute durchmachen. Sie sind uns also eine Stufe voraus. Und wie wir auf Erden die Führer und Leiter unserer Kinder sind, so haben die Engel das Amt, unsere Menschheit zu leiten und zu führen. Da die irdischen Formen ihnen nun keine Gelegenheit bieten, sich darin inkarnieren zu können, so müssen sie, um uns helfen zu können, ihre Weisheit einfließen lassen in die Leiber der höchst entwickelten, reinsten Menschen, damit durch ihren Mund der Menschheit göttliche Wahrheiten verkündigt werden. In solch einem Fall können wir sagen: Sie hüllen sich in Maya.

Wir können uns dies noch deutlicher machen, wenn wir uns bis in das graue Altertum zurückversetzen und uns die sieben indischen Rishis vor den Geist stellen. Würden wir ihre äußere Gestalt betrachten, so würden wir nichts anderes vor uns sehen als schlichte, einfache Männer, ja, als Bauern vielleicht, aber in sich bergend ihren inneren Wesenskern. Hellseherisch würden wir sie aber erblicken in einer großen strahlenden Aura; aus ihrem Innern heraus würden Wärmeflammen sich ergießen in ihre Umgebung. Damit aber die größte kosmische Weisheit in ihren Wesenskern eindringen konnte, mußten alle sieben zusammen beieinander sein. Gleich der Skala von sieben Tönen eines Instrumentes, wurden sie berührt von der Göttlichkeit. Und die Sprache, die sie redeten – für uns würden es unverstehbare Laute sein.

Wie war denn in dieser uralten Zeit die Sprache? Wir können uns heute kaum einen Begriff davon bilden, denn unsere heutige Sprache ist im Gegensatz zu jener eine aus Begriffen philiströs zusammengesetzte, von Logik durchzogene. Zur Zeit der Rishis war der Klang dasjenige, was, wenn er ertönte, Bilder aufsteigen ließ vor dem inneren Auge. Woher stammt denn eigentlich die Sprache? Aus welchem

Urgrund kam sie? Die alten Weisen hatten sie heruntergeholt aus den Sternen. Der Tierkreis war für sie die Zeichenschrift am Himmel, die Schrift der Gottheit. Der Tierkreis vergegenwärtigte die Konsonanten, die Planeten die Vokale, und je nachdem sie ihre Bahn veränderten innerhalb des Tierkreises, lasen die Weisen den verschiedenen Sinn der himmlischen Weisheit.

So waren also die Körper der Rishis auch Maya, welche den inneren göttlichen Wesenskern verhüllte.

Wenden wir nun dieses Licht, das die Geisteswissenschaft uns gewährt, auf unsere Bibelworte an, so vergeht jede Banalität, welche die Materialisten so gerne in dieselben hineinlegen wollen. Wir verstehen jetzt in des Wortes wahrster Bedeutung, was es heißt: Und Gott sandte einen Engel voraus, um ihm, der da kommen sollte, den Weg zu bereiten. – Mit dem Engel ist wirklich eine höher entwickelte Wesenheit gemeint aus der ersten über uns stehenden Hierarchie der Engel oder Angeloi, ein Wesen, das seinen Geist in die Maya des menschlichen Körpers gesenkt hatte; in diesem Falle also in den Körper Johannes' des Täufers, welcher die Inkarnation des Elias war. Man muß die Bibelworte nur richtig beleuchten und sie dann wörtlich nehmen, wenn wir sie richtig verstehen wollen.

Und weiter heißt es in den Bibelworten: Es ist eine Stimme eines Predigers in der Wüste. – Es ist ein Rufer in der Einsamkeit.

Hiermit wissen die Theologen ebenfalls nichts anzufangen. Ja, was heißt denn, Rufer in der Wüste oder Einsamkeit zu sein?

Wir wissen, daß Johannes mit Wasser taufte. Und zwar bestand die Wassertaufe darin, daß bei der Einweihung der ganze Mensch untergetaucht wurde in den Jordan.

Weshalb geschah dieses? Es geschah darum, daß der Ätherleib eines geistig entwickelten Menschen sich für einen Moment loslösen sollte vom physischen Leibe; denn dann erlebte der Mensch dasselbe, was ein Sterbender erlebt beim Loslösen seines Ätherkörpers. Er sieht dann nämlich in allen Einzelheiten seine jetzige Inkarnation bis zu seiner Geburt, gleichsam als ein Panorama, sich vor seinen Blicken aufrollen, und er fühlt und weiß, daß er außerhalb seines fleischlichen Körpers ein geistiges Wesen ist.

Kam er nun, nach diesem Erlebnis bei der Taufe, wieder herauf in seinen physischen Leib, so hatte er eine Erfahrung gehabt, die ihn innerlich von allen andern Menschen unterschied: Er fühlte sich sozusagen alleinstehend mit diesem erweiterten Wissen, abgesondert von der übrigen Menschheit, die ihn nicht mehr begriff. Er fühlte sich vereinsamt, gleichsam in einer Wüste, allein in der Einsamkeit. Und in seiner tiefsten inneren Abgeschlossenheit vernahm er die Stimme eines Rufers: seines Engels.

Dieser führende Engel sollte sich hier in die Person Johannes des Täufers kleiden. Solches war der Sinn der Stimme in der Wüste im Bibelwort.

Weiter lesen wir im Markus-Evangelium die Stelle, wo der Christus in den Schulen die höchste Weisheit verkündet, und wo es heißt: «Und sie entsetzten sich über seine Lehre, denn er lehrte gewaltiglich und nicht wie die Schriftgelehrten.»

Was heißt es: gewaltiglich reden? Wer sprach aus seiner Leiblichkeit heraus? So wie die Engel und die Erzengel Leiter der einzelnen Menschen und die Erzengel besonders Führer des ganzen Volkes sind, so sind wieder andere höhere Wesenheiten Lenker und Leiter der Naturkräfte, der Naturgewalten. Aus diesen Naturkräften heraus schöpfen auch die Genien der Kunst. Wir finden sie hineinstrahlend in Leonardo, in Michelangelo, in Raffael: Sie schöpften aus der göttlichen Natur heraus.

Und wollen wir uns vergegenwärtigen, wo wir diese Naturgewalten zu suchen haben, so versetzen wir uns für einen Augenblick in Gedanken auf Bergeshöhen, sagen wir auf irgendeines der Schweizer Gebirge. Wenn wir dann das große Glück haben, dort einen Sonnenaufgang erleben zu dürfen, so werden wir überwältigt werden von dem Zauber und der Erhabenheit dieses Naturereignisses, wir werden uns durchschauert fühlen von den gewaltigen Kräften, die uns da entgegenstrahlen und die uns Gottes Allmacht verkünden. Wenn wir sehen, wie aus dem Dämmergrau des anbrechenden Tages die ersten zarten Farbentöne der aufgehenden Sonne heraufsteigen, wie sie die Spitzen der Schneeberge in Purpurglut tauchen, und unser Auge allmählich geblendet wird durch das immer glanzvoller und glanzvoller werdende Schauspiel, wie dann die Strahlen immer mehr Farbentöne hervorzaubern, die gleichsam von allen Seiten herzu strömen und immer umfangreicher werden, bis die Sonne endlich in ihrer ganzen lodernden Pracht, lebenweckend, wärmespendend ihre Strahlen bis in die tiefsten Täler niedersendet, dann erblicken wir in diesem majestätischen Naturereignis nichts anderes als geistige Kräfte, die hier zusammenfließen. Und diese Kräfte sind diejenigen Wesenheiten, die wir in den Hierarchien kennengelernt haben als Exusiai oder Gewalten oder Geister der Form. Im Urtext heißt es: Er lehrte wie die Exusiai. Christus hatte die Gewalten zur Verfügung, er sprach durch sie, in der Form der Gewalten. Durch Johannes sprachen die Engel, die eine Stufe über der Menschheit stehen; durch Christus sprachen die Kräfte der Gewalten, die so, wie es geschildert wurde, in den Naturereignissen sprechen. Also diese Kräfte waren es, die den Leib des Christus durchglühten, die ließen ihn predigen «gewaltiglich».

Johannes der Täufer hatte die höchste Einweihung erhalten, welche geschah im Zeichen des Wassermanns. Wenn man die alten Zeichen des Tierkreises sieht, so erblicken wir im Zeichen des Wassermanns eine Figur, die sich niederbeugt mit einer gewissen Haltung der Arme. Sie bezieht sich auf die biblischen Worte: Es kommt einer nach mir, dem ich nicht genugsam bin, daß ich mich vor ihm bücke, um die Riemen seiner Schuhe zu lösen.

HINWEISE

Zu dieser Ausgabe

In Berlin, das bis zum Ausbruch des Ersten Weltkrieges den Ausgangspunkt seines Wirkens bildete, hat Rudolf Steiner eine Reihe von Vortragszyklen gehalten, die sich über das Winterhalbjahr erstreckten und wiederholt durch seine Tätigkeit in anderen Städten unterbrochen wurden. Hierzu gehören die zwischen dem 17. Oktober 1910 und 10. Juni 1911 gehaltenen zehn Vorträge «Exkurse in das Gebiet des Markus-Evangeliums». Sie wurden erstmals 1921 als Zyklus 30 und 1947 in Buchform herausgegeben. In den seit der 3. Auflage 1963 vorliegenden Band der Gesamtausgabe wurden zusätzlich die am 12. Dezember 1910 in München und am 18. Dezember 1910 in Hannover gehaltenen Vorträge aufgenommen, letztgenannter mit einer anschließenden Fragenbeantwortung; ferner Notizen aus einem am 2. Februar 1911 zum gleichen Thema in Koblenz gehaltenen Vortrag, von dem keine vollständige Nachschrift erhalten ist.

Der Zyklus fällt in eine Phase der anthroposophischen Bewegung, in der sich wichtige Entscheidungen anbahnten. Zwei Monate zuvor, am 15. August 1910, war in München das erste Mysteriendrama «Die Pforte der Einweihung», als Rosenkreuzermysterium bezeichnet, uraufgeführt worden. Ein Jahr später sollte offen zutage treten, daß die einseitg auf östliche Weisheitslehren eingeschworene Führung der Theosophical Society nicht gewillt war, das rosenkreuzerische Element als die zeitgemäße spirituelle Strömung aufkommen zu lassen. Dies führte im Winter 1912/13 zur Trennung Rudolf Steiners von der Theosophischen und zur Gründung der Anthroposophischen Gesellschaft.

Textunterlagen: Die Berliner Vorträge wurden mitstenographiert von Walter Vegelahn, dessen Klartextübertragung dem Druck zugrundeliegt. Wer die übrigen Vorträge mitgeschrieben hat, ist nicht bekannt.

Der Titel des Bandes geht wahrscheinlich auf Rudolf Steiner zurück, da die erste Veröffentlichung bereits 1921 erschienen ist.

Einzelausgaben:

Berlin, 10. Juni 1911: «Rosenkreuzerisches Weistum in der Märchendichtung», Dornach 1963, 1980.

München, 12. Dezember 1910: als dritter Vortrag in «Das Ich. Der Gott im Innern und der Gott der äußern Offenbarung», Dornach 1935.

Hinweise zum Text

Werke Rudolf Steiners innerhalb der Gesamtausgabe (GA) werden in den Hinweisen mit der Bibliographie-Nummer angegeben. Siehe auch die Übersicht am Schluß des Bandes.

Zu Seite

9 *über die Sphäre der Bodhisattvas:* Vortrag I in «Der Christus-Impuls und die Entwickelung des Ich-Bewußtseins», 7 Vorträge, Berlin 1909/1910, GA 116.

in Anknüpfung an das Matthäus-Evangelium: «Die tieferen Geheimnisse des Menschheitswerdens im Lichte des Matthäus-Evangeliums», 3 Vorträge, Berlin 1909, in GA 117.

in Anknüpfung an das Johannes-Evangelium und an das Lukas-Evangelium: «Das Johannes-Evangelium», 12 Vorträge, Hamburg 1908, GA 103; «Das Johannes-Evangelium im Verhältnis zu den drei anderen Evangelien, besonders zu dem Lukas-Evangelium», 14 Vorträge, Kassel 1909, GA 112; «Das Lukas-Evangelium», 10 Vorträge, Basel 1909, GA 114.

23 *in den Anthroposophie-Vorträgen:* «Anthroposophie, Psychosophie, Pneumatosophie», 12 Vorträge, Berlin 1909–1911, GA 115.

24 *während des letzten Winters:* Es handelt sich um die im Hinweis zu S. 9 erwähnten Vorträge von GA 116.

25 *in meiner Schrift:* «Wie erlangt man Erkenntnisse der höheren Welten?» (1904/05), GA 10.

27 *«Die Pforte der Einweihung»:* In «Vier Mysteriendramen» (1910–1913), GA 14.

30 *wie wir es schon versucht haben:* Siehe 2. und 3. Hinweis zu S. 9.

31 *Wenn Sie meine «Geheimwissenschaft»:* «Die Geheimwissenschaft im Umriß», (1910), GA 13.

47 *nach der Generalversammlung:* Die Generalversammlung der Deutschen Sektion der Theosophischen Gesellschaft fand am 30. Oktober 1910 im Architektenhaus in Berlin statt. An den folgenden vier Tagen hielt Rudolf Steiner vier Vorträge über «Psychosophie». Auch im vorangehenden und im darauf folgenden Jahr hielt er je vier Vorträge im Anschluß an die Generalversammlung in Berlin. Sie hatten die Titel «Anthroposophie» und «Pneumatosophie». Alle 12 Vorträge erschienen in GA 115.

55 *Zarathustra:* Über ihn spricht Rudolf Steiner ausführlich in dem öffentlichen Vortrag vom 19. Januar 1911, abgedruckt in «Antworten der Geisteswissenschaft auf die großen Fragen des Daseins», GA 60.

62 *Franz Brentano* (1838–1917): «Psychologie vom empirischen Standpunkt» Band I (1874). Der von Otto Kraus herausgegebene Band II (1925) enthält lediglich einige Abhandlungen aus dem Nachlaß und die Schrift «Klassifikation der psychischen Phänomene» (1911).

63 *Wilhelm Wundt* (1832–1920): «Grundzüge der physiologischen Psychologie», (6. Auflage in 3 Bänden, 1908–1911), «Grundriß der Psychologie» (15. Auflage 1922).

63 *Theodor Lipps*, 1851–1914, «Leitfaden der Psychologie» (1903).

64 *den Schluß meiner «Psychosophie»:* Siehe Hinweis zu S. 23.

den Vortrag von Herrn Seiler: Der Vortrag von Franz Seiler, damals Kassierer des Besant-Zweiges der Theosophischen Gesellschaft, wurde innerhalb der Tagung gehalten, welche sich an die Generalversammlung anschloß.

68 *Aus meinem Buche:* «Das Christentum als mystische Tatsache und die Mysterien des Altertums» (1902), GA 8.

72 *daß das Markus-Evangelium gleich beginnt:* Markus 1, 2–3, übersetzt von Carl Weizsäcker; von Rudolf Steiner zitiert nach der 9. Auflage, 1904.

80 *«Pforte der Einweihung»:* Siehe Hinweis zu S. 27.

91 *wie es ... im öffentlichen Vortrag geschehen soll:* Zarathustra, Vortrag vom 19. Jan. 1911, in «Antworten der Geisteswissenschaft auf die großen Fragen des Daseins», 15 Vorträge Berlin 1910/11, GA 60.

Buddha: Sein Leben und Wirken wird von Rudolf Steiner ausführlich dargestellt in dem öffentlichen Vortrag vom 2. März 1911 in Berlin, abgedruckt in GA 60.

99 *in meinem Rosenkreuzermysterium «Die Pforte der Einweihung»:* Drittes Bild. In «Vier Mysteriendramen» (1910 – 1913), GA 14.

105 *Habich:* Die Stelle scheint durch einen Hör- oder Schreibfehler verdorben zu sein. Der Name kommt in keltischen Schriftstücken nicht vor. Er ist auch – nach Ansicht mehrerer Fachleute – als Wortbildung dem Keltischen fremd. Der Fehler könnte auch das Wort »keltisch« betreffen.

106 *Romulus und Remus:* Gemäß der Sage, die z. B. Plutarch in seinen «Vergleichenden Lebensbeschreibungen» erzählt, waren sie Enkelkinder des Königs Numitor von Alba Longa. Dieser war durch seinen Bruder Amulius des Thrones beraubt worden. Der Usurpator ließ die Zwillinge in der Wildnis aussetzen. Dort wurden sie durch eine Wölfin gesäugt, später durch einen Specht ernährt und schließlich von dem Hirten Faustulus aufgezogen.

107 *Und der Geist trieb ihn:* Markus 1, 12-13.

110 *eine bedeutungsvolle Stelle:* Markus 1, 22.

128 *«Dies ist mein viel geliebter Sohn; heute habe ich ihn gezeuget!»:* In den üblichen Bibelausgaben heißt die Stelle: «Dies ist mein lieber Sohn, an dem ich Wohlgefallen habe». So wie Rudolf Steiner den Satz hier anführt, kommt er in einigen griechischen Handschriften des Lukas-Evangeliums vor. In dem Zyklus «Das Lukas-Evangelium» (GA 114) weist Rudolf Steiner auf diese Fassung als die ursprüngliche hin.

«Ich und der Vater sind eins»: Johannes 10, 30.

«Wenn ihr nicht werdet wie die Kindlein»: Matthäus 18, 3.

«Nicht ich, sondern der Christus in mir!»: Brief an die Galater, 2, 20.

145 *«Die Träne quillt»:* «Faust» I, Vers 784.

156 *«Wenn sie euch nun abführen»:* Markus 13, 11.

157 *und wo gesagt wird:* Markus 3, 20–21.

158 *Führen wir sie uns vor Augen:* Markus 8, 27–33. Diese Stelle zitiert Rudolf Steiner nicht in einer der üblichen Übersetzungen, sondern überträgt sie selbst aus dem Griechischen ins Deutsche.

162 *bei den bekannten chladnischen Klangfiguren:* Ernst Chladni (1756–1827), deutscher Physiker, entdeckte die nach ihm benannten Figuren. Sie entstehen durch die Schwingungen einer Metallplatte, die mit einem Violinbogen angestrichen wird, wenn man die Platte mit feinem Staub bestreut.

165 *in den Stellen des Rosenkreuzermysteriums «Die Pforte der Einweihung»:* Erstes Bild.

die folgenden Worte: Markus 13, 19–23.

170 *das biblische Wort:* Matthäus 20, 16.

171 *Mahomet:* Ältere Form des Namens Mohammed (um 570–632).

176 *aus meinen Ausführungen:* «Buddha». Siehe Hinweis zu S. 91. Vergleiche ferner die Ausführungen in der Biographie Schopenhauers (1788–1860), abgedruckt in GA 33, «Biographien und biographische Skizzen», S. 257–259.

indem hier Buddha gleich Merkur ist: Vergleiche dazu die Ausführungen Rudolf Steiners im Vortrag vom 13. April 1912, GA 136 «Die geistigen Wesenheiten in den Himmelskörpern und Naturreichen», S. 167 f.

177 *Sabbatai Zewi*, 1626–1676. Trat 1666 als Messias auf, ging dann aber zum Islam über.

180 *die Legende von Barlaam und Josaphat:* Die Legende erschien zuerst in griechischer Sprache in Romanform, dem Johann von Damaskus (8. Jahrh.) zugeschrieben, wurde in Deutschland bekannt durch die freie Bearbeitung des Rudolf von Ems (13. Jahrh.). Erste deutsche Übersetzung des griechischen Textes von Felix Lieberecht, Münster 1847. Von dieser Legende spricht Rudolf Steiner auch in dem Vortrag vom 31. August 1909, abgedruckt in «Der Orient im Lichte des Okzidents», GA 113.

185 *Wilhelm His*, 1831– 1904, «Unsere Körperform und das physiologische Problem ihrer Entstehung. Briefe an einen befreundeten Naturforscher» (Leipzig 1874). – Siehe Rudolf Steiner, Ernst Haeckel und seine Gegner, in «Methodische Grundlagen der Anthroposophie. Gesammelte Aufsätze 1884–1901, GA 30.

worüber dann Haeckel spottete: «Anthropogonie» (Leipzig 1874) S. 627ff.

190 *vor einiger Zeit ... in Triest:* Das Geheimnis des Todes als Schlüssel zum Rätsel des Lebens. Öffentlicher Vortrag vom 19. Mai 1911. Nachschrift nicht bekannt.

nach Kopenhagen, wo in den letzten Tagen: 5.–8. Juni 1911. «Die geistige Führung des Menschen und der Menschheit», GA 15.

193 *die Worte, die ich jetzt vorlesen will:* Aus dem Vorwort von Richard Rothe zu: K. A. Auberlen, «Die Theosophie Friedrich Christoph Oetingers nach ihren Grundzügen» (Tübingen 1847).

193 *Karl August Auberlen*, 1824–1864, Professor der Theologie in Basel.

Richard Rothe, 1799–1867, Professor der Theologie in Heidelberg.

196 *das Goethe-Wort:* Aus: «West-östlicher Divan», Selige Sehnsucht.

die Charakterisierung der verschiedenen Temperamente: u. a. in dem öffentlichen Vortrag vom 4. März 1909, in GA 57, «Wo und wie findet man den Geist?».

die Betrachtung der Erziehung: in dem öffentlichen Vortrag vom 1. Dezember 1906, in GA 55, «Die Erkenntnis des Übersinnlichen in unserer Zeit». Dieser Vortrag wurde auch in Buchform herausgegeben innerhalb des Bandes «Luzifer-Gnosis», GA 34, S. 309-345.

Über die Mission der Wahrheit, der Andacht, des Zornes: Siehe die öffentlichen Vorträge in Berlin und München vom Oktober und November 1909, abgedruckt in GA 58, «Metamorphosen des Seelenlebens».

197 *was damals durch Mittel- und Osteuropa besonders vorgetragen wurde:* Siehe «Die Tochter der Blumenkönigin» in «Märchen und Sagen der Bukowinaer und Siebenbürger Armenier», aus eigenen und fremden Sammlungen übersetzt von Dr. Heinrich von Wlislocki, Hamburg 1891.

205 *Julius Mosen* (1803–1867), Dichter und Dramaturg in Dortmund. Siehe auch: Rudolf Steiner «Innere Entwickelungsimpulse der Menschheit» (1916), 6. Vortrag, GA 171.

206 *nach dem platonischen Bilde:* In dem Dialog «Phaidros».

211 *Betrachtungen über die drei Evangelien:* Siehe Hinweise zu S. 9.

214 *«Wie geschrieben steht ...»:* Die beiden Sätze, die von dem Evangelisten Markus angeführt werden, stammen aus verschiedenen Teilen des Alten Testaments: Der erste («Siehe, ich sende ...») aus dem Buch des Propheten Maleachi (3, 1), der zweite («Hört, wie es ruft ...») aus dem Buch Jesaja (40, 3). Wohl deshalb heißt es in der Lutherschen Übersetzung nicht, wie bei Weizsäcker, «Wie geschrieben steht in dem Propheten Jesajas», sondern «... in den Propheten». Diese Fassung des griechischen Textes findet sich, ebenso wie die Weizsäckersche, in verschiedenen alten Handschriften.

217 *in meiner «Pforte der Einweihung»:* Siehe Hinweis zu S. 27. Die Bemerkung bezieht sich auf die dritte Szene des Dramas.

221 *der Täufer sagen konnte:* Markus 1, 8.

225 *Da es Abend geworden war:* Markus 1, 32.

«Und früh morgens ...»: Markus 1, 35.

226 *die große schöne Legende von Zarathustra:* Vgl. z. B. das Buch «Zarathustra» von D. J. van Bemmelen, Mellinger-Verlag, Stuttgart 1975; im 3. Kapitel «Das Leben des Zarathustra», insbesondere S. 41.

«Und alsbald treibt ihn der Geist»: Markus 1, 12–13.

228 *in bezug auf die Genesis:* Siehe den Zyklus «Die Geheimnisse der biblischen Schöpfungsgeschichte», 11 Vorträge, München 1910, GA 122.

229 *auch hier in Hannover:* Von den erwähnten Vorträgen sind keine oder nur ungenügende Nachschriften vorhanden.

in München in dem Vortragszyklus: «Die Geheimnisse der biblischen Schöpfungsgeschichte», 11 Vorträge, München 1910, GA 122.

234 *In meinem Mysteriendrama:* Drittes Bild.

237 *der ironische Versuch eines Gelehrten:* Siehe «Hat Napoleon gelebt?» von Friedrich Max Kircheisen, Stuttgart 1910.

239 *Ich will euch zu Menschen-Fischern machen:* Markus, 1, 17.

240 *Johannes Kepler,* 1571–1630. Zu den hier angeführten Forschungen Keplers vgl. «Weltharmonik», übersetzt und eingeleitet von Max Caspar, München 1964, V. Buch, Vorrede S. 280 und S. 289–291; sowie «Gesammelte Werke», herausgegeben von Dyck und Max Caspar, München 1953, Band V, «Bericht vom Geburtsjahr Christi» S. 127–201.

242 *nur Markus spricht vom Satan:* Im Matthäus- und im Lukas-Evangelium wird der Versucher «Diabolos» genannt, mit dem Wort, das im Deutschen zu «Teufel» geworden ist. Über das Zusammenwirken von Ahriman und Luzifer bei der Versuchung spricht Rudolf Steiner ausführlich in den Vorträgen vom 6. Oktober 1913 (Kristiania) und vom 10. Dezember 1913 (München), abgedruckt in «Aus der Akasha-Forschung», GA 148.

Maria von Magdala: Johannes 20, 11–18.

Es heißt in der Bibel: Matthäus 5, 3.

244 *mit dem Prosa-Hymnus:* Vgl. die Anmerkung zu S. 28 in der Neuauflage 1924 des Büchleins «Grundlinien einer Erkenntnistheorie der Goetheschen Weltanschauung», sowie «Methodische Grundlagen ...», GA 30, Kapitel 2.

249 *auf die biblischen Worte:* Markus, 1, 7 und Johannes 1, 27.

NAMENREGISTER

(* = ohne Nennung im Text)

AUSFÜHRLICHE INHALTSANGABEN

ÜBER DIE VORTRAGSNACHSCHRIFTEN

Aus Rudolf Steiners Autobiographie «Mein Lebensgang» (35. Kap., 1925)

Es liegen nun aus meinem anthroposophischen Wirken zwei Ergebnisse vor; erstens meine vor aller Welt veröffentlichten Bücher, zweitens eine große Reihe von Kursen, die zunächst als Privatdruck gedacht und verkäuflich nur an Mitglieder der Theosophischen (später Anthroposophischen) Gesellschaft sein sollten. Es waren dies Nachschriften, die bei den Vorträgen mehr oder weniger gut gemacht worden sind und die – wegen mangelnder Zeit – nicht von mir korrigiert werden konnten. Mir wäre es am liebsten gewesen, wenn mündlich gesprochenes Wort mündlich gesprochenes Wort geblieben wäre. Aber die Mitglieder wollten den Privatdruck der Kurse. Und so kam er zustande. Hätte ich Zeit gehabt, die Dinge zu korrigieren, so hätte vom Anfange an die Einschränkung «Nur für Mitglieder» nicht zu bestehen gebraucht. Jetzt ist sie seit mehr als einem Jahre ja fallen gelassen.

Hier in meinem «Lebensgang» ist notwendig, vor allem zu sagen, wie sich die beiden: meine veröffentlichten Bücher und diese Privatdrucke in das einfügen, was ich als Anthroposophie ausarbeitete.

Wer mein eigenes inneres Ringen und Arbeiten für das Hinstellen der Anthroposophie vor das Bewußtsein der gegenwärtigen Zeit verfolgen will, der muß das anhand der allgemein veröffentlichten Schriften tun. In ihnen setzte ich mich auch mit alle dem auseinander, was an Erkenntnisstreben in der Zeit vorhanden ist. Da ist gegeben, was sich mir in «geistigem Schauen» immer mehr gestaltete, was zum Gebäude der Anthroposophie – allerdings in vieler Hinsicht in unvollkommener Art – wurde.

Neben diese Forderung, die «Anthroposophie» aufzubauen und dabei nur dem zu dienen, was sich ergab, wenn man Mitteilungen aus der Geist-Welt der allgemeinen Bildungswelt von heute zu übergeben hat, trat nun aber die andere, auch dem voll entgegenzukommen, was aus der Mitgliedschaft heraus als Seelenbedürfnis, als Geistessehnsucht sich offenbarte.

Da war vor allem eine starke Neigung vorhanden, die Evangelien und den Schrift-Inhalt der Bibel überhaupt in dem Lichte dargestellt zu hören, das sich als das anthroposophische ergeben hatte. Man wollte in Kursen über diese der Menschheit gegebenen Offenbarungen hören.

Indem interne Vortragskurse im Sinne dieser Forderung gehalten wurden, kam dazu noch ein anderes. Bei diesen Vorträgen waren nur Mitglieder. Sie waren mit den Anfangs-Mitteilungen aus Anthroposophie bekannt. Man konnte zu ihnen eben so sprechen, wie zu Vorgeschrittenen auf dem Gebiete der Anthroposophie. Die Haltung dieser internen Vorträge war eine solche, wie sie eben in Schriften nicht sein konnte, die ganz für die Öffentlichkeit bestimmt waren.

Ich durfte in internen Kreisen in einer Art über Dinge sprechen, die ich für die öffentliche Darstellung, wenn sie für sie von Anfang an bestimmt gewesen wären, hätte anders gestalten *müssen.*

So liegt in der Zweiheit, den öffentlichen und den privaten Schriften, in der Tat etwas vor, das aus zwei verschiedenen Untergründen stammt. Die ganz öffentlichen Schriften sind das Ergebnis dessen, was in mir rang und arbeitete; in den Privatdrucken ringt und arbeitet die Gesellschaft mit. Ich höre auf die Schwingungen im Seelenleben der Mitgliedschaft, und in meinem lebendigen Drinnenleben in dem, was ich da höre, entsteht die Haltung der Vorträge.

Es ist nirgends auch nur in geringstem Maße etwas gesagt, was nicht reinstes Ergebnis der sich aufbauenden Anthroposophie wäre. Von irgendeiner Konzession an Vorurteile oder Voremprindungen der Mitgliedschaft kann nicht die Rede sein. Wer diese Privatdrucke liest, kann sie im vollsten Sinne eben als das nehmen, was Anthroposophie zu sagen hat. Deshalb konnte ja auch ohne Bedenken, als die Anklagen nach dieser Richtung zu drängend wurden, von der Einrichtung abgegangen werden, diese Drucke nur im Kreise der Mitgliedschaft zu verbreiten. Es wird eben nur hingenommen werden müssen, daß in den von mir nicht nachgesehenen Vorlagen sich Fehlerhaftes findet.

Ein Urteil über den Inhalt eines solchen Privatdruckes wird ja allerdings nur demjenigen zugestanden werden können, der kennt, was als Urteils-Voraussetzung angenommen wird. Und das ist für die allermeisten dieser Drucke *mindestens* die anthroposophische Erkenntnis des Menschen, des Kosmos, insofern sein Wesen in der Anthroposophie dargestellt wird, und dessen, was als «anthroposophische Geschichte» in den Mitteilungen aus der Geist-Welt sich findet.

RUDOLF STEINER GESAMTAUSGABE

Gliederung nach: Rudolf Steiner – Das literarische
und künstlerische Werk. Eine bibliographische Übersicht
(Bibliographie-Nrn. *kursiv* in Klammern)

A. SCHRIFTEN

I. Werke

Goethes Naturwissenschaftliche Schriften, eingeleitet und kommentiert von R. Steiner, 5 Bände, 1884–97, Neuausgabe 1975, *(1a–e)*; sep. Ausgabe der Einleitungen, 1925 *(1)*
Grundlinien einer Erkenntnistheorie der Goetheschen Weltanschauung, 1886 *(2)*
Wahrheit und Wissenschaft. Vorspiel einer ‹Philosophie der Freiheit›, 1892 *(3)*
Die Philosophie der Freiheit. Grundzüge einer modernen Weltanschauung, 1894 *(4)*
Friedrich Nietzsche, ein Kämpfer gegen seine Zeit, 1895 *(5)*
Goethes Weltanschauung, 1897 *(6)*
Die Mystik im Aufgange des neuzeitlichen Geisteslebens und ihr Verhältnis zur modernen Weltanschauung, 1901 *(7)*
Das Christentum als mystische Tatsache und die Mysterien des Altertums, 1902 *(8)*
Theosophie. Einführung in übersinnliche Welterkenntnis und Menschenbestimmung, 1904 *(9)*
Wie erlangt man Erkenntnisse der höheren Welten? 1904/05 *(10)*
Aus der Akasha-Chronik, 1904–08 *(11)*
Die Stufen der höheren Erkenntnis, 1905–08 *(12)*
Die Geheimwissenschaft im Umriß, 1910 *(13)*
Vier Mysteriendramen: Die Pforte der Einweihung – Die Prüfung der Seele – Der Hüter der Schwelle – Der Seelen Erwachen, 1910–13 *(14)*
Die geistige Führung des Menschen und der Menschheit, 1911 *(15)*
Anthroposophischer Seelenkalender, 1912 *(in 40)*
Ein Weg zur Selbsterkenntnis des Menschen, 1912 *(16)*
Die Schwelle der geistigen Welt, 1913 *(17)*
Die Rätsel der Philosophie in ihrer Geschichte als Umriß dargestellt, 1914 *(18)*
Vom Menschenrätsel, 1916 *(20)*
Von Seelenrätseln, 1917 *(21)*
Goethes Geistesart in ihrer Offenbarung durch seinen Faust und durch das Märchen von der Schlange und der Lilie, 1918 *(22)*
Die Kernpunkte der sozialen Frage in den Lebensnotwendigkeiten der Gegenwart und Zukunft, 1919 *(23)*
Aufsätze über die Dreigliederung des sozialen Organismus und zur Zeitlage, 1915–21 *(24)*
Kosmologie, Religion und Philosophie, 1922 *(25)*
Anthroposophische Leitsätze, 1924/25 *(26)*
Grundlegendes für eine Erweiterung der Heilkunst nach geisteswissenschaftlichen Erkenntnissen, 1925. Von Dr. R. Steiner und Dr. I. Wegman *(27)*
Mein Lebensgang, 1923–25 *(28)*

II. Gesammelte Aufsätze

Aufsätze zur Dramaturgie, 1889–1901 *(29)* – Methodische Grundlagen der Anthroposophie, 1884–1901 *(30)* – Aufsätze zur Kultur- und Zeitgeschichte, 1887–1901 *(31)* – Aufsätze zur Literatur, 1886–1902 *(32)* – Biographien und biographische Skizzen, 1894–1905 *(33)* – Aufsätze aus «Lucifer-Gnosis», 1903–1908 *(34)* – Philosophie und Anthroposophie, 1904–1918 *(35)* – Aufsätze aus «Das Goetheanum», 1921–1925 *(36)*

III. Veröffentlichungen aus dem Nachlaß

Briefe – Wahrspruchworte – Bühnenbearbeitungen – Entwürfe zu den Vier Mysteriendramen, 1910–1913 – Anthroposophie. Ein Fragment – Gesammelte Skizzen und Fragmente – Aus Notizbüchern und -blättern – *(38–47)*

B. DAS VORTRAGSWERK

I. Öffentliche Vorträge

Die Berliner öffentlichen Vortragsreihen, 1903/04 bis 1917/18 *(51–67)* – Öffentliche Vorträge, Vortragsreihen und Hochschulkurse an anderen Orten Europas, 1906–1924 *(68–84)*

II. Vorträge vor Mitgliedern der Anthroposophischen Gesellschaft

Vorträge und Vortragszyklen allgemein-anthroposophischen Inhalts – Christologie und Evangelien-Betrachtungen – Geisteswissenschaftliche Menschenkunde – Kosmische und menschliche Geschichte – Die geistigen Hintergründe der sozialen Frage – Der Mensch in seinem Zusammenhang mit dem Kosmos – Karma-Betrachtungen – *(91–244)*
Vorträge und Schriften zur Geschichte der anthroposophischen Bewegung und der Anthroposophischen Gesellschaft – Veröffentlichungen zur Geschichte und aus den Inhalten der Esoterischen Schule *(251–270)*

III. Vorträge und Kurse zu einzelnen Lebensgebieten

Vorträge über Kunst: Allgemein-Künstlerisches – Eurythmie – Sprachgestaltung und Dramatische Kunst – Musik – Bildende Künste – Kunstgeschichte – *(271–292)* – Vorträge über Erziehung *(293–311)* – Vorträge über Medizin *(312–319)* – Vorträge über Naturwissenschaft *(320–327)* – Vorträge über das soziale Leben und die Dreigliederung des sozialen Organismus *(328–341)* – Vorträge und Kurse über christlich-religiöses Wirken *(342–346)* – Vorträge für die Arbeiter am Goetheanumbau *(347–354)*

C. DAS KÜNSTLERISCHE WERK

Originalgetreue Wiedergaben von malerischen und graphischen Entwürfen und Skizzen Rudolf Steiners in Kunstmappen oder als Einzelblätter. Entwürfe für die Malerei des Ersten Goetheanum – Schulungsskizzen für Maler – Programmbilder für Eurythmie-Aufführungen – Eurythmieformen – Entwürfe zu den Eurythmiefiguren – Wandtafelzeichnungen zum Vortragswerk, u.a.

Die Bände der Rudolf Steiner Gesamtausgabe sind innerhalb einzelner Gruppen einheitlich ausgestattet. Jeder Band ist einzeln erhältlich.